古代歷史文化研究輯刊

二九編

王明蓀 主編

第11冊

跨越邊界的禮與俗
——明代東亞使節文化書寫研究（1450～1620）（上）

廖敏惠 著

國家圖書館出版品預行編目資料

跨越邊界的禮與俗——明代東亞使節文化書寫研究（1450
～1620）（上）／廖敏惠 著 -- 初版 -- 新北市：花木蘭文化
事業有限公司，2023〔民112〕
目 4+192 面；19×26 公分
（古代歷史文化研究輯刊 二九編；第 11 冊）
ISBN 978-626-344-155-2（精裝）
1.CST：外交史 2.CST：明代
618   111021686

ISBN-978-626-344-155-2

古代歷史文化研究輯刊
二九編　第十一冊　　　　　　　　　ISBN：978-626-344-155-2

跨越邊界的禮與俗
——明代東亞使節文化書寫研究（1450～1620）（上）

作　　　者　廖敏惠
主　　　編　王明蓀
總 編 輯　杜潔祥
副總編輯　楊嘉樂
編輯主任　許郁翎
編　　　輯　張雅淋、潘玟靜　美術編輯　陳逸婷
出　　　版　花木蘭文化事業有限公司
發 行 人　高小娟
聯絡地址　235 新北市中和區中安街七二號十三樓
　　　　　　電話：02-2923-1455／傳真：02-2923-1452
網　　　址　http://www.huamulan.tw 信箱 service@huamulans.com
印　　　刷　普羅文化出版廣告事業
初　　　版　2023 年 3 月
定　　　價　二九編 23 冊（精裝）新台幣 70,000 元

跨越邊界的禮與俗
——明代東亞使節文化書寫研究（1450～1620）（上）

廖敏惠　著

作者簡介

廖敏惠，臺中豐原人。國立暨南國際大學中國語文研究所博士、中等教育階段國語文科教師。著有〈紅樓夢前八十回本飲食現象的味外味〉（2012）、〈民間的預示：唐代謠讖詩研究〉（2012）、〈唐宋文人與東亞使節詩歌往來之研究〉（2013）、〈觀看浮現的邊界：南宋初期使北詩人的邊塞移動書寫〉（2019）、〈隋代樂府詩豔情風格變異之探討〉（2020）、〈華語的教材教法——應用於族語教學〉（2022）等多篇論文。現為國立暨南國際大學中國語文學系兼任助理教授、教育部國民及學前教育署商借教師。

提　　要

　　中國使節書寫歷史淵遠流長，漢代承繼春秋時期「詩賦外交」的禮儀傳統，持續發展使節書寫，惟在史籍上僅留下吉光片羽；唐宋以降，使節筆下逐漸凝塑出一個跨越邊界的書寫形式；至明代開創使節多元書寫的另一個高峰。使節書寫作為出使異域言談見聞記錄，同時亦直接或間接地呈現當代獨特的文化形態及現象，展現當代時空背景下的別具一格的特色。

　　明代初期，太祖朱元璋為恢復過往隋唐時期使節絡繹的榮光，積極拓展外交關係，各國使臣咸來朝貢，盛極一時。但是，英宗土木堡之變的發生，使得明朝的對外關係出現重大轉折。為重塑明朝的宗主國地位，展現國家的文學素養與文化風貌，明朝開始派出大量文人使節出使朝貢國家。使節出使之際，必著眼於藩屬國有否遵循明朝相關禮儀，並透過「賦詩言志」展示深厚的文化底蘊，重拾大明王朝的榮耀。

　　近年來，東亞地區益形重要，且在政府積極推動新南向政策的背景下，從事東亞相關研究議題蓬勃發展，促成使節空間移動越境與跨界的書寫成為當代顯學。歷來使節作品多著眼於單一區域、單一視角的單線書寫，然而，同在大明王朝的時間軸下，彼此間橫向的相互關照、史料間的比較研究，進而拼合交織而為使節文化書寫，並影響周遭主要朝貢國家的，卻幾無著墨。

　　緣此，本研究將考察土木堡之變後至萬曆年間使節在朝鮮、琉球、安南等東亞朝貢國家的文化書寫，從出使朝鮮的文化觀看與認同、出使琉球的域外探奇與訪俗，以及出使安南的記憶重構與共鳴，總結其間禮與華同、殊方同俗、禮遵明制的共通性，並歸納使節對朝鮮、琉球、安南等朝貢國家產生的影響。

目

次

第一章　緒　論

　　中國使節書寫歷史淵遠流長，漢代以來，使節書寫僅有吉光片羽，宋元時期才有較為完整的使程記載，至明代開創使節書寫的另一個高峰。

　　大抵而言，兩漢南北朝以記西征行程為主流，起源於張騫與班超通西域，魏晉南北朝增闢由敦煌玉門關入西域的通道，[註1] 而法顯西遊天竺取經並東航歸國，促進中西文化交流。智猛、宋雲、惠生、道榮等高僧入天竺求法，其找尋佛跡之餘，跨界游移與旅行書寫，還原彼時中西交通路線，並詳實記述沿途國家、地域物產、政治、風俗與信仰等，為後世提供珍貴的史料。隋唐時期，東亞地區派往隋唐的使節漸增，彼此頻繁接觸，文人與使節詩歌往來唱和之風漸為盛行，日本奈良時代遣唐留學生阿倍仲麻呂與王維；[註2] 唐玄宗與遣唐使藤原清河。[註3] 而宋朝時期有所謂宋麗使節，劉攽《彭城集》甚至有送高麗使詩的記載，[註4] 為溝通中日、中麗（高麗）文化的發展留下深刻的貢獻。中原異族政權如遼、金、元等，亦不乏西遊、北行、南征之作，加深後人對中世紀海外文化交流的認識。

　　使節書寫作為出使域外言談見聞記錄，同時亦直接或間接地呈現當代獨

〔註1〕晉・陳壽撰，南朝宋・裴松之注：《三國志》（北京：中華書局，1980 年影印宋紹興本），卷 30，頁 858。

〔註2〕唐・王維撰，清・趙殿成箋注：《王右丞集箋注》（臺北：河洛圖書出版社，1975年），頁 219～224。

〔註3〕清・〔日〕河世寧輯：《全唐詩逸》，《知不足齋叢書》（中央研究院漢籍電子文獻資料庫影印清乾隆鮑廷博校刊本），卷上，頁 1-1。

〔註4〕宋・劉攽撰：《彭城集》（中央研究院漢籍電子文獻資料庫影印清乾隆敕刻武英殿聚珍本），卷 16，頁 3-2。

特的文化形態及現象。唐宋以降，文人使臣筆下逐漸凝塑出一個跨越邊界的書寫形式，既承繼春秋時期「詩賦外交」的禮儀傳統，又展現當代時空背景下的別具一格的特色。

　　明代初期，太祖朱元璋為恢復過往隋唐時期使節絡繹的榮光，積極拓展外交關係，各國使臣咸來朝貢，固然盛極一時。但是，英宗土木堡之變的發生，使得明朝的對外關係出現重大轉折。為了重塑明朝崇高的宗主國地位，並展現國家的文學素養與文化風貌，明朝開始派出大量文人使臣出使朝貢國家，透過「賦詩言志」展示深厚的文化底蘊，重拾大明王朝的榮耀。爰此，本章旨在闡述明代東亞使節文化書寫研究的基本理念、動機及選題說明，內容分為以下四節進行探究：第一節研究動機與背景、第二節使節書寫的歷史發展與重要性、第三節文獻探討與評述，以及第四節研究範圍與視角。

第一節　研究動機與背景

　　本節旨在透過研究時代之界定、主要朝貢國家之界定及使節書寫之研究意義，導出本研究之論題。

一、研究時代之界定

　　本研究時代之界定，起自英宗土木堡之變後（1450）至神宗萬曆皇帝末年（1620），時間之起點與斷點說明如下：

（一）時間的起點

　　13 世紀末，元朝順帝年間，中央權力瓦解，天災不斷，民不聊生，因而爆發了紅巾軍叛亂，朱元璋乘勢崛起，並於西元 1368 年登基稱帝，國號大明。〔註5〕後「天下大定，透過實施全國戶帖制度」，〔註6〕「有效掌握人口、土地秩序，興修水利，獎勵農耕，農業生產增加」，社會經濟得以迅速發展，為中

〔註5〕《湧幢小品‧國號》：「國號上加大字，始於胡元。我朝因之，蓋返左衽之舊，自合如此，且亦別於小明王也。其言大漢、大唐、大宋者，乃臣子及外夷尊稱之詞。」明‧朱國禎：《湧幢小品》（臺北：廣文書局，1991 年），卷 2，頁 1；中央研究院歷史語言研究所：《明實錄》（明太祖實錄）（臺北：中央研究院歷史語言研究所，1966 年據國立北平圖書館紅格鈔本微縮影印本），頁 827、1047、1049。

〔註6〕韋慶遠：《明代黃冊制度》（北京：中華書局，1961 年），頁 19。

國締造出一個在異族統治下的清人所見「遠邁漢、唐」「卓乎盛矣」〔註7〕的新高度。「明代既是 1126 年從北宋陷入女真人之手以後直至 1911 年辛亥革命推翻帝制這段中華帝國後期史唯一由漢人統治中國本土的一個王朝」，〔註8〕也是繼元代征服王朝（dynasties of conquest）〔註9〕之後又回到「典型漢族王朝」（typically Chinese dynasties）〔註10〕的朝代。作為由漢人統治的王朝，朱元璋對內改革前元蒙的遺制，開創洪武之治及後世的永樂、仁宣盛世，也將明朝打造成當時世界上商業最發達、經濟最繁榮的國家之一。費正清在其《東亞文明：傳統與變革》一書，稱明代「是人類歷史上社會穩定、政治井然的偉大前夜之一」，〔註11〕並指出「明代的政治秩序與社會秩序均可謂相當地穩固，甚至於在 1644～1912 滿清王朝長達 267 年的統治中間，這種穩定局面也基本未變。」〔註12〕

英宗正統十四年（1449），瓦剌首領也先召諸部，兵分四路大舉進犯明邊境。七月，也先攻大同。十五日，大同諸將領率兵於貓兒莊防禦並迎戰，全軍覆敗。內官王振力主英宗親征禦敵。而英宗在不清楚瓦剌主力情況下，

〔註7〕 《明史・食貨志》：「是時，宇內富庶，賦入盈羨，米粟自輸京師數百萬石外，府縣倉廩蓄積甚豐，至紅腐不可食。歲歉，有司往往先發粟振貸，然後以聞。」、《明史・本紀第七》：「威德遐被，四方賓服，受朝命而入貢者殆三十國。幅隕之廣，遠邁漢、唐。成功駿烈，卓乎盛矣。」清・張廷玉等撰：《明史》（北京：中華書局，1980 年影印清武英殿底本），卷 78、7，頁 1895、105。

〔註8〕 〔美〕牟復禮（Frederick W. Mote），崔瑞德（Denis Twitchett）等編，張書生等譯：《劍橋中國明代史》（上卷）（北京：中國社會科學出版社，1992 年），頁 1。

〔註9〕 「征服王朝（dynasties of conquest）」一詞，係西方漢學家德裔美國人魏復古（卡爾・奧古斯特・魏特夫 Karl August Wittfogel，1896～1988，漢名：魏復古）所提出，經日本田村實造等學者於 1950 年引進日本，並在日本學界受到廣泛的運用。見〔日〕村上正二著，鄭欽仁譯：〈征服王朝（上）〉，《食貨月刊》第 10 卷第 8 期（1980 年 11 月），頁 355～368；〈征服王朝（下）〉，《食貨月刊》第 10 卷第 9 期（1980 年 12 月），頁 402～412。

〔註10〕 〔美〕Karl A.Wittfogel (魏復古) and Feng Chia-Sheng (馮家昇). 1949.*History of Chinese Society:Liao, (907-1125)*. Philadelphia:The American Philosophic Society, p.24-25.

〔註11〕 《東亞文明：傳統與變革 *East Asia: Tradition and Transformation*》第八章〈明朝的政權與社會〉：「1368 年到 1664 年明朝統治時期是人類歷史上社會穩定、政治井然的偉大前夜之一」〔美〕J.K. Fairbank（費正清），E.O. Reischauer & A.M. Craig 著，黎鳴等譯：《東亞文明：傳統與變革 *East Asia: Tradition and Transformation*》（天津：天津人民出版社，1992 年），頁 179。

〔註12〕 《東亞文明：傳統與變革 *East Asia: Tradition and Transformation*》，頁 179。

詔令集結軍隊，出兵討伐也先。而明軍未達大同，已開始缺乏糧食。士兵飢疲交加，多有倒斃，行至土木，已絕水終日，人馬饑渴。隨後，也先詐退以誘明軍。明兵大潰，英宗不久被俘，〔註13〕此戰役明軍死者數十萬，從此，「士馬耗矣，人心去矣」。〔註14〕此次英宗被擄，《明史》美其名為「帝北狩」，〔註15〕實為「土木之變」（即土木堡之變）。〔註16〕也先原欲挾持英宗以向明朝索取財物，不想，太后命郕王監國，不久，郕王即位，是為景帝。隔年，明軍擊退瓦剌，也先縱然擄有英宗卻討不到便宜，便將英宗送回明朝。此事，朝鮮使臣目睹送還實況，並寫下評論：「中國之變，千古所無，送還皇帝，亦是意外之事。」〔註17〕。

　　土木堡之變改寫了明朝既往的強國形象，亦改變了明朝的對外關係。同時，士大夫的態度也隨之轉變，《明史》寫道：「天順以後居其職者，振風裁而恥緘默。自天子、大臣、左右近習無不指斥極言。南北交章，連名列署。或遭譴謫，則大臣抗疏論救，以為美談。顧其時門戶未開，名節自勵，未嘗有承意指於政府，劾搏噬於權璫，如末季所為者。故其言有當有不當，而其心則公。上者愛國，次亦愛名。然論國事而至於愛名，則將惟其名之可取，而事之得失有所不顧，於匡弼之道或者其未善乎。」〔註18〕土木堡之變令士大夫普遍感受到明朝國勢的衰弱，激起士大夫的愛國心志。為重振國威，朝臣一改明初緘默不言朝政的習慣。政治走向連帶體現在此後的使節書寫上面，使臣出使各朝貢國家之際，必著眼於藩屬國有否遵循明朝相關禮儀等，藉以強化並展現宗主國的地位。

（二）時間的斷點

　　神宗萬曆皇帝統治期間自 1572 年至 1620 年，共計 48 年，是明朝在位

〔註13〕本段所述引自於《明實錄》（明英宗實錄），卷 180、181，頁 3486～3489、3493～3498。

〔註14〕明・葉盛：〈軍務疏〉，收錄於明・陳子龍：《明經世文編》（北京：中華書局，1997 年），第一冊，卷 59，頁 459。

〔註15〕《明史》，卷 10，頁 139。

〔註16〕清・谷應泰撰：《明史紀事本末》（臺北：三民書局，1956 年），卷 32，〈土木之變〉，頁 332。

〔註17〕《朝鮮王朝實錄》（文宗實錄）：「上以太上皇帝還京，率群臣，望闕行賀禮。」國史編纂委員會編：《朝鮮王朝實錄》（文宗實錄）（首爾特別市〔서울특별시〕：東國文化社，1956 年），卷 3、126，頁 34-1、3-2。

〔註18〕《明史》，卷 180，頁 4803。

時間最長的皇帝。神宗幼年即位，初期有張居正實施系列改革，〔註19〕加之親政後勵精圖治，綱紀修明，中外奉法，倉庫充盈，四夷賓服，國勢幾近富強。〔註20〕然而，萬曆十七年（1589）起，神宗開始倦勤，〔註21〕晏處深宮，綱紀廢弛，君臣否隔，自是臨御遂簡。〔註22〕

　　據《朝鮮王朝實錄》記載，萬曆三十二年（1604）使臣向萬曆皇帝祝壽，並寫下當時所見情景：「皇上深居靜攝，不接臣民，至於十餘年之久，而今因沈閣老揭請，勉強出御，在庭軍校，瞻望龍顏，或有垂涕祝壽者。」〔註23〕。也因此，萬曆朝中小人好權趨利者與名節之士為仇讎，交相攻訐，以致君臣間互相猜忌，賢奸雜用，潰敗決裂，不可振救。

　　加之，朝廷上下，奢靡成性。朝鮮使臣李恒福在《朝天錄》中寫道：「東征事起，府庫虛耗，又起乾清、坤寧等宮，窮極奢靡，以龍腦沉檀屑，雜以椒末塗屋壁。又督珠市，盡納其珠，擇其大顆，絡為障子。……長安市上，龍腦、真珠，一時竭乏。」〔註24〕，甚至遣太監置「皇店」，廣納商稅。朝鮮使臣黃汝一《銀槎錄》指出：「朝廷爺愛銀不愛民，又民間奢侈成風，虛文日增，所見多有隱憂。」〔註25〕。隨後，李恒福偕同副使李廷龜回到朝鮮，將其所見上奏朝鮮宣祖時，嘗言：「太監分出天下，言利之道大開。臣行一路，處處設皇店，榜曰：『奉諭聖旨，徵收國助。』雖一蔬一菜，亦皆有稅，道路之人，爭相怨詈曰：『皇上愛錢不愛民。未有如此而享國長久之理。我等不久，亦將流離如汝等』云。」〔註26〕。從他者的角度觀察，萬曆皇帝猶是如此。

〔註19〕《明史・張居正列傳》：「行之久，太倉粟充盈，可支十年。互市饒馬，乃減太僕種馬，而令民以價納，太僕金亦積四百餘萬。」《明史》，卷 213，頁 5645～5646。

〔註20〕《明神宗實錄》：「時上勵精圖治，去留皆出獨斷云。」《明實錄》（明神宗實錄），卷 127、129，頁 2365、2404。

〔註21〕《明史・周弘禴傳》：「十七年，帝始倦勤，章奏多留中不下。」《明史》，卷 234，頁 6099。

〔註22〕《明史》，卷 20、21，頁 273、294～295。

〔註23〕《朝鮮王朝實錄》（宣祖實錄），卷 113，頁 16-1。

〔註24〕〔朝鮮〕李恒福：《朝天錄》，《燕行錄全集》（首爾特別市〔서울특별시〕：東國大學校出版部，2001 年），第 9 冊，卷 9，頁 9-98、9-99。

〔註25〕〔朝鮮〕黃汝一：《銀槎錄》，《燕行錄全集》（首爾特別市〔서울특별시〕：東國大學校出版部，2001 年），第 8 冊，卷 8，頁 8-450。

〔註26〕《朝鮮王朝實錄》（宣祖實錄），卷 112，頁 9-2、10-1。

　　爰此，清初學者大多認為「明之亡，實亡於神宗」，〔註29〕乾隆時期敕撰之《清朝通典》更直指「前明之亡，不亡於崇禎，而亡於萬曆。」〔註28〕。《朝鮮王朝實錄》也說，「明中葉以後，國事廢弛，末年流寇擾亂」，「明朝不亡於崇禎，而亡於萬曆、天啟」。〔註29〕再加上萬曆之後，使節出使域外頻率漸減或幾於無。

　　綜上所述，英宗土木堡之變（1450）是千古之所無的事件，既改變了明朝既往的強國形象，明朝的對外關係也隨之起了變化，而神宗萬曆朝國事廢弛，民亂紛起，大明皇朝名存實亡，使節出使遂減。是以，本研究時代之界定，以英宗土木堡之變（1450）至神宗萬曆皇帝末年（1620）作為時代之起點與斷點。

二、禮俗之界定

　　關於禮俗的說法，以現代觀點而言，「禮俗」屬於文化的一環。英國學者 Arnold Joseph Toynbee（阿諾德・約瑟夫・湯恩比，1889～1975）指出：「文化是文明的精髓，文化成分是文明的靈魂、血液、精髓、核心、本質和縮影。」〔註30〕。李安宅進一步指出：「『禮』就是人類學上的『文化』，包括物質和精神兩方面，……民風、民儀、制度、儀式、政令等等，都屬於禮。」〔註31〕。

　　在古代，孔穎達（574～648）在《春秋左傳注疏》則說：「中國有禮義之大，故稱夏；有服章之美，謂之華，華、夏一也。」〔註32〕。換言之，禮文化正是華夏文明的精髓。而所謂的「禮」，表現在個人，就是《孟子・告子》所云：「恭敬之心，禮也。」〔註33〕，亦即《禮記・樂記》所謂：「樂者

〔註27〕《明史》，卷21，頁295。
〔註28〕清・高宗敕撰：《清朝通典》（臺北：臺灣商務印書館，1987年），卷49，頁34-1。
〔註29〕《朝鮮王朝實錄》（正祖實錄），卷21，頁32-1、32-2。
〔註30〕王少如、沈曉：《湯因比論──湯因比與厄本對話錄》（上海：三聯書店，1997年），頁116。
〔註31〕李安宅：《《儀禮》與《禮記》之社會學的研究》（上海：上海人民出版社，2005年），緒言。
〔註32〕清・阮元審定，盧宣旬校：《重栞宋本左傳注疏附校勘記》，《重刊宋本十三經注疏附校勘記》（臺北：藝文印書館，1965年據清嘉慶二十年〔1815〕南昌府學刊本），卷56，頁976-2。
〔註33〕《重栞宋本孟子注疏附校勘記》，《重刊宋本十三經注疏附校勘記》，卷11上，頁195-1。

為同，禮者為異，同則相親，異則相敬。」〔註34〕。推而廣之，從治國方面而論，即《論語‧先進》所說：「為國以禮。」〔註35〕，申而言之，即《禮記‧哀公問》言之：「民之所由生，禮為大。非禮無以節事天地之神明也，非禮無以辨君臣上下長幼之位也，非禮無以別男女、父子、兄弟之親，昏姻、疏數之交也，君子以此之為尊敬然。然後以其所能教百姓，不廢其會節。」〔註36〕可見，「禮」是治理國家的根本，是恭敬之心的體現，上至國家政治、軍事、祭祀活動，下達人民百姓個人言行、家庭倫理、長幼尊卑，在在展現禮的多重樣態。

　　而關於「禮」的起源，《慎子‧逸文》有言：「禮從俗。」〔註37〕，《禮記‧坊記》闡述禮之所來者：「禮者，因人之情而為之節文，以為民坊者也。」〔註38〕近人劉師培（1884～1919）點出：「上古之時，禮源於俗。」〔註39〕楊寬考察西周時期籍禮、冠禮、大蒐禮、鄉飲酒禮、射禮、贄見禮等六種代表性的古禮之後，認為「禮起源於氏族社會的傳統習慣、習俗和種種以實物及象徵性動作構成的儀式。最初是個別的、特指的，後來推而廣之，把生產和生活中所有的傳統習慣和需要遵守的規範一概稱為禮。這些習慣和規範在氏族社會是氏族成員自覺遵守的規範，而到貴族階級產生和國家出現後，貴族就對其中某些習慣和規範加以改變和發展，逐漸形成各種禮，以維護貴族階級的統治及整個宗法制度」。〔註40〕易言之，傳統的風俗習慣經過儀式化的過程後，將需要遵守的規範凝結而為「禮」，並成為統治階層作為維護國家及社會秩序的方法。

　　因此，當禮俗流傳至明代，洪武二年（1369）九月，太祖為維護國家間的

〔註34〕《重栞宋本禮記注疏附挍勘記》，《重刊宋本十三經注疏附校勘記》，卷37，頁667-1。

〔註35〕《重栞宋本論語注疏附挍勘記》，《重刊宋本十三經注疏附校勘記》，卷11，頁101-1。

〔註36〕高明註譯，中華文化復興運動推行委員會，國立編譯館中華叢書編審委員會主編：《大戴禮記》（臺北：臺灣商務印書館，1984年），卷41，頁28。

〔註37〕清‧錢熙祚校：《慎子》（臺北：世界書局，1991年），頁7。

〔註38〕《重栞宋本禮記注疏附挍勘記》，《重刊宋本十三經注疏附校勘記》，卷51，頁863-2。

〔註39〕劉師培：《劉師培全集》（北京：中共中央黨校出版社，1997年），第2冊，頁54。

〔註40〕楊寬：《西周史》（上海：上海人民出版社，1999年），頁693～819。

秩序，頒布〈蕃王朝貢禮〉〔註41〕，其為明初最早且具系統處理對外關係的政令規定。〔註42〕緊接著頒布的《大明集禮》，在〈蕃王朝貢禮〉的架構下加入了〈遣使開詔儀注〉、〈蕃國接詔儀注〉、〈遣使賜印綬儀注〉與〈蕃國受印物儀注〉等規範，形成所謂的「賓禮」。〔註43〕之後正德、萬曆年間刊行重修的《大明會典》，其〈蕃王來朝儀〉、〈蕃國迎詔儀〉、〈蕃國受印物〉等，〔註44〕皆延續《大明集禮》的脈絡制定，成為明代對外關係的禮儀主體。

由上可知，明初的賓禮，「遣使禮儀不單是明朝的禮制，更是朝鮮、安南、琉球等蕃國共同的禮儀規範。」，「配合朝貢、遣使等洪武賓禮的實踐，成為深入東亞各國禮儀文化的媒介，從而奠定近世東亞的禮儀秩序，構築並維繫明朝的『天下秩序』。」〔註45〕爰此，土木堡之變後，使節出使之際，聚焦於藩屬國是否遵循明朝禮儀的意義，在於加強維繫明朝的「天下秩序」，進而透過「禮」的找尋與實踐，提高明朝宗主國的地位。

三、東亞朝貢國家之界定

本段主要論述明英宗土木堡之變後到明萬曆末年東亞朝貢國家之形成與界定。

（一）太祖的不征之國

明朝在對外政策方面，太祖冀以和平方式，與鄰交好，積極開展海外交流，一時「使節如貫珠」，〔註46〕出使國家之多，太祖在晚年也曾自豪地說道，「朕自即位以來，命使出疆，周於四維，足履其境者三十六，聲聞於耳者三十一，

〔註41〕明·林堯俞等纂修，明·俞汝楫等編撰：《禮部志稿》，《景印文淵閣四庫全書》（臺北：臺灣商務印書館，1983年），史部，第597冊，卷91，頁598-645-2、598-646-1。

〔註42〕〔日〕岩井茂樹：〈明代中国の礼制覇権主義と東アジアの秩序〉，《東洋文化》，第85號（2005年3月），頁121～160。

〔註43〕明·徐一夔奉敕撰：《大明集禮》（中央研究院漢籍電子文獻資料庫影印明嘉靖九年〔1530〕刊本），卷32，頁12-2～25-1。

〔註44〕明·李東陽等奉敕撰，申時行等奉敕重修：《大明會典》（臺北：國風出版社，1963年），卷58，頁1001-1～1005-1、1006-2～1009-1。

〔註45〕郭嘉輝：〈元明易代與天下重塑——洪武賓禮的出現及其意義〉，《臺灣東亞文明研究學刊》，第17卷第1期（總第33期）（2020年6月），頁6、29。

〔註46〕明·林弼撰，清·紀昀編：《林登州集》，《景印文淵閣四庫全書》（臺北：商務印書館，1983年影印國立故宮博物院藏本），集部，第1227冊，卷3，頁4，總頁1227-24。

風殊俗異。大國十有八，小國百四十九。」〔註47〕。與周遭鄰近國家保持封貢關係，即便洪武晚年胡惟庸謀逆案涉及日本，明太祖雖遷怒日本，以防海為務，屬行海禁，嚴禁與日本交往，然所遺《祖訓》仍將日本列為十五個不征之國之一。〔註48〕

太祖不治夷狄，頒布十五個「不征諸夷」，列為祖訓，供後世子孫遵守：

> 四方諸夷，皆限山隔海，僻在一隅；得其地不足以供給，得其民不足以使令。若其自不揣量，來擾我邊，則彼為不祥。彼既不為中國患，而我興兵輕伐，亦不祥也。吾恐後世子孫，倚中國富強，貪一時戰功，無故興兵，致傷人命，切記不可。但胡戎與西北邊境，互相密邇，累世戰爭，必選將練兵，時謹備之。
>
> 今將不征諸夷國名，開列於後：
>
> 東北：朝鮮國（即高麗。其李仁人，及子李成桂今名旦者，自洪武六年至洪武二十八年，首尾凡弒王氏四王，故待之）
>
> 正東偏北：日本國（雖朝實詐，暗通姦臣胡惟庸，謀為不軌，故絕之）
>
> 正南偏東：大琉球國（朝貢不時，王子及陪臣之子，皆入太學讀書，禮待甚厚）、小琉球國（不通往來，不曾朝貢）
>
> 西南：安南國（三年一貢）、真臘國（朝貢如常，其國濱海）、暹羅國（朝貢如常，其國濱海）、占城國（自占城以下諸國來朝貢時，內帶行商，多行譎詐，故沮之。自洪武八年沮至洪武十二年，方乃得止。其國濱海）、蘇門答剌（其國濱海）、西洋國（其國濱海）、爪窪國（其國居海中）、湓亨國（其國居海中）、白花國（其國居海中）、三弗齊國（其國居海中）、渤泥國（其國居海中）〔註49〕

其「不治夷狄」之宣言，即國家對外不被他國干預內政的民族獨立，〔註50〕對內則強調「被統治者有權利決定自己的統治者」的民族自治，猶如今之「不干預原則（non-intervention）」。〔註51〕不干預原則的確立，一來展現太祖管控四

〔註47〕《明史》，卷324，頁8398。

〔註48〕《明史》，卷322，頁8344。

〔註49〕明‧明太祖：《皇明祖訓》（北京：北京圖書出版社，2002年影印明洪武禮部刻本），頁5～7。

〔註50〕Mill J. R .1972. *Utilitarianism, On Liberty and Representative Government*. London: Dent, p 361

〔註51〕「不干預原則（non-intervention）」一詞，源自於1648年威斯伐利亞體系主權國家對外不受他國干涉的特性，進而對內要求擁有自主、自決與自治的需

方諸夷的態度，二來為征討西北胡戎，因此，加強西北邊疆防禦工事，東亞地區則以禮相待，以達羈縻之目的。

（二）東亞之義界

就地理上而言，東亞是指中國本土以及朝鮮半島、日本、越南等地。〔註52〕自日本學者西嶋定生提出「以漢字文化為主的東亞文化圈」，也就是「漢字文化圈」之後，「漢字文化圈」逐漸成為學界慣用之概念模型，〔註53〕也就是文化上的東亞。

學界對「東亞漢字文化圈」也有明確的定義，高明士言：「我們可以發現古代的東亞地區，其實是一個可以溝通的區域，文化背景相差不大，所以在政治、文化等方面，彼此可以從事各種交流，國界似乎不是很重要。這種地理上、文化上的共同體，我們可以稱做『東亞文化圈』。由於東亞文化圈是以中國文化為核心，所以學界通稱為『中國文化圈』，或者稱為『漢字文化圈』。」〔註54〕，並進一步指出：「這樣的文化圈，是以中國文化當中的漢字、儒學、律令（或曰法制）、科技、佛教等五要素，作為該地區共通的要素，也就是文化共相的呈現，一般稱為『中國文化圈』，或稱為『東亞文化圈』。」，「最早傳入的要素，仍當數漢字，大約在戰國晚期到西漢之際，也就是西元前三世紀至西元後一世紀之際。到七、八世紀之際，諸要素在東亞地區始完全出現」。〔註55〕琉球地區如同其他文化圈中的成員一樣，也具備漢字、儒學、律令、

求。不干預原則係國家對外主張不被他國干預內政的民族獨立。見 Chris Brown 著，國家教育研究院等譯：《當代國際政治理論》（臺北：巨流圖書出版有限公司，2013 年），頁 146～153、陳中雨：〈中國涉外關係的政策選項——以明代廷議征伐安南的歷史實踐為例〉，《北商學報》第 32 期（2017 年 7 月），頁 77。

〔註52〕高明士：〈從東亞漢字文化圈形成論今日因應之道〉，收錄於氏著：《東亞傳統教育與法文化》（臺北：國立臺灣大學出版中心，2007 年），頁 167。

〔註53〕〔日〕西嶋定生：《東アジア世界と日本》，「『東アジア世界』を特徵付けるものは漢字・儒教・仏教・律令制の四者であるとし、これらの文化が伝播できたのも册封体制がある程度の貢献をしていると見ている。」收入於《西嶋定生東アジア世界史論集》（東京：岩波書店，2002 年），第 4 卷，頁 113～119。

〔註54〕高明士：《東亞文化圈的形成與發展》（臺北：臺大出版社，2005 年），序言，頁 iv～v。

〔註55〕高明士：〈從東亞漢字文化圈形成論今日因應之道〉，收錄於氏著：《東亞傳統教育與法文化》，頁 167～168。

中國科技與中國化佛教等五要素。〔註56〕

　　在法國學者汪德邁（Léon Vandermeersch）的眼中，「這一區域的共同文化根基源自萌生於中國而通用於四鄰的漢字。所謂漢文化圈，實際就是漢字的區域。漢文化圈的同一，即『漢字』（符號 signs）的同一。」〔註57〕。東亞地區，無論是在朝鮮半島的韓國、日本、越南，或者琉球，即便語言不同，漢字顯然成為官方交流文字。明代至中國朝貢的使臣中，朝鮮使臣、安南（越南）使臣與琉球使臣曾經以漢詩互相贈答，透過漢字的書寫和理解，彼此之間達成了思想和情感的交流。〔註58〕

　　陳慶浩形容說：「以漢文字為書寫工具的地區，我們稱為漢文化區。漢文化區以中國漢文化為主流，但亦應包括朝鮮、越南、日本、琉球等地區。長久以來，這些國家以漢字為表達工具，創作了大量的漢文作品，與中國相對而言，可稱為域外漢文化區。」〔註59〕。是以，費希爾（S. R. Fischer）曾指出：「漢語成了東亞的『拉丁語』，對所有的文化產生了啟迪，其程度遠遠超過了拉丁語在西方的影響。」〔註60〕，漢字在明代儼然成為東亞地區共同流通的文字。

（三）朝貢國家之界定

　　太祖時期朝貢國家甚多，如安南、朝鮮、琉球、日本、暹羅、占城、真臘……等，即使對日本實施嚴厲的海防，惠帝時期仍展開與日本的外交關係，〔註61〕成祖時期，亦派遣使節出使日本，〔註62〕並與之約定十年一貢。宣宗宣德八年（1433）日本來朝，之後緊縮外交政策，使臣出訪逐年減少，日本亦久不貢，宣宗命柴山往使琉球，並由琉球轉諭日本前來朝貢。明朝再無遣使日本，〔註63〕

〔註56〕陳捷先：〈東亞文化圈的形成與發展——以琉球王室漢化為約論中心〉，收錄於氏著：《明清中琉關係論集》，頁245。
〔註57〕〔法〕汪德邁著，陳彥譯：《新漢文化圈》（江西：江西人民出版社，2007年），頁1。
〔註58〕張伯偉：〈東亞文人筆談研究的回顧與展望〉，《人文中國學報》第22期（2016年5月），頁306。
〔註59〕陳慶浩，王三慶主編：《越南漢文小說叢刊》，書前總序，頁1。
〔註60〕〔紐〕費希爾（S. R. Fischer）著，李瑞麟等譯：《閱讀的歷史 A History of Reading》（上海：商務印書館，2009年），頁93。
〔註61〕鄭梁生：《明史日本傳正補》（臺北：文史哲出版社，1981年），頁229～245。
〔註62〕《明實錄》（明太宗實錄），卷22，頁410。
〔註63〕「（宣德八年）壬辰，遣鴻臚少卿潘賜、行人高遷、中官雷春等使日本國，賜其王源義教白金綵幣等物。」《明實錄》（明宣宗實錄），卷130，頁2298、《明史》，卷322，頁8346、8347。

多透過其他管道轉論日本。〔註64〕英宗土木堡之變後到明朝末年，安南、朝鮮、日本、琉球、暹羅、占城等國仍與明朝維持緊密朝貢關係。

其他諸番部分，據正德年間《大明會典》記載：「（位於東海、南海的）朝貢諸番國：高麗國東海、暹羅國南海、琉球國南海、占城國南海、真臘國南海、安南國南海、日本國東海、爪哇國南海……。」〔註65〕暹羅自太祖洪武三年（1370）遣使臣呂宗俊詔諭暹羅斛國（Siam），〔註66〕至明朝末年，暹羅遣使朝貢共計112 次，明廷亦遣使訪暹 27 次，〔註67〕惟未留下出使記錄。占城部分，雖明至嘉靖年間遣使出訪達 30 次，〔註68〕占城亦遣使多達 91 次，〔註69〕嚴從簡《殊域周咨錄》甚至還記載「（占城）既通文字，雖言語不通于中國，而其詩文與華夏頗亦近似」。然則，出使紀錄僅獨留嚴從簡引正統年間行人吳惠出使日記的一小段文字，其餘付之闕如，且當時的占城幾乎沒有相關的記述傳承下來。〔註70〕而朝鮮、琉球、安南等三地，正值朝鮮李氏王朝、安南後黎王朝及琉球尚氏王朝等，其政權趨於穩定的階段。

是以，本研究聚焦於朝鮮、琉球、安南等東亞朝貢國家，並以《皇明祖訓》開列不征諸夷的方位記載，作為論述之順序。這些朝貢國家長期使用漢字書寫，運用漢文化思考，逐漸發展出地域性特有的模式。

第二節　使節書寫的歷史發展與重要性

一、使節的義界

在明代的對外遣使當中，常見派遣行人之說，使臣常自稱「臣」，另有一

〔註64〕《明史》，卷 322，頁 8346、8355；《朝鮮王朝實錄》（明宗實錄），卷 21，頁 46-1。

〔註65〕明・李東陽等纂，〔日〕山根幸夫解題：《正德大明会典》（東京都：汲古書院，1989 年影印東京大學附屬圖書館藏刊本），卷 96，頁 356。

〔註66〕《明史》，卷 324，頁 8396。

〔註67〕李恩涵著：《東南亞華人史》（臺北：五南圖書出版股份有限公司，2003 年），頁 381。

〔註68〕陳文：〈明朝出使占城研究〉，《東南亞》第 2 期（2004 年 6 月），頁 46。

〔註69〕劉利華：〈明代占城通使中國考〉，《船山學刊》2009 年第 3 期（2009 年 7 月），頁 177。

〔註70〕明・嚴從簡撰，余思黎點校：《殊域周咨錄》（北京：中華書局，2000 年），卷 7，頁 254～255、366～367。

說則為「使節」。究竟，行人、使臣與使節是否同義？行人、使臣與使節的區別何在？或者說，使臣的正式職稱是否就是行人呢？

據黃寶實《中國歷代行人考》的考察，「古之所謂行人，即今之外交官，居則擯相應對，出則朝覲聘會，所以撫緝萬國，踐修盟好，要結外援以衛社稷者也」。〔註71〕行人有大、小行人之區別，首見於《周禮》。《周禮》之〈大行人〉、〈小行人〉規範中國與周邊國家間關係的運作。「大行人掌大賓之禮，及大客之儀，以親諸侯，春朝諸侯而圖天下之事」；「小行人掌邦國賓客之禮籍，以待四方之使者」。又說，「小行人達天下之六節，山國用虎節，土國用人節，澤國用龍節，皆以金為之；道路用旌節，門關用符節，都鄙用管節，皆以竹為之。」鄭玄（127～200）解釋小行人所持的符節，是「邦國之節也。達之者，使之四方亦皆齎法式以齊等之也。」〔註72〕換言之，行人執節出使，節為其符信，使節代表承皇帝之威命的旌旛。

「行人」之名，除見於《周禮》，《左傳》、《公羊傳》、《穀梁傳》及《國語》。〔註73〕漢代以降，《周禮》小行人名稱已不使用，大行人據《史記》載，已更名為「鴻臚」，〔註74〕並進一步解釋鴻臚一詞，係「鴻，聲也。臚，附皮。以言其掌四夷賓客，若皮臚之在外附於身也。」，〔註75〕官府另設符節令，「主符節事。凡遣使掌授節。」〔註76〕。《漢書》從其說法，〔註77〕餘下史

〔註71〕黃寶實：《中國歷代行人考》（臺北：臺灣中華書局，1969年），頁1。

〔註72〕《重栞宋本周禮注疏附挍勘記》，《重刊宋本十三經注疏附校勘記》，卷37，頁560-1～569-2。

〔註73〕如《國語·吳語》：「吳王夫差既勝齊人於艾陵，乃使行人奚斯釋言於齊」上海師範大學古籍整理組校點：《國語·吳語》（上海：上海古籍出版社，1978年），卷19，頁600。

〔註74〕漢·司馬遷撰，劉宋·裴駰集解，唐·司馬貞索隱，唐·張守節正義：《史記》（北京：中華書局，1981年影印金陵書局本），卷10，頁420。

〔註75〕或如《史記·劉敬叔孫通列傳第三十九》：「大行人掌賓客之禮，今謂之鴻臚也。」《史記》，卷99，頁2723。

〔註76〕劉宋·范曄撰，唐·李賢等注，晉·司馬彪補志：《後漢書》（北京：中華書局影印宋紹興本，1981年），頁3599；另《宋書》有「符節令」一說：「符節令史，蓋周禮典瑞、掌節之任也。漢至魏別為一臺，位次御史中丞，掌授節、銅虎符、竹使符。」南朝梁·沈約撰：《宋書》（北京：中華書局，1980年影印宋元明三朝遞修本），卷40，頁1251。

〔註77〕《漢書·景帝本紀》：「大鴻臚者，本名典客，後改曰大鴻臚。大行令者，本名行人，即典客之屬官也，後改曰大行令。故事之尊重者遣大鴻臚，而輕賤者遣大行也。」《漢書》，卷5，頁145。

籍，如《魏書》、《晉書》、《北史》、《唐六典》、《宋史》等均沿用鴻臚為外交職官名。〔註78〕「行人」一詞，揆諸魏晉南北朝至唐遼史乘，仍可見指「外交官員」的說法，如《周書》、《魏書》、《晉書》、《梁書》、《舊唐書》、《遼史》等〔註79〕。

　　明代因對外工作繁多，特設行人司「以通使命往來」，〔註80〕專職捧節、奉使之事。〔註81〕行人即古之大行，〔註82〕最初以孝廉出任，後責任漸重，改為進士方可任官。〔註83〕又，使臣之出使，可以是朝臣舉薦，也可能考量路途而由地方官就近充任使臣。因此，出使的使臣身份不限於行人一職。〔註84〕而明代所稱的「行人」，除非有特定指稱使臣之職稱外，如區大相（1549～1616）〈送薛行人持詔南楚便歸嶺外〉〔註85〕，一般多指路人，如文徵明（1470～1559）「都門日日有行人，我獨與君情最親」〔註86〕等。

　　而「使節」部分，至三國時期仍代表承皇命的旌旛。唐代設置節度使一職，

〔註78〕 如《唐六典》：「凡皇子拜王，贊授印綬。及拜諸侯、諸侯嗣子及四方夷狄封者，臺下鴻臚召拜之。」唐・李林甫等撰，陳仲夫點校：《唐六典》（北京：中華書局，1992 年），卷 18，頁 504；《宋史》：「（鴻臚）凡四夷君長、使价朝見，辨其等位，以賓禮待之……諸蕃封冊，即行其禮命。……其官屬十有二：往來國信所，掌大遼使介交聘之事。」元・脫脫等撰：《宋史》（北京：中華書局，1980 年影印元至正本配補明成化本），卷 165，頁 3903。

〔註79〕 唐・令狐德棻等撰：《周書》（北京：中華書局，1980 年影印清武英殿本），卷 32、35，頁 559、610、北齊・魏收撰，清・謝啟昆：《魏書》（北京：中華書局，1980 年影印宋大字本），卷 33，頁 787、唐・房玄齡等撰：《晉書》（北京：中華書局，1980 年影印金陵書局本），卷 79，頁 2071、隋・姚察，隋・謝炅，唐・魏徵，唐・姚思廉合撰：《梁書》（北京：中華書局，1980 年影印宋大字本），卷 48，頁 665、後晉・劉昫撰：《舊唐書》（北京：中華書局，1981 年影印清懼盈齋刻本），卷 7、194 上，頁 144、5172、元・脫脫等撰：《遼史》（北京：中華書局，1980 年影印元末明初翻刻本殘本），卷 28，頁 337。

〔註80〕 清・孫承澤：《天府廣記》（臺北：大立出版社，1980 年），頁 365。

〔註81〕 《明史》，卷 74，頁 1809。

〔註82〕 《天府廣記》，頁 365。

〔註83〕 《明史》，卷 74，頁 1810。

〔註84〕 《明實錄》（明太宗實錄）：「（太宗）遣福建參政王平等，隨成國公朱能赴安南辦事，自是凡有才能足任使者，次第遣行。」《明實錄》（明太宗實錄），卷 56，頁 830。

〔註85〕 清・朱彝尊編：《明詩綜》（臺北：世界書局，1988 年），卷 56，頁 241。

〔註86〕 明・文徵明〈送于器之廉憲還滁〉，氏著：《甫田集》，《文津閣四庫全書》（北京：商務印書館，2005 年影印北京商務印書館據中國國家圖書館藏本），集部，第 425 冊，卷 11，頁 548。

在唐代文學作品上所稱之「使節」，常泛指「節度使」。如杜甫（712～770）〈送嚴侍郎到綿州同登杜使君江樓〉「歸朝送使節，落景惜登臨。」，〔註87〕嚴侍郎即嚴武（726～765），時任劍南節度使；〔註88〕晚唐獨孤及（726～777）〈送韋員外充副元帥判官之東都序〉一文「始以使節赴洛陽」，〔註89〕以使節指稱節度使。

　　北宋時期，薛居正（912～981）《舊五代史》寫後晉戶部尚書鄭韜光（861～940）「無私過，三持使節，不辱君命」〔註90〕，這裡的使節，指的是出使所持的憑證。但這個時期（宋代）漸有文學史籍以使臣的出使憑證，代稱使節。史籍方面，如《金史》「使節所過，姦吏屏息，十年之間民政修舉，實賴其力。」〔註91〕；文學作品方面，如王安石（1021～1086）〈張工部廟〉「使節紛紛下禁中，幾人曾到此城東」、〔註92〕強至（1022～1076）《祠部集》〈行河道中〉、〔註93〕汪應辰（1118～1176）〈賜金國賀正旦人使回程龍鳳茶餅金鍍銀合口宣〉「使節之言」、〔註94〕樓鑰（1137～1213）《攻媿集》內制〈金國弔祭使人赴闕口宣〉「使節來唁」〔註95〕等。

〔註87〕杜甫〈送嚴侍郎到綿州同登杜使君江樓〉：「野興每難盡，江樓延賞心。歸朝送使節，落景惜登臨。稍稍煙集渚，微微風動襟。重船依淺瀨，輕鳥度層陰。檻峻背幽谷，窗虛交茂林。燈光散遠近，月彩靜高深。城擁朝來客，天橫醉後參。窮途衰謝意，苦調短長吟。此會共能幾，諸孫賢至今。不勞朱戶閉，自待白河沈。」清・康熙敕修：《全唐詩》（北京：中華書局，1979年），卷227，頁2457。

〔註88〕《舊唐書・列傳第六十七》：「嚴武，中書侍郎挺之子也。神氣儁爽，敏於聞見。……上皇誥以劍兩川合為一道，拜武成都尹、兼御史大夫，充劍南節度使。」《舊唐書》，卷117，頁3395。

〔註89〕清・董誥等編：《全唐文》（北京：中華書局，1987年），卷387，頁3934-2。

〔註90〕宋・薛居正等撰：《舊五代史》（北京：中華書局，1981年影印南昌熊氏曾影庫本），卷92，頁1222。

〔註91〕元・脫脫等撰：《金史》（北京：中華書局，1980年影印元至正刊本），卷55，頁1244。

〔註92〕王安石〈張工部廟〉：「使節紛紛下禁中，幾人曾到此城東。獨君遺像今如在，廟食真須德與功。」北京大學古文獻研究所編，傅璇琮等主編：《全宋詩》（北京：北京大學出版社，1991年），卷571，頁6739。

〔註93〕〈行河道中〉：「風起秋河吹旆旌，林梢初日露微明。壤歌接野知堯力，水害橫堤想禹平。無數焚香迎使節，不妨傍轡問農耕。江湖未敢生歸興，為戀車茵每侍行。」宋・強至撰：《祠部集》（中央研究院漢籍電子文獻資料庫影印清乾隆敕刻武英殿聚珍本），頁16-2。

〔註94〕宋・汪應辰撰：《文定集》（中央研究院漢籍電子文獻資料庫影印清乾隆敕刻武英殿聚珍本），24-1、24-2。

〔註95〕宋・樓鑰撰：《攻媿集》（中央研究院漢籍電子文獻資料庫影印清乾隆敕刻武英殿聚珍本），頁8-1。

元代在「使節」一詞的表現上，也有將使節代稱使臣的現象，如周伯琦（1298～1369）〈九月一日還自上京途中紀事五首之五〉：「馬前軍吏候，使節幾時還。」〔註96〕句、熊夢祥（生卒年不詳）地理學書籍《析津志輯佚》〈大都東西館馬步站〉篇：「四方萬里，使節往來，可計日而至者，驛馬之力也。」〔註97〕等。

明代官方史籍上或有以「使節」之名統稱使者或使團這個群體，如《明史·循吏列傳》「本邑地廣人稀，地當衝要，使節絡繹，日發民挽舟。」〔註98〕、《明神宗實錄》「今使節尚未還朝，倭眾仍舊集地」、〔註99〕《國朝典故》「從容陪使節，到此得遊觀。」〔註100〕等。外交重要史料《瀛涯勝覽·序》則有「叨陪使節」、「使節勤勞恐遲暮」〔註101〕等。其餘文學作品如明初使安南的林弼（生卒年不詳）「使節如貫珠」、〔註102〕張羽（1333～1385）「浦口勞歌催畫鷁，門前使節詠〈皇華〉。」〔註103〕、于謙（1398～1457）「道上雙驕迎使節，水邊一犬吠人家。」〔註104〕、魯鐸（1458～1524）「不為簡書催使節，肯將身向此中抾。」〔註105〕、高拱（1513～1578）「朝看使節下金扉，千里春風

〔註96〕周伯琦〈九月一日還自上京途中紀事五首之五〉：「北口七十二，居庸第一關。峭崖屏列翠，急澗玉鳴環。佛閣騰雲霧，人家結市闤。馬前軍吏候，使節幾時還。」清·顧嗣立編：《元詩選》（北京：中華書局，1987年），〈初集·庚集〉，頁1861。

〔註97〕元·熊夢祥著：《析津志輯佚》（北京：北京古籍出版社，1983年），頁120。

〔註98〕《明史》，卷281，頁7197。

〔註99〕《明實錄》（明神宗實錄），卷380，頁5765。

〔註100〕明·鄧士龍輯，許大齡、王天有主點校：《國朝典故》（北京：北京大學出版社，1993年），卷150，頁2094。

〔註101〕明·馬歡撰：《瀛涯勝覽》（中央研究院漢籍電子文獻資料庫影印明萬曆沈節甫輯陽羨陳于廷刊本），頁1-2、2-2。

〔註102〕明·林弼撰，清·紀昀編：《林登州集》，《景印文淵閣四庫全書》，集部，第1227冊，卷3，頁4（總1227-24）。

〔註103〕明·張羽〈送胡宗禹之播州驛丞〉，《列朝詩集》，《四庫禁燬書叢刊》（北京：北京出版社，1995年影印北京圖書館藏清鈔本），集部，第95冊，〈甲集〉卷9，頁6，總頁集95-312。

〔註104〕明·于謙：《寓清源》，《忠肅集》，《文津閣四庫全書》（北京：商務印書館，2005年影印北京商務印書館據中國國家圖書館藏本），集部，第324冊，卷11，頁678。

〔註105〕明·魯鐸撰：《魯文恪公文集》，《四庫全書存目叢書》（臺南：莊嚴文化事業有限公司，1997年影印中共中央黨校圖書館藏明隆慶元年方梁刻本），集部，別集類，第54冊，卷5，頁8，總頁集54-70。

送客歸。」〔註 106〕、郭汝霖（1510～1580）「英明使節起輕鷗。」〔註 107〕、陳良謨（1589～1644）「使節天邊賦倦遊，彩雲盡擁碧山頭」〔註 108〕、張煌言（1620～1664）「傳聞使節下牂牁，天語銜來識聖波」〔註 109〕、神宗萬曆年間小說《三寶太監西洋記通俗演義》也有「書生從役忘卑賤，使節三陪游覽遍。」〔註 110〕等，足見「使節」在當時已經普遍成為對外交官員的通稱。

　　爰此，本研究不採用「行人」之說，而引用明代通稱「使節」的說法，來統稱明代出使的行人及使臣，並以使節書寫或行人書寫奉使經歷的作品。

二、使節書寫的歷史發展

　　中國在與異邦的往來方面，可溯自唐堯時期，先秦典籍即已有四方來服的記錄：「古者堯治天下，南撫交阯、北降幽都，東西至日所出入，莫不賓服。」〔註 111〕而《水經注》引《尚書大傳》更進一步指出，「堯南撫交趾，於《禹貢》荊州之南垂，幽荒之外，故越也。」〔註 112〕顯然，唐堯時期除被動的賓服四方之外，已主動深入至周邊民族之地。因此，對外關係由之產生，使得外交工作成為維護國家的首要任務，而擔負外交工作的使節，更成為維繫國與國間關係的重要橋樑，所謂「口啣天語，身駕星軺，報聘宣招，傳綸綍之溫煦，布聲靈之赫濯，而使中國常尊，外夷永順，固使者職也。」〔註 113〕，即充分傳達使節之重要性。

〔註 106〕 明・高拱撰：〈送楊南泉使清江浦就便省觀〉，《館閣偶詠》（中央研究院漢籍電子文獻資料庫影印清乾隆十六年高玉生補刊本），卷 1，頁 12-1。

〔註 107〕 明・郭汝霖撰：《石泉山房文集》，《四庫全書存目叢書》（濟南：齊魯書社，1997 年影印浙江圖書館藏明萬曆二十五年郭氏家刻本），集部，別集類，第129 冊，卷 4，頁 12，總頁 129-418。

〔註 108〕 陳良謨：〈次何憲副韻賦別三首〉之二，明・陳良謨撰，民國・張壽鏞輯：《陳忠貞公遺集》（中央研究院漢籍電子文獻資料庫影印張氏約園刊本），卷 1，頁 14-1。

〔註 109〕 明・張煌言撰：〈聞行在所遣使至營宣慰有感二首〉之一，《張蒼水集》（中央研究院漢籍電子文獻資料庫影印張氏約園刊本），卷 2，頁 19-1。

〔註 110〕 明・羅懋登著；陸樹崙，竺少華校點：《三寶太監西洋記通俗演義》（上海：上海古籍出版社，1985 年），卷 20，頁 1285。

〔註 111〕 清・孫詒讓著，孫以楷點校：《墨子閒詁》（臺北：華正書局，1987 年），卷6，頁 148。

〔註 112〕 北魏・酈道元撰：《水經注》（中央研究院漢籍電子文獻資料庫影印清乾隆敕刻武英殿聚珍本），卷 37，頁 5-1。

〔註 113〕 《殊域周咨錄》，題詞，頁 3。

　　漢代以來，使節書寫作品雖零星載於史籍，但原著多已亡佚。北宋時期，王延德（939～1006）出使高昌，作《西州程記》（或名《西域使程記》），內容載於《宋史・外國傳》。〔註114〕王明清（約 1127～約 1202）在其《揮塵錄・前錄》中，詳細記載王延德使高昌之見聞，〔註115〕開始漸有出使作品流傳。北宋徽宗崇寧元年（1102），遣王雲（生年不詳～1126）使高麗，王雲回國後撰《奉使雞林志》三十卷以記，〔註116〕也是最早記載有關出使高麗的書籍。宣和六年（1124）高麗入貢，徽宗再遣徐兢（1091～1153）為國信使出使高麗，徐兢回國後撰《高麗圖經》四十卷，〔註117〕凡其國之山川風俗典章制度，以及接待之儀文、往來之道路，無不詳載外，〔註118〕書中首度記載使用指南浮針以揆南北。〔註119〕南宋時期使蒙行記：趙珙（1195～1246，前人作孟珙）的《蒙韃備錄》〔註120〕及彭大雅（生年不詳～1245）、徐霆（生卒年不詳）著之《黑韃事略》，〔註121〕開啟元代紀行著作盛行之序幕。

　　元朝時期，張德輝（1195～1274）於元定宗三年（1248）作《嶺北紀行》，〔註122〕係記述蒙古諸王忽必烈駐居和林（哈拉和林，KarAkorum，今蒙古國）的情形，可以說是漢文中一篇最早專講蒙古可汗駐帳和林情形的報告。〔註123〕渾源人劉郁作《西使記》，記元憲宗（蒙哥）九年（1259），常德奉使西域旭烈兀軍中、往返道途之所見。〔註124〕元世祖至元八年（1271），忽必烈遣張立道

〔註114〕元・脫脫等撰：《宋史》（北京：中華書局，1980 年影印元至正本配補明成化本），卷 309、203、490，頁 10157、5119、14109～14113。

〔註115〕宋・王明清撰：《揮塵錄》（北京：中華書局，1961 年），卷 4，頁 36～39。

〔註116〕《宋史》，卷 357，頁 11229。

〔註117〕宋・徐兢撰：《宣和奉使高麗圖經》（臺北：藝文書局，1966 年影印清乾隆鮑廷博校刊本），卷首～卷末，頁 1-1～1-2。

〔註118〕清・永瑢等編撰：《四庫全書總目提要》（上海：商務印書館，1933 年），卷 71，史部 27，地理類 4，頁 1541。

〔註119〕《宣和奉使高麗圖經》，卷 34，頁 9-2。

〔註120〕宋・趙珙著，明・陸楫輯：《古今說海》（中央研究院漢籍電子文獻資料庫影印 1821 年清道光西山堂重刊陸氏儼山書院本），頁 1-1。

〔註121〕元・周達觀原著，夏鼐校注：《真臘風土記校注》（北京：中華書局，2000 年），頁 100。

〔註122〕王德毅、李榮村、潘柏澄等編：《元人傳記資料索引》（臺北：新文豐出版社，1979～1982 年），頁 1167。

〔註123〕姚從吾著，姚從吾先生遺著整理委員會編輯：《張德輝嶺北紀行》（臺北：正中書局，1971 年），引言，頁 285。

〔註124〕《元人傳記資料索引》，頁 1783。

（生年不詳～1298）使交趾，定歲貢之禮。之後，忽必烈兩征安南失敗，於至元二十八年（1291）再遣張立道以禮部尚書身分使交趾，令安南修歲貢之禮如初，〔註125〕張作有《安南錄》（又名《張尚書行錄》），今收錄於安南人黎崱（生卒年不詳）以漢文所著之《安南志略》中。〔註126〕

　　至元二十五年（1288）隨同禮部侍郎李思衍出使安南的徐明善（生卒年不詳），〔註127〕作《安南行記》（又名《天南行記》）一卷，紀錄元世祖詔書、安南國世子回表文、貢物及使節在安南的活動。〔註128〕至元二十九年（1292），元世祖遣吏部尚書梁曾（1242～1322）再使安南，朝臣推薦南方文臣陳孚（1259～1309）以禮部郎中身分陪同前往，〔註129〕陳孚回國後作《交州稿》，紀錄使交見聞。〔註130〕至元三十一年（1294），元成宗即位，詔停止對安南之征戰，並命兵部郎中蕭泰登（1266～1303）持詔前往撫綏，〔註131〕回國後作《蕭方崖使交錄序》，今收錄於黎崱編著之《安南志略》中。〔註132〕元貞元年（1295），元成宗遣使詔諭真臘，隨行者周達觀（1266～卒年不詳）回國後作《真臘風土記》，詳述真臘的自然狀況、經濟、政治、宗教、文化狀況，以及社會習俗狀況，〔註133〕此書是現存的吳哥文化極盛時代的唯一記載。〔註134〕

　　由上述資料可見，使節書寫自漢代已有，零星作品多載於史籍，至宋元時期始蓬勃發展，大部分為使程及行紀。使節奉使，擔負國家重責，於交通、物質匱乏的年代，政治、軍事不穩的朝代，完成任務之餘，著書立說並流傳下來，顯現其珍貴性。讀者透過使節之眼，間接看到了異國的風土民情、典章制度，並重現了使節往來之路，及沿途所見、所聞與所感，有其獨特的史料價值。

〔註125〕明・宋濂等撰：《元史》（北京：中華書局，1981 年影印洪武九十九卷本和南監本），卷 167，頁 3915～3919。

〔註126〕元・黎崱：《安南志略》（合肥：黃山書社，2009 年收入中國基本古籍庫），卷 3，頁 18～20。

〔註127〕《元人傳記資料索引》，頁 910。

〔註128〕元・陶宗儀編纂：《說郛》（臺北：成文書局，1975 年影印上海涵芬樓排印本），卷 51，頁 18-2～23-2。

〔註129〕《元史》，卷 190，頁 4339。

〔註130〕《元人傳記資料索引》，頁 1271。

〔註131〕《元史》，卷 209，頁 4650。

〔註132〕《安南志略》，卷 3，頁 20～21。

〔註133〕瞿林東著：《中國史學史綱》（臺北：五南出版股份有限公司，2002 年），頁 573。

〔註134〕《真臘風土記校注》，校注者序言，頁 1。

三、使節書寫之研究意義

明太祖朱元璋即位後，因前元「亡而實未始亡」，〔註135〕同時海外諸國仍與舊元保持關係，倭寇騷擾亦相當嚴重，新生的政權尚立足未穩。〔註136〕為此，明太祖朱元璋以承繼過往漢唐「德威兼濟」的對外政策，〔註137〕一方面征討西北胡戎，〔註138〕一方面以和平為基調，「保境安民」〔註139〕為先，而後四方外國來附。〔註140〕在元順帝雖敗而未亡的情況下，為免除潛在的後顧之憂，〔註141〕大規模地派遣使臣至各國，一方面宣告其政權的正統性，一方面樹立其宗主國的權威性，造就使節絡繹不絕的景況。

而土木堡之變是明朝國力由盛轉衰的關鍵，也是影響明與其他國家彼此觀看視角差異的開始。明朝出使安南的作品，早在太祖洪武年間已出現，至土木堡之變以前，使臣所作多以詩歌形式呈現；土木堡之變後，除官方文書、紀行詩外，使臣漸以較長的賦文形式記錄安南儀式的表現，除較詩歌有深入的紀錄外，更藉此表達對域外禮俗表現的深刻感知，文體豐富多樣。使朝鮮方面，土木堡之變前幾無出使作品；土木堡之變後，英宗被俘，降低了明朝對朝鮮的威信，從倪謙開始透過詩歌的交流，表達彼此間因箕子牽起的華夏文化緊密關係，更戮力挽救明朝形象，重振明朝宗主國的聲威，明與朝鮮《皇華集》的刊布，更開啟了明朝與朝鮮彼此文學多聲調的和音。土木堡之變前明使臣出使琉

〔註135〕 「又況順帝北出漁陽，旋興大漠，整復故都，不失舊物，元亡而實未始亡耳。」《明史紀事本末》，卷 10，頁 106。

〔註136〕 廖大珂：〈試論明朝與東南亞各國朝貢關係的性質〉，《南洋問題研究》第 3 期（1989 年 6 月），頁 91。

〔註137〕 本段節錄於張顯清、林金樹著：《明代政治史》（桂林：師範大學出版社，2003 年），頁 948。

〔註138〕 「海外蠻夷之國，有為患於中國者，不可不討；不為中國患者，不可輕自興兵。古人有言，地廣非久安之計，民勞乃亂之源。……得其地不足以供給，得其民不足以使令，徒慕虛名，自弊中土，載諸史冊，為後世譏。朕以諸蠻夷小國，阻山越海，僻在一隅，彼不為中國患者，朕決不伐之。惟西北胡戎，世為中國患，不可不謹備之耳。」《明實錄》（明太祖實錄），卷 68，頁 1277～1278。

〔註139〕 《明代政治史》，頁 948。

〔註140〕 「自古為天下主者，視天地所覆載，日月所照臨，若遠若近，生人之類無不欲其安土而樂主，然必中治安而後四方外國來附。」《明實錄》（明太祖實錄），卷 53，頁 1049。

〔註141〕 翁惠明：《論明代前期中國與南海外交的演變》（北京：世界知識出版社，1991 年），頁 73。

球之作，初僅有內官的碑記、遊記；土木堡之變後，使臣所作《使琉球錄》，對航海途中真情實境的描繪、琉球一地的記載，給予明代海洋書寫、域外行旅書寫開創一個嶄新的扉頁。而此時，朝鮮李氏王朝、安南後黎王朝及琉球尚氏王朝政權大致處於穩定、統一的階段，除定期派遣使臣往來，記錄彼此往來間的觀察，傳遞所見所知信息，形成了燕行、北使、入明等史料文獻，呈現此一時期彼此的相互觀看，也帶動彼此間的相互理解。

　　歷來使節出使記錄，除擔負國家使命外，也再現作者對於我者與他者（the others）間的感知。其內容記錄使節一路上所見所聞、經驗感受。「觀風俗，知薄厚云」，〔註142〕使節域外書寫，不僅體現作者將文學創作與親身經歷相結合，亦能進一步了解使節出使的內外在歷程、政治任務。一如廖肇亨所言，「使節文化書寫（包括詩、遊記、奏議等）雖然亦不無抒情言志的部分，但更重要的是：必須充分傳達背後政權的姿勢與聲調」。〔註143〕讀者通過使節的觀察與凝視，勾勒出當時異國的輪廓、彼此間的個殊性及文化的差異性等等，並對明代時期域外的想像具體化。

　　使節書寫無論在創作意圖、寫作背景，甚或作品所展現的域外行旅體驗，都與一般的文人行旅書寫存在著很大不同，「跨越國界的域外行旅，行旅者跨越了文化地理空間，在異域與本土的矛盾衝突中感受自我並確認自身。無論是文化衝突的激烈程度，還是行旅體驗的深刻程度，都是國內行旅所無法比擬的」。〔註144〕使節書寫同時可能成為傳達使節意識，及文化思想的媒介，而這些詩賦文字所透露的語言功能，實有進行其外部之研究，並結合內部之分析，始能得以充分認識。

　　近年，東亞地區益形重要，且在政府積極推動新南向政策的背景下，從事東亞相關研究議題蓬勃發展，促成使節空間移動越境與跨界的書寫成為當代顯學。歷來使節作品多著眼於單一區域、單一視角的單線書寫，然而，同在大明王朝時間軸下，彼此間橫向的相互關照、史料間的比較研究，進而拼合交織而為使節的文學知識系譜，並影響周遭主要朝貢國家的，卻幾無著墨。

〔註142〕漢・班固撰，唐・顏師古注：《漢書》（北京：中華書局，1986年影印王先謙漢書補注本），卷30，頁1756。

〔註143〕廖肇亨：〈從「搜奇獵異」到「休明文化」——由朱之蕃看晚明中韓使節文化書寫的世界圖像〉，《漢學研究》第29卷第2期（2011年6月），頁75。

〔註144〕蘇明：《域外行旅與文學想像》（北京：中國社會科學出版社，2016年），頁15。

　　綜上因素，本研究旨在探討明使節在歷史的推演下，或在外交的形勢上，如何透過書寫建構其獨特的系譜（genealogy）？以及在朝貢體制下，如何處理自我（明）與他者（朝貢國家）間的文學與政治議題，進而對朝鮮、琉球、安南等國的君臣產生意義與影響？以上是本研究所欲探討的問題之所在，亦為使節書寫研究之意義所在。

第三節　文獻探討與評述

　　十八世紀以前的東亞地區，正是此趨勢的萌芽階段，漢字雖為當時書寫形式，仍具共通語言（common language）的流通性。對於域外漢籍與漢文文獻的研究，1938 年胡適先生在瑞士蘇黎世參加國際歷史學會時，提出「把保存在日、韓有關中國史料作為『新材料』的想法」（There are six main sources of new materials for the historical periods：…… Chinese historical materials preserved in Japan and Korea.）〔註 145〕其後，於 1980 年代，旅法學者陳慶浩亦提倡積極整理與研究越南、朝鮮、日本、琉球等「漢字文化圈」地區之漢字書寫文學，並發起法國遠東學院館藏之越南漢文小說編纂工作。其與學者王三慶、鄭阿財及朱鳳玉等，共同出版了《越南漢文小說叢刊》，整理校勘現存越南漢文小說，且詳述作品內容、作者生平、流傳經過及版本等問題。〔註 146〕

　　1996 年，日本京都大學文學研究科要求東洋史專業設立「朝鮮史講座」，開展了東亞交流史領域研究。研究範圍更從對「朝鮮燕行使節」之研究，擴展至明清時期東亞地區中國、朝鮮、日本、琉球彼此間的整體國際關係問題，並陸續出版《增訂使琉球錄解題及び研究》（1999）、《燕行錄全集日本所藏篇》（東國大學校韓國文學研究所，2001）、《燕行錄・使朝鮮錄を通じてみた中朝相互認識の研究》（京都大學大學院文學研究科東洋史研究室，2003）、《中國東アジア外交交流史の研究》（京都大學學術出版會，2007）等論著。

　　張伯偉先生於 2000 年在南京大學成立「域外漢籍研究所」，有系統地對域外漢籍資料作整理、研究工作。其後，創辦《域外漢籍研究集刊》，陸續出版

〔註 145〕胡適著，季羨林主編：〈Newly Discovered Materials for Chinese History〉，《胡適全集》（合肥：安徽教育出版社，2003 年），第 36 卷，頁 631～637。

〔註 146〕陳慶浩，王三慶主編：《越南漢文小說叢刊》（臺北：臺灣學生書局，1987 年），頁 1-2122。

《域外漢籍研究叢書》，推動域外漢籍文獻之研究，並自 2006 年起推動「從周邊看中國」的研究計畫。〔註147〕

　　中央研究院則於 2002 年陸續出版《越南漢喃文獻目錄提要》、〔註148〕《越南漢喃文獻目錄提要補遺》〔註149〕等，逐漸投入域外漢籍研究工作。2009 年，中央研究院前瞻計畫「漢詩與外交——十四至十九世紀東亞使節及其文化書寫」，將中國與琉球、朝鮮、越南使節交流文獻，及日本與朝鮮使節交流論著，進行目錄整理工作，期使研究者能迅速掌握重要文獻資料。

　　綜上觀之，有關域外漢籍、使節越境與跨界的書寫研究，已逐漸成為東亞國家之重要研究議題。關於「使節文化書寫」研究論文也逐漸增多，如拜根興（Gen-Xing Bai）〈唐中後期赴新羅使節關聯問題考辨〉、〔註150〕陳鴻瑜〈漢朝使節到過南印度嗎？〉、〔註151〕蔣武雄〈宋使節在遼的飲食活動〉、〔註152〕李梅花〈宋麗使節往來與文化交流〉、〔註153〕朱振宏〈隋朝與朝鮮三國使節往來之研究〉、〔註154〕李德杏〈宋元時期中外醫藥交流的方式及特點研究〉、〔註155〕蔣武雄〈宋臣彭汝礪使遼的行程〉〔註156〕等。以下將以東亞地區對於東亞朝貢國家朝鮮、琉球及安南等域外漢籍研究一一說明之。

〔註147〕葛兆光：《歷史中國的內與外：有關「中國」與「周邊」概念的再澄清》（香港：香港中文大學出版社，2018 年），頁 xvi。

〔註148〕劉春銀，王小盾，陳義主編：《越南漢喃文獻目錄提要》（臺北：中央研究院中國文哲研究所，2002 年），頁 1-1199。

〔註149〕劉春銀，王小盾，陳義主編：《越南漢喃文獻目錄提要補遺》（臺北：中央研究院亞太研究專題中心，2004 年），頁 1-1039。

〔註150〕拜根興（Gen-Xing Bai）：〈唐中後期赴新羅使節關聯問題考辨〉，《陝西師範大學學報（哲學社會科學版）》第 33 卷第 6 期（2004 年 11 月），頁 81～86。

〔註151〕陳鴻瑜：〈漢朝使節到過南印度嗎？〉，《歷史月刊》第 204 期（2005 年 1 月），頁 140-143。

〔註152〕蔣武雄：〈宋使節在遼的飲食活動〉，《東吳歷史學報》第 16 期（2006 年 12 月），頁 1-24。

〔註153〕李梅花：〈宋麗使節往來與文化交流〉，《東疆學刊》第 24 第 3 期（2007 年 7 月），頁 34～39。

〔註154〕朱振宏：〈隋朝與朝鮮三國使節往來之研究〉，《中國歷史學會史學集刊》第 40 期（2008 年 09），頁 23～56。

〔註155〕李德杏：〈宋元時期中外醫藥交流的方式及特點研究〉，《山東中醫藥大學學報》第 33 卷第 5 期（2009 年 9 月），頁 411～412、416。

〔註156〕蔣武雄：〈宋臣彭汝礪使遼的行程〉，《史學彙刊》第 34 期（2015 年 12 月），頁 63～97。

一、明與朝鮮往來研究之評述

　　有關明與朝鮮使節往來的書寫研究，量雖少而別具獨見。學術著作如葉泉宏的《明代前期中韓國交之研究（1368～1488）》一書，其第四章「明鮮國交之調整」，論及明朝政局的轉變所帶給明鮮國交的衝擊，並討論此國交變遷的關鍵時代──土木堡之變及重要的明朝使臣──倪謙，以及就倪謙所開創的《皇華集》傳統啟論，探討明鮮國交的新發展，並以董越出使朝鮮的過程為例，考察《皇華集》傳統對明鮮國交的影響。〔註157〕吳政緯《眷眷明朝：朝鮮士人的中國論述與文化心態（1600～1800）》，討論朝鮮王朝前因延續高麗與元的從屬關係，奉明朝為宗主國，接受明朝冊封，使用明朝正朔，因而視明朝為文化正統的表徵。明末到清嘉慶帝年間（1600～1800），朝鮮士人因易代鼎革而產生的明朝情結。〔註158〕

　　研究論文如王國良〈倪謙《遼海編》與《庚午皇華集》〉，總敘中韓使節詩賦外交，次敘《遼海編》編印與流傳及《庚午皇華集》刊刻始末，又，《庚午皇華集》出版時間較晚，僅與倪謙子孫所籌資刊行之《遼海編》部分內容雷同。儘管如此，此二書仍不失為中韓詩賦外交的見證。〔註159〕廖肇亨先生〈從「搜奇獵異」到「休明之化」──由朱之蕃看晚明中韓使節文化書寫的世界圖像〉，從朝鮮官員崔溥因海難漂流到中國後，與人作詩唱和，給人朝鮮使節精純嫻熟於詩賦之道的印象談起，再談明代中朝使節詩賦外交及其得失，最後歸結出使節文化書寫與當時外交體制、價值觀念等相互牽動，並且因文化交流與碰撞，而產生新的書寫範式與觀察視角。〔註160〕而其另一篇〈明代朝鮮詔使詩世界觀探析：以祁順為例〉一文，則以祁順的詩作體現明代詔使詩的共通點，對異國風土民俗保持一定的好奇心，並強調中華文化觀念的普遍化。〔註161〕中國及日、韓地區相關研究文獻較為豐富。

〔註157〕葉泉宏：《明代前期中韓國交之研究（1368～1488）》（臺北：臺灣商務印書館，1991年），頁119～144。

〔註158〕吳政緯：《眷眷明朝：朝鮮士人的中國論述與文化心態（1600～1800）》（臺北：秀威資訊，2015年），頁1-248。

〔註159〕王國良：〈倪謙《遼海編》與《庚午皇華集》〉，《域外漢籍研究集刊》（北京：中華書局，2006年），第二輯，頁337～345。

〔註160〕廖肇亨：〈從「搜奇獵異」到「休明之化」──由朱之蕃看晚明中韓使節文化書寫的世界圖像〉，《漢學研究》第29卷第2期（2011年6月），頁53～80。

〔註161〕廖肇亨：〈明代朝鮮詔使詩世界觀探析：以祁順為例〉，《四川大學學報（哲學社會科學版）》第5期（2018年）（總第218期），頁166～174。

　　臺灣以外部分，新加坡學者衣若芬作〈禮樂與女色：明代出使朝鮮文臣的
「卻妓詩」及其影響〉及〈明代中韓「孝女」唱和詩的文化意涵〉；韓國學者
朴現圭有〈《皇越詩選》所載越南與朝鮮使節酬唱詩〉、蘇岑有〈明使的「金四
月」題唱和朝鮮的「斷指療親」風俗〉；中國學者則是杜慧月《明代文臣出使
朝鮮與《皇華集》》專書、詹杭倫與杜慧月〈倪謙出使朝鮮與《庚午皇華集》
考述〉、曹虹〈論董越〈朝鮮賦〉──兼談古代外交與辭賦的關係〉、高艷林〈明
代中朝使節往來研究〉、苗狀〈明代出使朝鮮使節的域外記志詩〉、趙旭〈朝鮮
人眼中的古代瀋陽文壇探析──以《燕行錄》為例〉、權赫子〈從《皇華集》
「箕子題詠」看辭賦的外交功能〉、孟慶茹與袁棠華聯作之〈從《皇華集》看
中朝使臣對箕子形象的認知〉等。

　　衣若芬〈禮樂與女色：明代出使朝鮮文臣的「卻妓詩」及其影響〉一文，
寫朝鮮因「事大」心態，以「女樂」歡迎明使，明使則以不合儒家禮法的「夷
風」視之，倪謙並作〈卻妓詩〉以明志。作者先從中韓文臣的詩作和朝鮮史料
梳理卻妓的起因，再考察朝鮮君臣看待國家禮樂制度與女色之防間、「天朝」
與「本國祖宗家法」間二元對立的矛盾想法。〔註162〕衣女士的另一篇〈明代
中韓「孝女」唱和詩的文化意涵〉，探討明與朝鮮兩國使臣歌詠朝鮮孝女金四
月的詩篇，作品中反覆運用孝親的典故，對同一個主題進行集體書寫，實踐了
先秦以來賦詩外交的傳統，共同營造偏離金四月事蹟的孝親意象。從而將象徵
區域性的孝女行為，擴大而為使臣觀察民風的文化景觀，推衍至明朝恩澤降布
於朝鮮的德教政績。〔註163〕

　　朴現圭〈《皇越詩選》所載越南與朝鮮使節酬唱詩〉一文，分析《皇越詩
選》所收錄五首越南詩人在北京邂逅朝鮮使節所作的酬唱詩歌，並得出這些酬
唱詩歌不僅可以掌握兩國的文化信息之外，還可以因此估計兩國的漢文水平。
〔註164〕蘇岑〈明使的「金四月」題唱和朝鮮的「斷指療親」風俗〉，描述明使
節對於金四月的題詠以及朝鮮「斷指療親」的風俗，並分析「斷指療親」風俗

〔註162〕 衣若芬：〈禮樂與女色：明代出使朝鮮文臣的「卻妓詩」及其影響〉，《域外漢
　　　　　籍研究集刊》（北京：中華書局，2010年），第六輯，頁91～113。

〔註163〕 衣若芬：〈明代中韓「孝女」唱和詩的文化意涵〉，收錄於石守謙、廖肇亨主
　　　　　編：《東亞文化意象之形塑》（臺北：允晨文化實業股份有限公司，2011年），
　　　　　頁507～537。

〔註164〕 〔韓〕朴現圭：〈《皇越詩選》所載越南與朝鮮使臣酬唱詩〉，《域外漢籍研究
　　　　　集刊》（北京：中華書局，2005年），第一輯，頁293～303。

形成的原因，及其與中國割股療親風俗的比較。〔註165〕

　　杜慧月《明代文臣出使朝鮮與《皇華集》》一書分上、下兩編，上編以文學角度描繪詔使從北京到朝鮮漢城間的旅行文學地圖，兼具地理景觀、民俗風情及政治關係；下編運用文獻學的方法，針對明朝文臣二十五次出使朝鮮和二十四部《皇華集》作數量統計和考述，有助於全面理解明朝與朝鮮之間密切的文學交流活動。〔註166〕詹杭倫與杜慧月合著之〈倪謙出使朝鮮與《庚午皇華集》考述〉一文，以倪謙於正統十四年（1449）出使朝鮮為切入點，探討《庚午皇華集》一書的集結及其內涵，試圖對倪謙出使朝鮮的意義及《庚午皇華集》作較客觀的評價。〔註167〕曹虹〈論董越〈朝鮮賦〉——兼談古代外交與辭賦的關係〉一文，以《四庫全書總目》將董越〈朝鮮賦〉著錄於「地理類外紀之屬」，分節列點說明其內容的信史價值。〔註168〕

　　高艷林〈明代中朝使臣往來研究〉一文，從明代及明代以前中朝使臣往來的行次、使臣往來的過程、雙方使臣對相互國家的認識、使臣往來的政治、經濟、文化等面向瞭解明代與朝鮮彼此間的密切關係。〔註169〕權赫子〈從《皇華集》「箕子題詠」看辭賦的外交功能〉，認為《皇華集》所載題詠箕子詩賦，是融憑弔、紀行、外交為一體的作品，頗顯外交唱和者的現場感與身份意識，其主要著眼於姜曰廣〈吊箕子賦〉與朝鮮陪臣張維、金瑬的〈次韻作〉。〔註170〕

　　苗狀〈明代出使朝鮮使節的域外記志詩〉一文，認為奉使朝鮮的明使節域外記志詩，因使臣政治與文化的雙重身分，其寫作方式與明帝國域內文人寫作並不完全相同。作者分析使節的域外記志詩，並將其歸為兩類，一類是使事詩文，另一類是紀行詩文。使事詩文伴隨朝鮮文臣唱和，既是政治上的安排，也是文化上的自我展示，在文學創作中形成一種交互性的言說場域；紀行詩文則

〔註165〕蘇岑：〈明使的「金四月」題唱和朝鮮的「斷指療親」風俗〉，《華南師範大學學報（社會科學版）2014年第3期（2014年6月），頁47～54。

〔註166〕杜慧月：《明代文臣出使朝鮮與《皇華集》》（北京：人民出版社，2010年），頁1-469。

〔註167〕詹杭倫，杜慧月：〈倪謙出使朝鮮與《庚午皇華集》考述〉，《逢甲人文社會學報》第14期（2007年6月），頁55～72。

〔註168〕曹虹：〈論董越〈朝鮮賦〉——兼談古代外交與辭賦的關係〉，《域外漢籍研究集刊》，第一輯，頁411～421。

〔註169〕高艷林：〈明代中朝使臣往來研究〉，《南開學報（哲學社會科學版）》第2005卷第5期（2005年9月），頁69～77。

〔註170〕權赫子：〈從《皇華集》「箕子題詠」看辭賦的外交功能〉，《東疆學刊》第28卷第3期（2011年7月），頁8～11。

記錄出使沿途之作,較接近文人的日常寫作,帶有明顯的個人書寫色彩。進而歸納獲得以下結論:使節的文學敘述係於明帝國與朝鮮的朝貢關係之特定語境下創作,因而使節的域外記志詩應視為使臣身分向文學與文化層面的延伸及拓展,並應給予適當的文學定位。〔註171〕

趙旭〈朝鮮人眼中的古代瀋陽文壇探析——以《燕行錄》為例〉一文,從清朝時期朝鮮使臣《燕行錄》書寫著眼,紀錄瀋陽地區文化及文人風貌。〔註172〕孟慶茹與袁棠華之〈從《皇華集》看中朝使臣對箕子形象的認知〉,認為明朝使臣通過拜謁箕子祠與墓,並題詠箕子的詩歌文賦的交流,一方面看到朝鮮人對箕子祭祀的重視,肯定並歌頌朝鮮人懂禮,重溫中國文化,另一方面則為朝鮮人才濟濟而感歎和欣喜。〔註173〕

學位論文部分,博士論文如王克平《朝鮮與明外交關係研究》(2009)、劉喜濤《封貢關係視角下明代中朝使臣往來研究》(2011)、孟憲堯《《皇華集》與明代中朝友好交流研究》(2012)、吳伊瓊《明朝與朝鮮王朝詩文酬唱外交活動考論》(2013)、殷雪征《明朝與朝鮮的禮儀之爭》(2015);碩士論文如高攀攀《明代中朝使臣往來研究》及滕淋《明朝外交使節研究》(2010)、林琳《龔用卿及其《使朝鮮錄》探析》(2010)、馬志興《明朝遣往朝鮮使者身分研究》(2011)、牛啟芳《明代倪謙與朝鮮的文化交流及貢獻》(2013)、趙克然《《癸酉皇華集》研究》(2018)及李春蘭《《丙申皇華集》研究》(2019),皆有值得參考之處。

韓國 2001 年出版的《燕行錄全集》,完整紀錄元、明、清三代朝鮮使臣(謝恩使、奏請使、告訃使、千秋使、辯誣使、進賀使、進香使……等)在中國的見聞,內容涵蓋日記、雜錄、詩歌、奏摺及狀啟等,涉及明代者計八十二回,包括《朝天記》、《朝天日記》、《朝天錄》、《朝天詩》、《朝天日乘》、《西行記》、《北征記》、《北行記》、《北行日記》等。〔註174〕隨後,陸續有相關研究

〔註171〕 苗狀:〈明代出使朝鮮使臣的域外記志詩〉,《域外漢籍研究集刊》(北京:中華書局,2013 年),第八輯,頁 87～115。

〔註172〕 趙旭〈朝鮮人眼中的古代瀋陽文壇探析——以《燕行錄》為例〉,收錄於樂鋼主編:《東亞人文》(臺北:獨立作家出版社,2014 年),2014 年卷,頁 237～253。

〔註173〕 孟慶茹、袁棠華:〈從《皇華集》看中朝使臣對箕子形象的認知〉,《北華大學學報(社會科學版)》第 20 卷第 2 期(2019 年 3 月),頁 59～67。

〔註174〕 〔韓〕林基中編:《燕行錄全集》(首爾特別市〔서울특별시〕:東國大學校出版部,2001 年)。

論著出版，如學者孫衛國作〈《朝天錄》與《燕行錄》——朝鮮使臣的中國使行紀錄〉、[註175] 徐東日作《朝鮮朝使臣眼中的中國形象——以《燕行錄》、《朝天錄》為中心》、[註176] 王克平作〈朝鮮赴明使臣的中國觀——以朝鮮赴明使臣所作紀行錄為考察中心〉、[註177] 左江作〈明代朝鮮燕行使臣「東國有人」的理想與現實〉[註178] 及〈簪花・弓鞋・橫竹——朝鮮中國行紀中的明清女性〉，以朝鮮使臣李廷龜家族為中心，透過書寫明清女性形象，探討明清社會變遷與風俗變化。[註179] 日本學者夫馬進《朝鮮燕行使與朝鮮通信使：使節視野中的中國・日本》，[註180] 提供由朝鮮使節的角度觀看明清時期社會現象的特殊觀察視角。

前述研究或著眼於透過明使節書寫勾勒晚明的世界圖像，或藉由萬曆年間明與朝鮮共抗倭亂梳理明末到清朝時期朝鮮君臣對明朝的眷戀，其中不乏由土木堡之變後第一位出使朝鮮的文臣——倪謙的書寫勾勒明朝與朝鮮往來的新發展。可以看出，倪謙除了開創明與朝鮮往來《皇華集》唱和之外，也是表達看重禮樂制度重要性的第一人，凸顯出明使臣在土木堡之變後積極找尋朝貢國家對於傳統禮樂精神的重視，間接表達亟欲藉此彰顯明朝宗主國的地位。

二、明與琉球往來研究之評述

1911 年，近代沖繩學之父伊波普猷（1876～1947）透過史學、民俗學和語言學確立了琉球民族的存在，[註181] 被後人普遍認為是琉球學研究的開端。學者徐玉虎在 1980 年代整理《明實錄》、《明史》、《中山世譜》及《琉

[註175] 孫衛國：〈《朝天錄》與《燕行錄》——朝鮮使臣的中國使行紀錄〉，《中國典籍與文化》第 1 期（2002 年），頁 74～80。

[註176] 徐東日：《朝鮮朝使臣眼中的中國形象——以《燕行錄》、《朝天錄》為中心》（北京：中華書局，2010 年），頁 1-306。

[註177] 王克平：〈朝鮮赴明使臣的中國觀——以朝鮮赴明使臣所作紀行錄為考察中心〉，《東疆學刊》第 1 期（2009 年 1 月），頁 5～9。

[註178] 左江：〈明代朝鮮燕行使臣「東國有人」的理想與現實〉，《域外漢籍研究集刊》（北京：中華書局，2009 年），第五輯，頁 119～140。

[註179] 左江〈簪花・弓鞋・橫竹——朝鮮中國行紀中的明清女性〉，《域外漢籍研究集刊》（北京：中華書局，2020 年），第二十輯，頁 131～158。

[註180] 〔日〕夫馬進著，伍躍譯：《朝鮮燕行使與朝鮮通信使：使節視野中的中國・日本》（上海：上海古籍出版社，2010 年），頁 1-370。

[註181] 吳叡人：〈沒有民族主義的民族？：伊波普猷的日琉同祖論初探〉，《考古人類學刊》第 81 期（2014 年 12 月），頁 111～135。

球歷代寶案》中有關明與琉球使節往來的紀錄，著作、發行《明代與琉球王國關係之研究》，〔註182〕並陸續發表〈琉球人對「明清冊封使所乘海舶」稱謂考〉、〔註183〕〈明琉球王國世子尚豐請封襲爵考〉〔註184〕等多篇論文，〔註185〕可說是明與琉球交流研究的先鋒。而後，謝必震先後發表〈明清冊封琉球論略〉、〔註186〕〈試論明清使者琉球航海中的海神信仰〉〔註187〕論文，漸有學者投入相關研究。王菡〈明清冊封使別集中琉球史料舉隅〉一文，簡敘明清冊封使別集（明代僅郭汝霖及其《石泉山房文集》），並舉冊封使別集中所見中國文化（儒學、佛教、紙與印刷三事）對琉球之影響。中山王國和明清冊封使臣，都有甚高積極性，中山王國對於請求冊封之重視，充分表達了對儒學禮儀的尊崇，而冊封使臣在琉球當地停留期間，對當地文明與文化發展的推動作用顯而易見。〔註188〕

　　日本學者上里賢一發表於《臺灣東亞文明研究學刊》之〈琉球對儒學的受容〉一文，說明最早將儒學傳入琉球的，當屬日本僧侶，然後方藉由冊封使、從客、官生（留學生）與勤學等人，直接從中國引進。自明太祖派遣招

〔註182〕徐玉虎撰：《明代與琉球王國關係之研究》（臺北：徐玉虎，1986年），頁1-309。

〔註183〕徐玉虎：〈琉球人對「明清冊封使所乘海舶」稱謂考〉，《國立政治大學歷史學報》第5期（1984年5月），頁21～55。

〔註184〕徐玉虎：〈明琉球王國世子尚豐請封襲爵考〉，《輔仁歷史學報》第6期（1994年12月），頁133～164。

〔註185〕徐玉虎：〈琉球歷代寶案之研究〉，《輔仁學誌（文學院之部）》第11期（1982年6月），頁253～301、〈明琉球官生入太學事蹟考實（上）〉，《東方雜誌》第19卷第10期（1986年4月），頁36～44、〈明琉球官生入太學事蹟考實（下）〉，《東方雜誌》第19卷第11期（1986年5月），頁34～41、〈南明隆武帝遣使琉球頒諭「三詔」考釋〉，《國立政治大學邊政研究所年報》第18期（1987年10月），頁151～195、〈琉球國王七宴中朝冊封使考實〉，《國立政治大學歷史學報》第6期（1988年9月），頁53～103、〈明琉封貢中「官生入監讀書習禮」之研究〉，《輔仁歷史學報》第4期（1992年12月），頁71～86；陳捷先，徐玉虎，劉耿生，謝必震：〈揭開塵封的中琉關係史〉，《歷史月刊》第61期（1993年2月），頁28～62。

〔註186〕謝必震：〈明清冊封琉球論略〉，《海交史研究》第19卷第1期（1991年6月），頁30～42。

〔註187〕謝必震：〈試論明清使者琉球航海中的海神信仰〉，《世界宗教研究》第71卷第1期（1998年4月），頁78～85。

〔註188〕王菡：〈明清冊封使別集中琉球史料舉隅〉，《臺灣東亞文明研究學刊》第3卷2期（2006年12月），頁111～129。

撫使赴琉球，並賜閩人三十六姓定居琉球，琉球久米村成為另一個鞏固中國文化的據點，而後，富含儒學成分的琉球文化開始顯露自己的特徵，並持續發展。〔註 189〕國立政治大學呂青華的博士論文《琉球久米村人的民族學研究》，以民族集團客觀特徵的姓名、語言、信仰、主觀認同意識為橫軸，探討閩人三十六姓自十四世紀末移住琉球那霸久米村之後至今 600 年之間，在琉球沖繩社會脈絡下改變的過程和因應機制，以及客觀文化特徵與主觀認同意識的相互關係。〔註 190〕

廖肇亨先生〈知海則知聖人：明代琉球冊封使海洋書寫義蘊探詮〉一文，透過琉球冊封使的書寫，檢視晚明儒者的海洋觀與海洋詩學的精神境界與世界觀，進一步提供中國文學新的觀看角度與理論話語。此外，使節的文化書寫，正是省思漢語、漢文、漢詩在東亞地區傳播與演變的最佳起點；從使節的文化書寫當中，可以認識當時東亞知識社群的世界圖像，以及異文化交流過程中，衝突與調和的過程。〔註 191〕汪泚〈《使琉球錄》的價值探識〉一文，則集中在陳侃《使琉球錄》一書上。透過史料價值、文學價值等面向，逐一詳列《使琉球錄》駁正中土文獻關於琉球國記載的不實記錄、真實再現明朝與琉球國的宗藩關係、保留了四五百年前造船技術以及遠洋航行的珍貴史料價值，以及描寫航海出使琉球的艱辛等文學價值。〔註 192〕

陳捷先《明清中琉關係論集》一書，是目前研究中琉關係最新的論著，除了談及中國明清時期與琉球的封貢關係外，也深入探討明清時期中華文化輸入琉球及其所產生的影響。〔註 193〕其他如傅朗〈陳侃使琉球及其《使琉球錄》的影響〉、〔註 194〕王愛菊〈夏子陽使琉球及其著述論略〉、〔註 195〕徐玉虎〈明

〔註 189〕〔日〕上里賢一著，陳瑋芬譯：〈琉球對儒學的受容〉，《臺灣東亞文明研究學刊》第 3 卷第 1 期（2006 年 6 月），頁 3-25。

〔註 190〕呂青華：《琉球久米村人的民族學研究》，臺北：國立政治大學民族研究所博士論文，2008 年。

〔註 191〕廖肇亨：〈知海則知聖人：明代琉球冊封使海洋書寫義蘊探詮〉，《臺灣古典文學研究集刊》第 2 期（2009 年 12 月），頁 5～33。

〔註 192〕汪泚：〈《使琉球錄》的價值探識〉，《長沙大學學報》第 31 卷第 1 期（2017年 1 月），頁 110～113。

〔註 193〕陳捷先：《明清中琉關係論集》（臺北：三民書局股份有限公司，2019 年），頁 1-240。

〔註 194〕傅朗：〈陳侃使琉球及其《使琉球錄》的影響〉，《海交史研究》，第 2 期（1996年 12 月），頁 66～69。

〔註 195〕王愛菊：〈夏子陽使琉球及其著述論略〉，《福建商業高等專科學校學報》，第

嘉靖辛酉郭汝霖李際春《重編使琉球錄》解題之研析〉、〔註196〕陳占彪〈論郭
汝霖「使琉」及其《重編使琉球錄》〉〔註197〕，以及鄒春燕〈陳侃《使琉球錄》
史料價值研究〉〔註198〕等。

　　中國針對琉球的相關研究，專書探討明與琉球關係者，如北京圖書館文獻
資訊服務中心剪輯之《明毅宗時代與琉球王國關係之研究》、〔註199〕謝必震、
胡新著《中琉關係史料與研究》。〔註200〕闡述明與琉球使節往來的學術論文如
方寶川〈明清冊封使及其從客在中琉關係中的作用〉、〔註201〕李金明〈試論明
朝對琉球的冊封〉、〔註202〕王愛菊〈夏子陽使琉球及其著述論略〉、〔註203〕吳
元豐〈名目繁多的琉球來華使節〉、〔註204〕李金明〈明清琉球冊封使與中國文
化傳播〉、〔註205〕方寶川〈謝杰及其著作考略〉等。〔註206〕而探究琉球漢詩
的專文如毛翰〈琉球彈丸綴閩海，得此可補東南荒—琉球漢詩概述〉、〔註207〕
〈人間似隔紅塵外，錯認桃源有路通—琉球漢詩概述（1）〉〔註208〕及〈欲寄

　　　　　　4 期（2001 年 8 月），頁 32～33。
〔註196〕徐玉虎：〈明嘉靖辛酉郭汝霖李際春《重編使琉球錄》解題之研析〉，《海交史
　　　　　研究》，第 2 期（2001 年 12 月），頁 56～105。
〔註197〕陳占彪：〈論郭汝霖「使琉「及其《重編使琉球錄》〉，《海交史研究》，第 2 期
　　　　　（2016 年 12 月），頁 69～80。
〔註198〕鄒春燕：〈陳侃《使琉球錄》史料價值研究〉，《文化學刊》，第 8 期（2020 年
　　　　　8 月），頁 225～228。
〔註199〕北京圖書館文獻資訊服務中心剪輯：《明毅宗時代與琉球王國關係之研究》
　　　　　（北京：書目文獻出版社，1987 年），頁 1-104。
〔註200〕謝必震，胡新著：《中琉關係史料與研究》（北京：海洋出版社，2010 年），
　　　　　頁 1-215。
〔註201〕方寶川：〈明清冊封使及其從客在中琉關係中的作用〉，《福建師範大學學報
　　　　　（哲學社會科學版）》第 4 期（1989 年 12 月），頁 110～115。
〔註202〕李金明：〈試論明朝對琉球的冊封〉，《歷史檔案》第 4 期（1999 年 12 月），
　　　　　頁 82～87。
〔註203〕王愛菊：〈夏子陽使琉球及其著述論略〉，《福建商業高等專科學校學報》第 4
　　　　　期（2001 年 8 月），頁 32～33。
〔註204〕吳元豐：〈名目繁多的琉球來華使節〉，《歷史檔案》第 2 期（2004 年 5 月），
　　　　　頁 131～132。
〔註205〕李金明：〈明清琉球冊封使與中國文化傳播〉，《歷史檔案》第 3 期（2005 年
　　　　　8 月），頁 56～61。
〔註206〕方寶川：〈謝杰及其著作考略〉，《福建師範大學學報（哲學社會科學版）》第
　　　　　2 期（2009 年 3 月），頁 125～131。
〔註207〕毛翰：〈琉球彈丸綴閩海，得此可補東南荒—琉球漢詩概述〉，《華文文學》第
　　　　　1 期（2009 年 1 月），頁 88～97。
〔註208〕毛翰：〈人間似隔紅塵外，錯認桃源有路通—琉球漢詩概述（1）〉，《安徽理工

相思淚，不知何處流──琉球漢詩概述（2）〉等〔註 209〕。經由前賢研究，發掘明對於琉球的禮儀、宗教信仰、詩歌書寫、文化傳播的影響。

三、明與安南往來研究之評述

對於與安南往來的書寫或越南漢籍之研究，可溯及 50 年代，如郭廷以先生等著之《中越文化論集》，討論中越外交關係史、元以前越南在中外交通史上之地位、安南獨立王朝成立年代之若干商榷問題等。〔註 210〕又如彭國棟《中越緬泰詩史》一書的編撰，一窺東南亞漢文詩歌的發展。〔註 211〕再如 80 年代末鄭永常的《漢文文學在安南的興替》一書，針對元代到清朝時期安南來華使節，如莫挺之（1280～1346）、阮忠彥（1289～1370）、馮克寬（1528～1623）、黎貴惇（1726～1784）、鄭懷德（1765～1825）等出使文獻作出一系列的討論。〔註 212〕此外，又有單篇論文〈一次奇異的詩之外交：馮克寬與李睟光在北京的交會〉，探討朝鮮與安南使節詩歌交流的經過。〔註 213〕張秀民先生於 90 年代出版的《中越關係史論文集》，詳細考察安南王朝多為華裔人士創建、明成祖時期交阯籍太監阮安營建北京城的貢獻、明代交阯人在中國的貢獻、安南志略解題等，並以其目錄學專業，詳察越南漢籍參考書目，是研究中越關係史不可或缺的工具書。〔註 214〕

另外，中央研究院出版的《越南漢喃文獻目錄提要》，為目前學術界關於漢喃文獻著錄最全面、體例最完備的集大成之作，〔註 215〕其收錄了部分越南使節燕行記及北使詩文。〔註 216〕金門大學陳益源教授所著之《越南漢籍文獻

大學學報（社會科學版）》第 3 期（2010 年 9 月），頁 39～44。

〔註 209〕毛翰：〈欲寄相思淚，不知何處流──琉球漢詩概述（2）〉，《安徽理工大學學報（社會科學版）》第 4 期（2010 年 12 月），頁 64～66。

〔註 210〕郭廷以等著：《中越文化論集》（臺北：中華文化出版事業委員會，1956 年），頁 1-352。

〔註 211〕彭國棟編纂：《中越緬泰詩史》（臺北：中華文化出版事業委員會，1958 年），頁 1-256。

〔註 212〕鄭永常：《漢文文學在安南的興替》（臺北：臺灣商務印書館，1987 年），頁 1-232。

〔註 213〕鄭永常：〈一次奇異的詩之外交：馮克寬與李睟光在北京的交會〉，《臺灣古典文學研究集刊》第 1 期（2009 年 6 月），頁 345～372。

〔註 214〕張秀民：《中越關係史論文集》（臺北：文史哲出版社，1992 年），頁 1-346。

〔註 215〕劉玉珺：《越南漢喃古籍的文獻學研究》（北京：中華書局，2007 年），頁 10。

〔註 216〕劉春銀，王小盾，陳義主編：《越南漢喃文獻目錄提要》，頁 18～23。

述論》一書，也收錄十二篇越南漢籍文獻專題研究論文，著眼於清代越南使節的交流經驗、漢籍（小說）在越南的傳播與接受、使節筆下的東亞文化及韓國、日本與越南間的兩起漂流事件等等，並藉由本書詳細勾勒越南使節李文馥的經歷與形象。〔註217〕

　　中國方面，彭茜〈試論國內學界對越南來華使節及其漢詩的研究〉一文，大致整理了中國 90 年後對越南使節北使，及其所作漢詩文的研究概況。〔註218〕而劉玉珺所作《越南漢喃古籍的文獻學研究》一書，則針對三部分越南古籍——流傳至越南的中國古籍、越南漢文古籍及越南喃文古籍作整理研究，有助於了解古代中越書籍交流情形與越南古籍文獻特色。其中第五章「越南北使文獻與詩賦外交」部分，從北宋時期安南丁部領完成統一後之北使詩文創作及燕行記談起，並將北使文獻的開端、大興到繁盛與終結作一分期概述。此外，更作了中國使交文集的考述，元代張立道《安南錄》、李克忠《移安南書》、徐明善《安南紀行》、陳孚《交州稿》、蕭泰登《使交錄》、文矩《安南行紀》、智熙善《越南行稿》、傅與礪《南征稿》等，到明代張以寧《安南紀行集》、王廉《南征錄》、林弼《使安南集》、吳伯宗《使交集》、任亨泰《使交稿》、黃福《奉使安南水程日記》、黃諫《使南稿》、錢溥《使交錄》、呂獻《使交稿》、張弘至《使交錄》、魯鐸《使交稿》、孫承恩《使交紀行》、徐孚遠《交行摘稿》等，以專章討論元、明、清三朝使節文獻，並藉以探討中越文學交流的形式，及詩賦外交對越南古典文學發展的影響。〔註219〕其單篇論文〈中國使節文集考述——越南篇〉〔註220〕，及〈越南北使文獻總說〉〔註221〕二文，分別就宋、元、明、清四代使安南使節詩文集與越南北使文獻，包括燕行記、北使詩文和使程圖，作進一步詳細考察論述。

　　除此之外，有關安南的北使創作還有馮小錄及張歡合作之〈越南馮克寬《使華詩集》三考〉、呂小蓬〈馮克寬獻萬曆帝祝嘏詩的外交文化解讀〉，陸小

〔註217〕陳益源：《越南漢籍文獻述論》（北京：中華書局，2011 年），頁 1-392。

〔註218〕彭茜：〈試論國內學界對越南來華使節及其漢詩的研究〉，《東南亞縱橫》第 8 期（2013 年 8 月），頁 52～55。

〔註219〕劉玉珺：《越南漢喃古籍的文獻學研究》（北京：中華書局，2007 年），頁 1-500。

〔註220〕劉玉珺：〈中國使節文集考述——越南篇〉，《首都師範大學學報（社會科學版）》2007 年第 3 期（2007 年 6 月），頁 29～35。

〔註221〕劉玉珺：〈越南北使文獻總說〉，《華西語文學刊》第 2 期（2012 年 12 月），頁 146～157。

燕、葉少飛之〈萬曆二十五年朝鮮安南使臣詩文問答析論〉，以及葉國良〈越南北使詩反應的中國想像與現實〉等單篇論文。其中，〈越南馮克寬《使華詩集》三考〉一文，考察了三項重要問題：馮克寬之狀元身分、《使華詩集》之作序者，以及《梅嶺使華手澤詩集》書後附抄之明朝李先生《百咏詩》作者為誰？得出馮克寬為越南後黎王朝二甲進士出身，後世筆記小說為增重小說人物的科舉出身和官位身價需要，以及狀元崇拜等種種心態，將其改為狀元及第；為《使華詩集》作序之杜汪，為後黎王朝與明朝重要之邦交人物；為越南漢籍所抄錄的《百咏詩》作者係陳獻章弟子李孔修。〔註222〕〈馮克寬獻萬曆帝祝嘏詩的外交文化解讀〉一文，因馮克寬於出使明朝時，在萬曆帝的萬壽慶典上獻祝嘏詩31首，以外交使節的獨特話語傳遞對中越兩國邦交關係的理想，並由朝鮮使臣李睟光為之題序。然安南、朝鮮兩國文化對李睟光的序文，卻有截然不同的闡釋，體現兩國外交文化對宗藩外交場域內競爭關係的認知，也顯示了東亞漢文化圈內詩賦外交的多重意義。〔註223〕

而在〈萬曆二十五年朝鮮安南使臣詩文問答析論〉一文中，透過論證分析，得出朝鮮與安南因政治地位不同，使臣唱和轉變為政治文化交鋒，彼此以對己方最有利、達成文化願望之理想方式，來敘寫這段安南與朝鮮使臣於北京詩文唱和問答過程。〔註224〕葉國良〈越南北使詩反應的中國想像與現實〉一文，則從越南所藏編之二十五冊《越南漢文燕行文獻集成》著手，就想像與現實等角度觀察使臣北使所抒發的情懷，再就馬援的書寫主題，探討越南人對華夏人物的評價，最後得出「透過越南知識份子對仕華越南人的評價，可以看出，即使到了十九世紀，許多越南知識份子的價值觀仍然認同華夏文明」的結論。〔註225〕

至於學位論文部分，有于在照《越南漢詩與中國古典詩歌之比較研究》博士論文（2007）、張恩練《越南仕宦馮克寬及其《梅嶺使華詩集》研究》碩士論文（2011）、張婧雅《林弼研究》博士論文（2017），分別就越南使陳

〔註222〕 馮小祿，張歡：〈越南馮克寬《使華詩集》三考〉，《文獻雙月刊》第 6 期（2018 年 11 月），頁 34～46。

〔註223〕 呂小蓬：〈馮克寬獻萬曆帝祝嘏詩的外交文化解讀〉，《北京社會科學報》第 10 期（2017 年 10 月），頁 74～81。

〔註224〕 陸小燕，葉少飛：〈萬曆二十五年朝鮮安南使臣詩文問答析論〉，《域外漢籍研究集刊》（北京：中華書局，2013 年），第九輯，頁 395～420。

〔註225〕 葉國良〈越南北使詩反應的中國想像與現實〉，《域外漢籍研究集刊》（北京：中華書局，2014 年），第十輯，頁 227～240。

馮克寬、明朝使節林弼，以及中國與越南漢詩書寫等角度，探討彼此的觀看
與差異。

由上述研究可看出，明代使安南作品業由前賢一一爬梳，為個別文本之比
較與分析付之闕如。另外，使華詩集及使臣詩文問答析論的研究，體現域外使
節彼此間的評價與認知。

第四節　研究範圍與視角

一、文獻評述及研究文本選定

明代嚴從簡《殊遇周咨錄》曾具體描述使節出使的狀況：「明興文命，誕
敷賓廷，執玉之國，梯航而至。故懷來綏服，寶冊金函，燦絢四出，而行人之
轍遍荒徼矣。」〔註226〕行人足跡遍及鄰近各國，因而使臣差回覆命時，多將
出使任務過程中的所見所聞，形諸文字，以為流傳閱播，涵蓋範圍可能包括出
使路途地景書寫、路線書寫、紀行詩、日記、賦作等。

本研究以明代東亞朝貢國家使節書寫相關文獻為研究主體，以土木堡之
變後到萬曆年間，前後近 200 年作為研究時間斷代，主要研究文本以《四庫全
書》收錄此一時期使臣個人文集為主，旁及收錄於出使國家之相關作品為輔，
如使朝鮮之使臣個別著作如倪謙《朝鮮紀事》、張寧《方洲集》（《奉使錄》）、
祁順之《巽川祁先生文集》附錄收錄時人丘霽所作記錄祁順出使情形的《紀使
朝鮮事》、董越〈朝鮮賦〉、龔用卿《使朝鮮錄》、黃洪憲《朝鮮國紀》、朱之蕃
《奉使朝鮮稿》，以及倪謙、司馬恂、張寧、祁順、董越、王敞、龔用卿、朱
之藩等。

現存董越〈朝鮮賦〉版本有國家圖書館古籍與特藏文獻資料庫影印明藍
格鈔本、〔註227〕臺灣商務印書館 1981 年影印國立故宮博物院藏清乾隆年間
文淵閣四庫全書本，〔註228〕清末《文瀾閣欽定四庫全書》版，〔註229〕以及
魏元曠（1856～1935）校勘之民國乙卯（四）年（1915）南昌豫章叢書編刻

〔註226〕明・嚴從簡撰，余思黎點校：《殊域周咨錄》，題詞，頁 3。
〔註227〕明・董越撰：《朝鮮賦》（國家圖書館古籍與特藏文獻資料庫影印明藍格鈔本），
　　　　頁 1-17。
〔註228〕明・董越撰：《朝鮮賦》，《四庫全書珍本》（臺北：臺灣商務印書館，1981 年
　　　　影印國立故宮博物院藏文淵閣四庫全書本），第 11 集，頁 10～26。
〔註229〕《朝鮮賦》，《文瀾閣欽定四庫全書》，史部，第 602 冊，頁 1-17。

局刊本，〔註 230〕各版內容大致相同，以及使節被輯錄於《皇華集》之唱和詩作。使琉球之使節如陳侃《使琉球錄》、郭汝霖《使琉球錄》、蕭崇業與謝杰《使琉球錄》、謝杰《槺埡北媗啥草》及夏子陽《使琉球錄》等。

使安南作品如王縝《梧山王先生集》、張弘至《萬里志》（《使交錄》）、魯鐸《魯文恪公文集》（《使交稿》）、湛若水《湛甘泉先生文集》、潘希曾《竹澗集》（《南封錄》）等。使節出使各朝貢國家之奉使著作詳如下表：

表 1-1　現存土木堡之變後到萬曆年間使朝鮮作品

項次	在位皇帝	出使時間	使臣姓名	著作	選用版本
1	英宗	正統十四年（1449）	倪謙	《朝鮮紀事》	明鈔國朝典故本
2	英宗	天順四年（1460）	張寧	《方洲集》（《奉使錄》）	明天啟三年黃岡樊氏刊本
3	憲宗	成化十二年（1476）	祁順	《巽川祁先生文集》	清康熙二年在茲堂刻本
4	憲宗	成化二十三年（1487）	董越	《朝鮮賦》	明藍格鈔本
5	世宗	嘉靖十五年（1536）	龔用卿	《使朝鮮錄》	明嘉靖本
6	神宗	萬曆三十三年（1605）	朱之蕃	《奉使朝鮮稿》	明萬曆刻本

表 1-2　土木堡之變後到萬曆年間錄於朝鮮《皇華集》之明使作品

項次	在位皇帝	出使時間	使臣姓名	皇華集名稱
1	代宗	景泰元年（1450）	倪謙　司馬恂	庚午皇華集
2	英宗	天順元年（1457）	陳鑑　高閏	丁丑皇華集
3	英宗	天順三年（1459）	陳嘉猷	己卯皇華集
4	英宗	天順四年（1460）	張寧	庚辰皇華集
5	英宗	天順八年（1464）	金湜　張珹（誠）	甲申皇華集
6	憲宗	成化十二年（1476）	祁順　張瑾	丙申皇華集

〔註230〕明・董越撰，魏元曠校勘：《朝鮮賦附校勘記》（中央研究院傅斯年圖書館館藏民國乙卯〔四〕年〔1915〕南昌豫章叢書編刻局刊本），頁 1-17。

7	孝宗	弘治元年（1488）	董越 王敞	戊申皇華集
8	孝宗	弘治五年（1492）	艾璞 高胤先	壬子皇華集
9	武宗	正德元年（1506）	徐穆 吉時	丙寅皇華集
10	武宗	正德十六年（1521）	唐皋 史道	辛巳皇華集
11	世宗	嘉靖十六年（1537）	龔用卿 吳希孟	丁酉皇華集
12	世宗	嘉靖十八年（1539）	華察 薛廷寵	己亥皇華集
13	世宗	嘉靖二十四年（1545）	張承憲	乙巳皇華集
14	世宗	嘉靖二十五年（1546）	王鶴	丙午皇華集
15	穆宗	隆慶元年（1567）	許國 魏時亮	丁卯皇華集
16	穆宗	隆慶二年（1568）	歐希稷 成憲 王璽	戊辰皇華集
17	神宗	萬曆元年（1573）	韓世能 陳三謨	癸酉皇華集
18	神宗	萬曆十年（1582）	黃洪憲 王敬民	壬午皇華集
19	神宗	萬曆三十年（1602）	顧天峻（埈） 崔廷健	壬寅皇華集
20	神宗	萬曆三十四年（1606）	朱之蕃 梁有年	丙午皇華集
21	神宗	萬曆三十七年（1609）	熊化	己酉皇華集

註：本表出使時間係明使到達朝鮮時間，部分與《明實錄》記載之遣使時間略晚一年。

　　目前通行的《皇華集》本版有三種：一為明朝朝鮮官府編、臺南莊嚴文化出版社 1997 年據北京大學圖書館藏明朝鮮銅活字本影印之《皇華集》；[註231]

〔註231〕明・朝鮮官府編：《皇華集》，《四庫全書存目叢書》（臺南：莊嚴文化事業有限公司，1997 年影印北京大學圖書館藏明朝鮮銅活字本），集部，總集類，第 301 冊。

一為臺北珪庭出版社 1978 年據朝鮮活字印本影印的《皇華集》；〔註232〕另一為清朝朝鮮英祖命編，重慶西南師範大學出版社與北京人民出版社於 2015 年據日本國立公文書館藏朝鮮仁祖四年（1626）訓練督監字刊本影印之《皇華集》五十一卷。〔註233〕

　　三種版本的差異在於，明朝朝鮮官府編印版僅存二十四卷，朝鮮英祖五年（1733）重刻之《御製序皇華集》獨漏天啟年間使臣劉鴻訓出使朝鮮的《辛酉皇華集》，珪庭出版社 1978 年出版的《皇華集》亦缺少該卷，皆為五十卷。

　　近來，趙季先生系統性地整理《御製序皇華集》，並將首次發現的《辛酉皇華集》與朝鮮五十卷重編本合璧，使之成為《足本皇華集》。〔註234〕隨後，重慶西南師範大學出版社、北京人民出版社據日本國立公文書館藏朝鮮仁祖四年（1626）訓練督監字刊本影印出版完整五十一卷之《皇華集》。是以，本研究探討之《皇華集》詩文，係以重慶西南師範大學出版社與北京人民出版社 2015 年輯校之五十一卷完整版《皇華集》作為藍本，旁及其他相關文本。

表 2-1　現存土木堡之變後到萬曆年間使琉球作品

項次	在位皇帝	出使時間	使臣姓名	著　作	選用版本
1	世宗	嘉靖十一年（1532）	陳侃	《使琉球錄》	明嘉靖刻本
			高澄	〈操舟記〉	
2	世宗	嘉靖三十七年（1558）	郭汝霖	《重編使琉球錄》	北京圖書館 2002 年本
				《石泉山房文集》	明萬曆二十五年郭氏家刻本
3	神宗	萬曆四年（1576）	蕭崇業 謝杰	《使琉球錄》	明萬曆刻本
				《棣蕚北牕唸草》	明萬曆間（1573～1620）刊本
4	神宗	萬曆三十三年（1605）	夏子陽 王士禎	《使琉球錄》	明代史籍彙刊影印抄本

〔註232〕〔朝鮮〕鄭麟趾等編纂：《皇華集》（臺北：珪庭出版社，1978 年影印朝鮮活字印本）。

〔註233〕清・朝鮮英祖編：《皇華集》，《域外漢籍珍本文庫》，第五輯（重慶：西南師範大學出版社、北京：人民出版社，2015 年影印日本國立公文書館藏朝鮮仁祖四年〔1626〕訓練督監字刊本），集部，第 13～15 冊，頁 439～612、1-567、1-410。

〔註234〕趙季輯校：《足本皇華集》，〈輯校說明〉，頁 3。

表 3-1　現存土木堡之變後到萬曆年間使安南作品

項次	在位皇帝	出使時間	使臣姓名	著　作	選用版本
1	孝宗	弘治十一年（1498）	梁儲	《鬱洲遺稿》	明嘉靖四十五年刻本
2	孝宗	弘治十一年（1498）	王縝	《梧山王先生集》	廣東省立中山圖書館藏本
3	孝宗	弘治十八年（1505）	張弘至	《使交錄》	清康熙年間（1662～1722）張氏重刊本
4	武宗	正德元年（1506）	魯鐸	《使交稿》	明隆慶元年方梁刻本
5	武宗	正德七年（1512）	湛若水	《湛甘泉先生文集》	清康熙二十年黃楷刻本
				《甘泉湛子古詩選》	明嘉靖三十一年自刻本
				《樵風》	明刻本
6	武宗	正德七年（1512）	潘希曾	《南封錄》	國立故宮博物院藏本

　　除使節著作外，本研究將利用有關明朝歷史的《明史》、《明實錄》，有關安南歷史的《安南史》、《大越史記全書》，有關朝鮮歷史的《朝鮮史大系》、《朝鮮王朝實錄》、《攷事撮要》，有關琉球歷史的《歷代寶案》、《中山世譜》、《琉球の歷史》等史書記載，再擴及《越南漢文燕行文獻集成》中，明代越南燕行使馮克寬所著之《使華手澤詩集》、《梅嶺使華手澤詩集》、《旅行吟集》，朝鮮保留至今之《韓國文集中的明代史料》、《皇華集》、《朝天錄》等，試著利用東亞朝貢國家使節間互視的詩歌，作為明與東亞使節書寫之文本對照。因此，同時期來自安南、朝鮮、琉球的紀錄也是重要的參考。由於個別史料文本往往經緯萬端，內容繁蕪，是以筆者採用地域劃分之寫作形式，每一章針對一個朝貢國家展開主題式的論述。

二、研究方法

（一）文本細讀

　　明代使節的出使文獻，晚近方因使節書寫研究而受到各方關注，然部分文

本仍未被學界校點、研究，爰本研究將先整理屬於本文研究範圍內的文本資料，蒐集並加以分類。歷史的特徵應是斷裂性、非連續性的，真正的文化繼承是「不同性質之斷層的集結」，〔註235〕由是，本研究採文本細讀法，使節的個別文集搭配《明史》、《安南史》、《大越史記全書》、《越嶠書》、《朝鮮史大系》、《琉球の歷史》縱向歷時性的觀察及各個皇帝《明實錄》、《明會要例略》、《明萬曆續文獻通考》、《大明會典》、《國朝典故》、《國朝獻徵錄》、《七修類稿》、《朝鮮王朝實錄》、《燕行錄全集》、《攷事撮要》、《中山世譜》、地理類《廣志繹》、《中國歷史地圖集》、《湖南疆域驛傳總纂》、《天下水陸路程》、《中國東北與東北亞古代交通史》等橫向斷代時間及空間之對照分析方式，對於明代與周邊朝貢國家的國際局勢有所掌握之後，針對原典文獻進行基礎而重要的細讀，再進行主題式的探討。

（二）人文地理學

作為明朝使節進入朝貢國家的視野，前人曾以「地理學」的方法針對明初林弼的出使安南使程紀錄展開討論。張婧雅《林弼研究》以元明之際的閩南籍作家林弼作為考察對象，從其家族譜系、兩使安南、與元明名士的交游、詩文往來等觀點，探討元末明初漳州文人生平、著述、交往的重要信息，展現元明易代文人的社交網絡，更透過一百多篇出使安南紀行詩歌，再現元明之際中國至安南的交通狀況和沿路的風景風俗。〔註236〕惟，關於書寫前往朝貢國家旅程的研究，僅只單篇、僅侷限單人，以及南京到安南路段的地理與自然景觀的呈現，自成祖永樂年間，明朝已遷都北京，更不見其後使節書寫之人文地理文化問題，包括意義、語言、論述和再現，與使節於過程中的身體和精神等問題，尚待廣泛深究。

使節沿途書寫視為空間書寫（Spatial Writing），至各朝貢國家沿途所書不單只是純粹的地理空間與行政疆域劃分，而是文化空間。因此，本研究嘗試於前賢研究的基礎上，採用「人文地理學」（Human Geography）跨越學科的理論，相應於朝鮮、琉球與安南跨越文學、史學、文化、地景與自身所見所感的獨特書寫，呈現使節與空間或地方環境所構成的相互對應。

人文地理學（Human Geography）是以理解人類生活的各種面向為主要

〔註235〕〔法〕米歇爾‧傅柯（Michel Foucault）著，王德威翻譯、導讀：《知識的考掘》（臺北：麥田出版社，2001 年），頁 13～37、91～106。
〔註236〕張婧雅：《林弼研究》，福建：閩南師範大學文學博士學位論文，2017 年。

關懷，包括政治、社會、文化、歷史、環境與經濟等如何與空間、地方緊緊相繫。〔註237〕相關的論題研究如 Yi-Fu Tuan（段義孚）《空間與地方：經驗的視角 Space and Place-the Perspective of Experience》、〔註238〕李豐楙、劉苑如主編《空間、地域與文化：中國文化空間的書寫與闡釋》、〔註239〕加斯東・巴謝拉（Gaston Bachelard）《空間詩學 The Poetic of Space》、〔註240〕王璦玲《空間與文化場域：空間移動之文化詮釋》、〔註241〕黃應貴《空間與文化場域：空間之意象、實踐與社會的生產》、〔註242〕劉苑如《空間與文化場域：空間移動之文化詮釋》、〔註243〕彼得・艾迪（Peter Adey）《移動 Mobility》，〔註244〕與鄭毓瑜《文本風景：自我與空間的相互定義》〔註245〕等書，提供研究的進路，揭示人文地理學的變遷進程，與近現代學者向歐陸哲學家吸取資源的研究方法。落實於明使節出使路線研究，透過人文地理學理論，將沿途書寫成為其經驗並涉入，透過移動與書寫，將空間成為地方，成為情感的依託，從而看見其中的意義。

（三）綜合歸納

本研究最後採用綜合歸納法，針對所摘錄出來的冊封儀式書寫、文化比較及多元交流等，進行歸納整理，並透過相關論題研究如法國學者艾斯巴涅

〔註237〕〔英〕Paul Cloke、Philip Crang、Mark Goodwin 著，王志弘、李延輝、余佳玲、方淑惠、石尚久、陳毅峰、趙綺芳等譯：《人文地理概論 Introducing Human Geographies》（臺北：巨流圖書公司，2006 年），導論。

〔註238〕〔美〕Yi-Fu Tuan（段義孚）著，潘桂成譯：《空間與地方：經驗的視角 Space and Place-the Perspective of Experience》（北京：中國人民大學出版社，2017年），頁 1-225。

〔註239〕李豐楙、劉苑如主編：《空間、地域與文化──中國文化空間的書寫與闡釋》（臺北：中央研究院中國文哲研究所，2002 年），頁 1-1050。

〔註240〕加斯東・巴謝拉（Gaston Bachelard）原著，龔卓軍譯：《空間詩學 The Poetic of Space》（臺北：張老師文化出版社，2003 年），頁 1-350。

〔註241〕王璦玲主編：《空間與文化場域：空間移動之文化詮釋》（臺北：漢學研究中心，2009 年），頁 1-388。

〔註242〕黃應貴編：《空間與文化場域：空間之意象、實踐與社會的生產》（臺北：漢學研究中心，2009 年），頁 1-437。

〔註243〕劉苑如：《空間與文化場域：空間移動之文化詮釋》（臺北：漢學研究中心，2009 年），頁 1-391。

〔註244〕〔英〕彼得・艾迪（Peter Adey）著，徐苔玲、王志弘譯：《移動 Mobility》（臺北：群學出版社，2013 年），頁 1-384。

〔註245〕鄭毓瑜：《文本風景：自我與空間的相互定義》（臺北：麥田出版社，2014 年），頁 1-448。

（Michel Espagne）與德國學者維納爾（Michael Werner）之「文化轉移」（英譯為：cultural transfer，法譯為：transfer culturels，德譯為：Kulturtransfer）理論、〔註 246〕王明珂《華夏邊緣——歷史記憶與族群認同》、〔註 247〕法國學者 M. Halbwachs《論集體記憶》、〔註 248〕郭少棠《旅行：跨文化想像》、〔註 249〕葛兆光《宅茲中國：重建有關「中國」的歷史論述》、〔註 250〕田曉菲《神遊：早期中古時代與十九世紀中國的行旅寫作》〔註 251〕等書，提供研究的路徑，對於明使節對朝鮮、琉球與安南的書寫採用比較法，從使節對各朝貢國家之間作品的相似之處、相異之處進行比較研究，從而得出客觀的結論。

三、研究架構與預期貢獻

本研究擬將明土木堡之變後至萬曆年間使節書寫獨立出來，透過此時期明與東亞朝貢國家彼此穩定的往來，了解明使節在東亞朝貢國家間文學書寫的軌跡與脈絡。全文共分為六章：

第一章為「緒論」，首先闡述本研究的基本理念、動機及選題說明，內容分為以下四節進行探究：第一節研究動機與背景、第二節使節書寫的歷史發展與重要性、第三節文獻探討與評述，以及第四節研究範圍與視角。

第二章為「走進異域：明使節與東亞朝貢國家之往來」，旨在分析土木堡之變後明使節與東亞朝貢國家往來之歷史意涵，進而分析其中的特色。內容分為四節進行探究：第一節明代的對外關係、第二節明與朝鮮使節往來情形、第三節明使節出使琉球情形以及第四節明與安南使節往來情形。

第三章為「禮與華同：明使節出使朝鮮的文化觀看與認同」，分節探討使節出使朝鮮期間，在書寫國內相同路線的不同心理感知，以及親歷朝鮮觀看、

〔註 246〕Michel Espagne&Michael Werner(1985). Deutsch-französischer Kulturtransfer im 18. und 19 Jahrhundert: Zu einem neuen interdisziplinären Forschungsprogramm des C.N.R.S.,*Francia* ,13, p. 502-510.

〔註 247〕王明珂：《華夏邊緣——歷史記憶與族群認同》（臺北：允晨文化實業股份有限公司，1997 年），頁 1-459。

〔註 248〕〔法〕M. Halbwachs 著，華然、郭金華譯：《論集體記憶》（上海：人民出版社，2002 年），頁 1-435。

〔註 249〕郭少棠：《旅行：跨文化想像》（北京：北京大學出版社，2005 年），頁 1-256。

〔註 250〕葛兆光：《宅茲中國：重建有關「中國」的歷史論述》（新北：聯經出版事業股份有限公司，2011 年），頁 1-352。

〔註 251〕田曉菲：《神遊：早期中古時代與十九世紀中國的行旅寫作》（北京：生活·讀書·新知三聯〔北京三聯〕書店，2015 年），頁 1-288。

問俗、對話後產生的認同感。內容分為三節進行探究：第一節明使節沿途的空間感知差異，第二節明使節的文化尋訪與自我認同，以及第三節箕子與金四月：明與朝鮮的共同意識與唱和。

　　第四章為「殊方同俗：明使節出使琉球的域外探奇與訪俗」，由土木堡之變後至萬曆年間使節出使琉球之行旅所見景物書寫，從而探討使節在移動過程中，對於海上與域外經驗的描述、感受及其產生的意義。內容分為三節進行探究：第一節明使節的目睹與親歷：海洋視域的開展與閱歷，第二節明使節對琉球的風俗采集與觀察，第三節琉球天妃崇拜與節慶：明與琉球的共同信仰與習俗。

　　第五章為「禮遵明制：明使節出使安南的記憶重構與共鳴」，分節探討土木堡之變後至萬曆年間使節深入安南，並與當地君臣頭目對話後，所呈現在國內使途的山河風物，以及親歷安南真實觀看後重構其原有歷史記憶。最後，透過與安南君臣的互動，引發對彼此禮制文物相同的共鳴。分為三節進行探究：第一節敘述明使節至安南沿途景觀的體驗與心境轉折，第二節闡釋明使節對安南的異域認知與自我想像，第三節析論禮儀規範：明與安南的共同體制與對話，最後總結明使節出使安南的意義。

　　第六章為「結論與展望」，藉由統整全文研究結果，總結出土木堡之變後明使節書寫的各類形式，並對朝鮮、琉球、安南等各朝貢國家的文學產生影響。對於尚未觸及而值得進一步思考之議題，提出簡易的分析與展望，做為日後研究的參考。

第二章　走進異域：明使節與東亞朝貢國家之往來

　　本章旨在探究明使節與東亞朝貢國家之往來情形，藉由明代整體對外關係的脈絡梳理，聚焦土木堡之變後明使節與東亞朝貢國家往來之歷史意涵，進而分析其中的特色，並以《皇明祖訓》開列不征諸夷的記載，[註1]據以作為東亞朝貢國家論述之順序。內容主要分為四節來探討：第一節明代的對外關係、第二節明與朝鮮使節往來情形、第三節明使節出使琉球情形，以及第四節明與安南使節往來情形。

　　邦國間的邦交關係始見於《周禮》，〈大行人〉所載：「凡諸侯之邦交，歲相問也，殷相聘也，世相朝也。」[註2]。先秦《墨子》一書既有南撫交阯的記錄，司馬遷《史記》則開始有了秦人出海的記載，秦始皇遣徐巿發童男女數千人，入海求僊人，[註3]將對外觸角延伸到東方海域。

　　至元朝蒙古崛起後，東征西討並南侵，「包括東亞、北亞、中亞、東歐幾乎所有大陸地區全部都在蒙古帝國的掌控之下」，[註4]極盡擴張之能事。成吉思汗攻金後，轉而取契丹，致使契丹九萬餘人竄入高麗，成吉思汗遂於元太祖十三年（1219）遣將領兵征高麗。高麗不敵，請歲輸貢賦。高麗臣服後，目

[註1] 《皇明祖訓》，頁 5～7。

[註2] 《重栞宋本周禮注疏附挍勘記》，《重刊宋本十三經注疏附校勘記》，卷 37，頁 566-2。

[註3] 《史記》，卷 6，頁 247。

[註4] 〔日〕岡田英宏，陳心慧譯：《世界史的誕生：蒙古的發展與傳統》（新北：廣場出版社，2013 年），頁 177。

標轉而鎖定與高麗相鄰的日本。元世祖至元三年（1266），忽必烈欲通好日本，於是遣國信使兵部侍郎黑的、禮部侍郎殷弘、計議官伯德孝先等使日本，令高麗遣樞密院副使宋君斐、借禮部侍郎金贊等導詔使陪同黑的、殷弘等前往日本，卻不至而還。〔註5〕南方國度早在元憲宗三年（1253），兀良合臺與世祖平大理，即留兀良合臺攻諸夷之未歸附者。元憲宗七年（1257），蒙哥遣使令安南歸附，未成。元世祖中統元年（1260），以孟甲、李文俊持詔往諭安南。中統二年（1261），安南遣使獻書，乞三年一貢。〔註6〕安南的來貢，促使元世祖將觸角延伸至西南邊陲，至元八年（1271），世祖遣使緬國，招諭其主內附。至元十年（1273），元使去而不返，引發世祖興起征討的念頭。至元二十年（1283）出兵伐緬，直到至元二十三年（1286）始平定緬甸，約定歲貢方物。〔註7〕元代大抵以武力、詔諭並進，統御四鄰，舉凡高麗、耽羅（後屬高麗）、安南、緬國、占城、暹國、爪哇、馬八兒等南海諸蕃共十國，令其懼服；或武統不成，暫時擱置轉而南征，如日本、琉球〔註8〕等。

第一節　明代的對外關係

明太祖開國以來，於洪武二年（1369），遣使通報諸國，在〈賜占城王璽書〉一文說明其代元朝而立：

> 曩者，我中國為胡人竊據百年，遂使夷狄布滿四方，廢我中國之彝倫。朕是以起兵討之，垂二十年芟夷既平。朕主中國，天下方安，恐四夷未知，故遣使以報諸國。〔註9〕

而在〈賜爪哇國王璽書〉則說：

> 中國正統，胡人竊據百有餘年，綱常既墜，冠履倒置，朕是以起兵討之，垂二十年，海內悉定。朕奉天命已主中國，恐遐邇未聞，故專使報王知之。〔註10〕

太祖於「即位未幾，詔諭海南，遣使絕域」，〔註11〕目的是希望與各國持續著

〔註5〕《元史》，卷208，頁4607～4608、4613。
〔註6〕《元史》，卷209，頁4633～4635。
〔註7〕《元史》，卷210，頁4655～4659。
〔註8〕《元史》，卷208，頁4624～4625、4630、卷210，頁4655～4670。
〔註9〕《明實錄》（明太祖實錄），卷39，頁786。
〔註10〕《明實錄》（明太祖實錄），卷39，頁786。
〔註11〕明·羅日褧撰：《咸賓錄》（合肥：黃山書社，2009年），卷6〈彭亨〉，頁162。

宗主國與附庸國的關係，〔註12〕「相安於無事，以共享太平之福」。海外諸國入貢者，以安南最先，高麗次之，占城又次之。〔註13〕

　　明成祖繼位後，歷經數十年的休養生息，國力日漸強盛，永樂皇帝對外積極推動「銳意通四夷」〔註14〕政策，認為「今四海一家，正當廣示無外，諸國有輸誠來貢者，聽爾其諭之，使明知朕意。」〔註15〕因此，於永樂三年（1405）六月己卯（十五日），「遣中官鄭和等，齎勅往諭西洋諸國，并賜諸國王金織文綺綵絹各有差」，〔註16〕正式揭開鄭和七下西洋的序幕。鄭和攜巨艦、重兵巡弋東、西洋，連帶「天之所覆，地之所載，莫不貢獻臣服」。〔註17〕

　　但是，隨後繼位的仁宗皇帝「不務遠略」，「不欲疲中土以奉遠人」，宣宗繼承父志，〔註18〕「如下西洋寶船、雲南取寶石、交趾採金珠、撒馬兒等處取馬，並採辦燒鑄進供諸務，悉皆停罷。」，〔註19〕外交政策緊縮。由是，此後的明朝儘管保有宗主國的地位，使節出訪逐年減少。至明朝末年，與明朝維持緊密朝貢關係的，大致還有朝鮮、日本、琉球、安南、真臘、暹羅、占城、爪哇、彭亨、百花、三佛齊、浡泥、須文達那國、蘇門答剌、西洋瑣里、瑣國等。〔註20〕

　　盱衡此時期使節作品流傳於後世者，南海地區諸國均未見載，暹羅未留下出使記錄、占城獨留正統年間行人吳惠的出使片段，賸餘能留下完整使錄者，

〔註12〕宗主國與附庸國之說，見甘懷真〈從天下到地上──天下學說與東亞國際關係的檢討〉：「近代型帝國的特色有二，一是一（帝）國，二是其一國又分核心的宗主國，與周邊的附庸國，再加上外沿的殖民地。過去的中國史研究也傾向視歷史中國為這樣結構的政體。」甘懷真：〈從天下到地上──天下學說與東亞國際關係的檢討〉，《臺大東亞文化研究》第 5 期（2018 年 4 月），頁 291。
〔註13〕《明實錄》（明太祖實錄），卷 37，頁 751、卷 47，頁 934。
〔註14〕《明史》，卷 304，頁 7768。
〔註15〕《明實錄》（明太宗實錄），卷 12 上，頁 205。
〔註16〕《明實錄》（明太宗實錄），卷 43，頁 685。
〔註17〕明·費信撰：《星槎勝覽》，《筆記小說大觀六編》（臺北：新興書局，1989 年），頁 4019。
〔註18〕《明史·西域傳》：「然仁宗不務遠略，踐阼之初，即撤西洋取寶之船，停松花江造舟之役，召西域使臣還京，敕之歸國，不欲疲中土以奉遠人。宣德繼之，雖間一遣使，尋亦停止，以故邊隅獲休息焉。」《明史》，卷 332，頁 8626；《明史·西域傳》：「自仁宗不勤遠略，宣宗承之，久不遣使絕域，故其貢使亦稀至。」《明史》，卷 332，頁 8610。
〔註19〕《明史紀事本末》，卷 28，頁 292。
〔註20〕明·申時行等修，明·趙用賢等纂：《大明會典》（中央研究院傅斯年圖書館館藏明萬曆十五年〔1587〕大黑口刊本），第 3 冊，卷 105，頁 1585～1595。

僅出使朝鮮、琉球及安南等地區的使節之作。是以，本研究在英宗土木堡之變後至萬曆年間鎖定之研究地區為朝鮮、琉球及安南等東亞朝貢國家。此三個國家入明朝貢，以安南最先（1368），朝鮮次之（1369），琉球又次之（1372）。惟為符應本研究所探討之核心問題，以《皇明祖訓》開列不征諸夷的方位記載作為論述順序，居東海之朝鮮為先、居南海之琉球次之，而南海南端之安南更次之。

第二節　明與朝鮮使節往來情形

「朝鮮」一詞最早出現在中國古籍《山海經》中。〔註21〕《山海經》〈海內經〉有云：「東海之內，北海之隅，有國名曰朝鮮。」〔註22〕。周滅商後，商遺老箕子帶領部分子民到朝鮮半島，建立「箕氏侯國」，史稱「箕子朝鮮」。《史記》載：「武王乃封箕子於朝鮮而不臣也。」〔註23〕，《水經注》云：「朝鮮，故箕子國也。」，注疏又引《尚書・大傳》說：「武王勝殷，釋箕子之囚，箕子不忍為周之釋，走之朝鮮，武王因以朝鮮封之。」〔註24〕。箕子到朝鮮後，教其民以禮義，田蠶織作，並訂定樂浪朝鮮民犯禁八條，使其民終不相盜，無門戶之閉，婦人貞信不淫辟。〔註25〕

對此，《朝鮮王朝實錄》的記載則說：「本國與堯並立，周武王封箕子于朝鮮，而賜之履西至于遼河，世守疆域。」〔註26〕。朝鮮在三國時期已開始箕子崇拜，高句麗時期則把箕子當神一樣崇拜。〔註27〕中國古籍強調箕子在朝鮮的教化之功，而朝鮮歷代王朝對此也相當認同，如宋代高麗王朝史學家金富軾《三國史記》所謂「箕子受封於周室」，〔註28〕亦或其後高麗時代僧人一然《三

〔註21〕〔日〕小田省吾著，朝鮮史學會編輯：《朝鮮史大系》（京城府：朝鮮史學會，1928年〔昭和3年〕），敘說，頁2。

〔註22〕袁珂校注：《山海經校注》（上海：上海古籍出版社，1980年），卷13，頁441。

〔註23〕《史記》，卷38，頁1620。

〔註24〕北魏・酈道元著，楊守敬，熊會貞疏，段熙仲點校，陳橋驛復校：《水經注疏》（南京：江蘇古籍出版社，1989年），卷14，頁1278。

〔註25〕《漢書》，卷28，頁1658。

〔註26〕《朝鮮王朝實錄》（太祖實錄），總書卷1，頁1-1。

〔註27〕《舊唐書・高麗列傳》：「其俗多淫祀，事靈星神、日神、可汗神、箕子神。」《舊唐書》，卷199上，頁5320。

〔註28〕宋・〔高麗〕金富軾：《三國史記》（漢城：保景文化社，1991年），卷29，頁281。

國遺事》提到「周虎王即位己卯，封箕子於朝鮮」，〔註29〕皆是如此。

近人對於朝鮮建國另有一說，認為唐堯之後，箕子之前，朝鮮半島出現神人檀君：「唐堯即位之年甲辰歲，有神人降於檀木下，眾推以為君。」，是為「檀君朝鮮」。「檀君之後，即箕子也。傳至箕準，當漢之時，燕人衛滿逐準代立。箕準亡入馬韓之地，更立國，所都之基，今猶在焉。檀君、箕子、衛滿，謂之三朝鮮。」〔註30〕。也就是在《朝鮮王朝實錄》歷史上，普遍認為檀君朝鮮（前朝鮮）之後為箕子朝鮮（後朝鮮），其後為衛滿朝鮮。〔註31〕

一、明以前與朝鮮交往情形

漢初，遼東太守與衛滿約為外臣，保塞外蠻夷，然衛滿得兵威後，侵犯其旁小邑，傳至衛滿子孫右渠王，被誘殺的漢人越來越多，武帝遂於元封三年（前108）遣將滅之，定朝鮮為真番、臨屯、樂浪、玄菟四郡。〔註32〕漢昭帝始元五年（前82），罷真番郡併入元（玄）菟，臨屯郡亦於同年罷，併入樂浪郡。〔註33〕東漢光武帝建武六年（30），以朝鮮半島境土廣遠，有分領東七縣，置樂浪東部都尉。後來，朝鮮半島分裂成三韓，此三韓指的是在帶方郡以南，東西以海為限，南與日本相接，方可四千里，分別為馬韓、辰韓、弁韓。〔註34〕馬韓在西，有54國，與樂浪郡相接；辰韓在東，有12國；弁辰在辰韓之南，亦有12國，凡78國。〔註35〕魏晉南北朝至宋代，三韓演變為百濟、〔註36〕新羅〔註37〕及高（句）麗〔註38〕，至元代經過一連串兼併後，僅存高麗。

朝鮮疆域版圖衍變至明代，據董越〈朝鮮賦〉載，朝鮮疆域大致為：

朝家外藩，西限鴨江，東接桑暾。天池殆其南戶，靺鞨為其北門。

〔註29〕宋·〔高麗〕一然：《三國遺事》（漢城：瑞文化社，1996年），卷1，頁34。

〔註30〕《朝鮮王朝實錄》（成宗實錄），卷214，頁3-1。

〔註31〕《朝鮮王朝實錄》（世宗實錄），卷154，頁2-2。

〔註32〕《史記》，卷115，頁2985～2989。

〔註33〕宋·徐天麟撰：《西漢會要》（中央研究院漢籍電子文獻資料庫影印清乾隆敕刻武英殿聚珍本），卷64，頁9-1。

〔註34〕《三國志》，卷30，頁849、851。

〔註35〕《後漢書》，卷85，頁2817～2818。

〔註36〕《舊唐書》，卷1，頁14、卷2，頁32、卷199上，頁5328～5334。

〔註37〕宋·歐陽修撰，宋·徐無黨注：《新五代史》（北京：中華書局，1980年影印南宋慶元本），卷74，頁920。

〔註38〕《宋史》，卷487，頁14036～14053、金渭顯編著：《高麗史中中韓關係史料彙編》（臺北：食貨出版社，1983年），頁19～46。

其國東南皆際海，西北為建州，正北為毛憐、海西。八道星分，京畿獨尊。翼以忠清、慶尚、黃海、江原。義取永安，意在固垣。平安地稍瘠薄，全羅物最富繁。京畿、忠清、慶尚、黃海、江原、永安、平安、全羅，皆道名。平安即古弁韓地，慶尚即古辰韓地，全羅即古馬韓地。其袤也道里二千，延則加倍。其國東西二千里，南北四千里。誌書云。視古也國封三四，今則獨存。新羅、百濟、躭羅，今皆為所有。〔註39〕

即《明史》所稱：「其國北鄰契丹，西則女直，南曰日本。」〔註40〕。整體而言，朝鮮在行政區域劃分上，共有八個行政區，即京畿、忠清道、慶尚道、黃海道、江原道、永安道、平安道與全羅道等。平安道即古弁韓之地，慶尚道即古辰韓之地，全羅道即古馬韓之地。朝鮮的幅員東西長約兩千里，南北約四千里。魏晉南北朝至宋代，三韓演變為百濟、新羅及耽羅（高〔句〕麗）並存，到明朝此三個地區已為朝鮮疆域的一部分。

自魏晉南北朝晉、宋、齊、梁據江左時期，朝鮮半島上的百濟即遣使稱藩，兼受拜封，同時亦與魏朝貢不絕。〔註41〕隋文帝開皇初年，百濟王餘昌遣使貢方物，拜百濟王。隋與百濟互通往來，後天下亂，使命遂絕。〔註42〕而半島上的新羅，於隋開皇十四年（594），遣使貢方物。大業以來，歲遣朝貢。因新羅地多山險，雖與百濟彼此嫌隙，百濟亦不能滅之。〔註43〕而高麗則於隋文帝受禪之時，高麗王湯遣使頻繁入朝，改封高麗王。自是，歲遣使朝貢不絕。〔註44〕

至唐代，百濟本地荒毀，漸為新羅所據，自此為新羅及渤海靺鞨所分，百濟國滅絕。〔註45〕新羅自太宗貞觀年間起，終唐一朝，新羅國王代立，均請封、朝貢於唐，事唐甚勤（635～836，計30次以上）。〔註46〕太宗貞觀二十二

〔註39〕明・董越撰：《朝鮮賦》，《文瀾閣欽定四庫全書》（杭州：杭州出版社，2015年），史部，第602冊，頁1-2。

〔註40〕《明史》，卷320，頁8279。

〔註41〕唐・李延壽撰，楊家駱主編：《北史》（北京：中華書局，1980年影印元大德本），卷94，頁3121、《周書》，卷49，頁887。

〔註42〕《北史》，卷94，頁3120～3122。

〔註43〕《北史》，卷8，頁285、294；卷12，465；卷94，頁3123。

〔註44〕《北史》，卷94，頁3115、唐・魏徵等撰，楊家駱主編：《隋書》（北京：中華書局，1980年影印宋刻遞修本），卷81，頁1814。

〔註45〕《舊唐書》，卷1，頁14、卷2，頁32、卷199上，頁5328～5334。

〔註46〕《舊唐書》，卷1，頁14；卷2，頁32；卷3，頁51、62；卷199上，頁5335～5339。

年（648），遣將討伐高麗，未行而帝崩。高宗嗣位，又命蘇定方等前後討之，皆無功而還。高宗總章元年（668），唐軍拔平壤城，分高麗國置都督府九、州四十二、縣一百，又置安東都護府以統之。自是高麗舊戶在安東者漸寡少，高氏君長遂絕矣。〔註47〕及唐朝末年，中原多事，高麗國遂自立君長。至五代後唐時期，王建代高氏，兼併新羅、百濟，自建至䄙凡二十七王，歷四百餘年未易姓。〔註48〕高麗王氏三世，終五代常來朝貢，其立新主必請命中國，中國常優答之。〔註49〕宋代延續唐與朝鮮半島之職貢關係，趙匡胤建立宋朝後，高麗於建隆三年（962）十月遣使奉貢，雙方維持往來關係，直至南宋紹興年間，高宗因高麗與金接壤，畏懼高麗使者為金人之間諜，漸漸斷絕往來。〔註50〕

元代自元太祖成吉思汗起，因契丹人竄入高麗，遂興兵征伐，並約定每年遣使入貢。元太宗窩闊臺時，因連七年絕信使，又興兵攻討，高麗請和，並遣使奉表入貢。及至定宗貴由、憲宗蒙哥之世，因高麗歲貢不入，元四次遣將征討高麗。

至元三年（1266），忽必烈欲通好日本，於是遣國信使等使日本，令高麗遣導詔使陪同前往日本，卻不至而還。至元四年（1267），世祖再委請高麗遣使前往日本，無功而還。後高麗臣林衍擅廢國主，元軍助高麗王禃復位，並將其國一分而為二，畫慈悲嶺為界，元軍駐守西境，置東寧路總管府，以為制衡。後高麗請求與元朝通婚，元以皇女嫁予高麗世子，並出兵助元軍遠征日本。〔註51〕

二、明代與朝鮮往來情形

本段論述明代與朝鮮彼此間從生疏漸至密切的關係。明初，由於前元與高麗互為姻親，高麗與明朝並不親近。至李氏朝鮮立後，彼此往來頻繁，逐漸建立緊密關係。本研究蒐集相關文獻及研究（例如：《高麗史中中韓關係史料彙編》、《明實錄》、《明史》），將明朝與朝鮮往來情形，分成王氏高麗時期及李氏朝鮮時期兩個部分分別說明之。

〔註47〕《舊唐書》，卷1，頁14、卷2，頁32、卷3，頁51、卷199上，頁5320～5328。
〔註48〕《元史》，卷208，頁4607～4624。
〔註49〕《舊五代史》，卷138，頁1844、《新五代史》，卷74，頁919。
〔註50〕《宋史》，卷487，頁14036、14050～14052。
〔註51〕《元史》，卷208，頁4613。

（一）王氏高麗時期

明朝代元而立，高麗恭愍王王顓於洪武元年（1368）遣使請賜璽書，太祖遣符寶郎偰斯奉璽書賜高麗國王。〔註52〕洪武二年（1369），高麗貢方物並請封。洪武三年（1370），太祖命使往高麗祭祀其國之山川。同年，頒科舉詔於高麗，高麗於是年開始行明年號。〔註53〕因高麗頻繁入貢，太祖請其遵古諸侯之禮，三年一聘。洪武七年（1374），高麗王顓為權相所弒，因王顓無子，於是，立以寵臣辛肫之子禑為王，此後幾乎年年入貢，且一年奉貢兩三次，或賀聖壽，或賀太子千秋，或賀正旦。

洪武二十一年（1388），高麗王禑派李成桂進寇遼東，李成桂以糧不繼退師，並發動政變，攻破王城，洪武二十三年（1390），李成桂廢黜高麗王以自立，王氏高麗自五代傳國近500年，至是，結束王氏高麗王朝。〔註54〕（王氏高麗時期明使節出使朝鮮情形詳見附表1-1）

（二）李氏朝鮮時期

洪武二十五年（1392），太祖以高麗僻處東隅，非中國所治，諭高麗曰：「果能順天道，合人心，不啟邊釁，使命往來，實爾國之福。」，間接承認李成桂政權。是年冬，李成桂遣使並請更國號，太祖仍古國號命之曰「朝鮮」，此後，年年入貢。成祖永樂之後，因明已遷都北京，朝鮮益近，事大之禮益恭，除年年貢獻，時而動輒一年四、五次，甚或於宣宗時期幾乎月月入貢。至英宗正統十三年（1448）冬，英宗北狩，命朝鮮及野人女直兵會遼東，征北寇。憲宗成化初年，朝鮮頻貢異物。成化四年（1468），巡按遼東御史侯英上奏（略），「遼東年年為虜寇侵擾，太監出使，沿途勞費百端，且先年使朝鮮曾有學行文望者出使，希望憲宗能推選或翰林，或給事中及行人出使朝鮮，不辱中國體」。憲宗從之，至此，選廷臣有學行者使朝鮮成定局。〔註55〕然，後世之明朝皇帝仍不乏派遣內官太監出使朝鮮者，於是，嘉靖二十四年（1545）御史又請罷勿遣內臣出使，嘉靖帝最後下旨，由內臣及行人前往。〔註56〕

萬曆十九年（1591），日本豐臣秀吉來犯，神宗詔兵部申飭海防。因朝鮮

〔註52〕《明實錄》（明太祖實錄），卷37，頁749。
〔註53〕金渭顯編著：《高麗史中中韓關係史料彙編》（臺北：食貨出版社，1983年），頁803。
〔註54〕《明史》，卷320，頁8279～8283。
〔註55〕《明史》，卷320，頁8283～8287。
〔註56〕《明實錄》（明世宗實錄），卷298，頁5684。

與日本對馬島相望，時有倭夷往來互市。萬曆二十年夏（1592），秀吉率舟師進逼釜山鎮，時朝鮮承平已久，兵不習戰，猝然島夷作難，望風皆潰。朝鮮王昖棄王城，復走義州，表明願內屬。明廷認為朝鮮為國之藩籬，在所必爭，遣行人薛藩諭朝鮮王昖，揚言大兵十萬且至。十二月，以李如松為東征提督，於隔年正月進戰，大捷於平壤，朝鮮所失去之黃海、平安、京畿、江原等四道悉皆收復。後日本兵亦有歸志，彼此退兵撤歸，漢江以南千有餘里朝鮮故土復定。萬曆二十二年（1594），朝鮮王昖遣使進方物謝恩。萬曆二十七年（1599），日本豐臣秀吉死，為禍朝鮮七年的倭亂，因此中止。而朝鮮朝貢部分，思宗崇禎二年（1629）將每年兩貢改為一貢，至崇禎七年（1634）止。〔註57〕據不完全統計，明朝長達 277 年的統治中，朝鮮使節出使中國共計 1,252 次，平均每年出使 4.6 次。〔註58〕（李氏朝鮮時期明使節出使朝鮮情形詳見附表 1-2，明與朝鮮使節互通往來情形詳見附表 1-3）。

（三）朝臣使朝鮮紀錄

　　太祖洪武二十三年以前，明使出使王氏高麗共計 16 次，朝鮮進入李氏王朝後，明朝出使朝鮮計 103 次，共派遣出 200 多位使臣。〔註59〕出使次數之多，肇因於宣宗詔令，後遂成為定制。〔註60〕

　　土木堡之變後，為了挽救明朝的形象，重建明與朝鮮的緊密關係，使臣出使朝鮮，極力透過文學的交流，重振明朝宗主國的聲威。也因此，方有個別著作，如倪謙《遼海編》與《朝鮮紀行》、張寧《方洲集》（《奉使錄》）、祁順之《巽川祁先生文集》附錄收錄時人丘霽為其記錄出使情形的《紀使朝鮮事》、董越〈朝鮮賦〉及《使東日錄》、龔用卿《使朝鮮錄》、黃洪憲《朝鮮國紀》、朱之蕃《奉使朝鮮稿》等傳世。除此之外，另有倪謙、司馬恂、張寧、祁順、董越、王敞、龔用卿、朱之蕃等，與朝鮮君臣的唱和之作，均輯錄於朝鮮所編之《皇華集》中。（明土木堡之變後至萬曆年間使節出使朝鮮作品及收錄於朝鮮《皇華集》之作品詳見附表 1-4）

〔註57〕《明史》，卷 320，頁 8291～8299、8306～8307。

〔註58〕徐東日：《朝鮮使臣眼中的中國形象——以〈燕行錄〉、〈朝天錄〉為中心》，頁 8。

〔註59〕資料來源：研究者自行整理，詳見附表 2-1、2-2。

〔註60〕《朝鮮國紀》：「凡朝廷大事，如大行登極、皇子生、冊立中宮、東宮上徽號等，皆遣使頒詔其國，國王請封亦遣使行禮。」明・黃洪憲撰：《朝鮮國紀》（中央研究院漢籍電子文獻資料庫影印清曹溶輯陶越增訂六安晁氏排印本），頁 6-2。

第三節　明使節出使琉球情形

　　琉球的發源歷史，據《中山世譜》所載，相傳男神志仁禮久、女神阿摩彌姑生於大荒之際，運土石、植樹木，用防海浪而嶽森始矣。〔註61〕後又有天帝子阿摩美久，生三男二女，長男天孫氏為天孫氏王朝的開國始祖，〔註62〕延續二十五代子孫統治王朝，〔註63〕歷一萬七千八百二年，然因當時書契未興，其姓名事功無從考證。〔註64〕依據〈中山王世系圖〉記載，〔註65〕天孫王朝之後為舜天王朝，舜天王朝之後為英祖王統。其後之發展及與中國往來情形，本節分為明以前與琉球交往情形及明代與琉球往來情形兩部分探討之。

一、明以前與琉球交往情形

　　西元 1923 年、1992 年最新出土的「明刀錢」、「布幣」等文物顯示，「明刀錢」（めいとうせん）係戰國時代燕國流通的青銅製貨幣，由此可推知，琉球與中國的往來，最早可追溯自春秋戰國時代。〔註66〕史籍上，則最早見於《隋書》的「流求國」記載：〔註67〕隋煬帝大業三年（607）曾遣羽騎尉朱寬入海求訪異俗，因到流求國，因言語不相通，掠一人而返。〔註68〕大業四年（608），煬帝遣陳稜、張鎮州率兵自義安浮海擊之。至高華嶼，又東行二日至𪂂鼊嶼，又一日便至流求，〔註69〕攜男女五百人而回。〔註70〕隋末歷經唐朝

〔註61〕　清・鄭秉哲等原編，球陽研究會編：《球陽》（東京：角川学芸出版，2011 年），卷 1，頁 153。

〔註62〕　清・王韜撰：《琉球朝貢考》，《傳世漢文琉球文獻輯稿》（廈門：鷺江出版社，2012 年據清光緒十七年〔1891〕上海著易堂鉛印本影印），第 30 冊，頁 421。

〔註63〕　清・蔡鐸著，原田禹雄譯注：《蔡鐸本中山世譜》（沖繩：榕樹書林，1998 年），卷 1，頁 33～39。

〔註64〕　清・蔡鐸撰，高津孝、陳捷主編：《中山世譜》，《琉球王國漢文文獻集成》（上海：復旦大學出版社，2013 年據沖繩縣立博物館美術館藏寫本影印），第 3 冊，卷 1，頁 11。

〔註65〕　《蔡鐸本中山世譜》，〈中山王世系圖〉，頁 24～32。

〔註66〕　新城俊昭：《ジュニア版琉球・沖繩史：沖繩をよく知るための歷史教科書》（沖繩：東洋企画，2008 年），頁 17～18；吳永寧：〈明前中琉關係史料考證〉，《臨沂師範學院學報》第 32 卷第 5 期（2010 年 10 月），頁 88。

〔註67〕　《隋書》，卷 81，頁 1822～1825。

〔註68〕　《隋書》，卷 3，頁 67、卷 81，頁 1825；《蔡鐸本中山世譜》，頁 40。

〔註69〕　《隋書》，卷 81，頁 1825。

〔註70〕　《中山世譜》，《琉球王國漢文文獻集成》，第 3 冊，卷 1，頁 34。

至宋朝，琉球均未曾入貢，只有貿易船隻的往返。〔註71〕

　　元代稱為「瑠求」，元世祖忽必烈至元二十八年（1291）曾欲派楊祥征伐瑠求，後改遣使齎詔往瑠求，未達而還，〔註72〕後有人「請征海國流求」，名臣不忽木以「吾元疆理天下，四表之間，橫目窮髮，何所不臣，何資魚鰕之國，始廣土眾民哉。況冒至險航不測，出萬有一安之途，未必利也。」〔註73〕，罷止出征提議。史籍所謂「流求」一詞，係指琉球群島或臺灣，學界頗有爭論，至今未有定調，惟《隋書》、《元史》之記載均見於琉球史籍《中山世譜》及《琉球の歴史》，〔註74〕似隋代、元代所稱之「流（瑠）求」，應為今之琉球群島。

　　琉球英祖王為琉球中山國尚氏王朝的始祖，英祖王統共歷經五代90年，至西元1349年止。〔註75〕英祖王統第四代的玉城君王（たまぐすく，1314～1336）沉溺酒色，荒廢朝政，國中爭戰數十年，致琉球分裂為山南、山北與中山三個國家。〔註76〕其中，較為強盛的中山王察度（1350～1395）被明朝認可為貿易國家之一，進而拓展琉球與東亞、東南亞的海上貿易，開啟了琉球的大交易時代。〔註77〕

二、明代與琉球往來情形

　　琉球的地理位置，據蕭崇業〈航海賦〉載：「夫琉球者，上古所不能化，秦、漢所不能從。考之四隈，則大荒之外。測其封界，則閩、粵之東。遠望蓬桑，則曜靈晰逸，晨霧晦蒙。琴高影響而化幻，犢配綽約以昌容。旁睨島夷，則朝鮮綱絡，越裳蔓引。渤泥迢遞以乖閡，蘇祿牢羅以互亙。」〔註78〕《明史》

<hr/>

〔註71〕《球陽》，卷1，頁155。
〔註72〕《元史》，卷16，頁356、《蔡鐸本中山世譜》，頁40。
〔註73〕元・蘇天爵輯撰：《元朝名臣事略》（中央研究院漢籍電子文獻資料庫影印清乾隆敕刻武英殿聚珍本），卷4，頁15-1。
〔註74〕凱爾（George H. Kerr）撰，佐藤亮一等譯：《琉球の歴史》（琉球：琉球列島米國民政府，1956〔昭和31〕年），頁25～29。
〔註75〕《ジュニア版琉球・沖縄史：沖縄をよく知るための歴史教科書》，頁30。
〔註76〕《ジュニア版琉球・沖縄史：沖縄をよく知るための歴史教科書》，頁32；《中山世譜》，《琉球王國漢文文獻集成》，第3冊，卷1，頁37。
〔註77〕《ジュニア版琉球・沖縄史：沖縄をよく知るための歴史教科書》，頁33。
〔註78〕明・蕭崇業、謝杰撰：《使琉球錄》，《續修四庫全書》（上海：上海古籍出版社，1999年影印上海社會科學院圖書館藏臺灣學生書局明代史籍彙刊影印明萬曆刻本），史部，地理類，第742冊，卷下，頁609。

有言：「琉球居東南大海中，自古不通中國。」〔註79〕。其地理位置「在泉州之東，自福州視之，則在東北」〔註80〕，意即《明萬曆續文獻通考》所記：「琉球在中國之正南偏東，漳泉與福四州界內，彭湖諸島與之相對，亦素不通。天氣清明望之，隱約若煙、若霧，不知其幾千里。西南北岸皆水，至彭湖漸低近。」〔註81〕。有關明代與琉球往來之情形，本研究蒐集相關文獻（例如：《琉球國志略》、《球陽》、《中山世譜》、《中国と琉球》），試將琉球歷史流變，分成三山時代統一前以及三山時代統一後兩部分說明之。

（一）三山時代統一前

明朝建立後，太祖洪武五年（1372）遣行人楊載以即位詔告琉球，琉球中山王察度遣王弟泰期入貢方物。〔註82〕洪武六年（1373），太祖命附祭琉球山川於福建，洪武七年（1374），太祖命刑部侍郎李浩、通事梁子名齎賜物，並以陶器七萬鐵器千至琉球中山國買馬及硫磺，琉球中山王遣泰期隨使者入貢。〔註83〕期間，太祖賜閩人三十六姓。〔註84〕洪武十年（1377），中山王又遣泰期等赴明賀元旦，並上貢馬及硫磺，其後再四度貢方物。洪武十六年（1383），山南王承察度亦遣其臣師惹等奉表入貢，太祖賜王鍍金銀印及幣帛，〔註85〕並改「流求」（或「瑠求」）〔註86〕賜「琉球」之名。〔註87〕當時，中山、山南二王與山北王爭雄，互相攻伐，太祖命內史監丞梁民敕令罷兵息民，三王奉命。山北王怕尼芝遣使偕二王使朝貢，自此，三王奉貢不絕。〔註88〕

洪武十七年（1384）至洪武二十年（1387），中山王再遣亞蘭匏等貢方物，並獻馬，山南王承察度之叔汪英紫氏、山北王帕尼芝亦各遣使入貢。洪武二十一年（1388），中山王遣使甚模結致等貢馬賀天壽聖節，洪武二十三年（1390），

〔註79〕《明史》，卷323，頁8361。
〔註80〕《國朝典故》，卷102，頁2013。
〔註81〕明・王圻撰：《明萬曆續文獻通考》（臺北：文海出版社，1979年），卷235，頁13963。
〔註82〕《明史》，卷323，頁8361。
〔註83〕《明實錄》（明太祖實錄），卷95，頁1645～1646；清・周煌撰：《琉球國志略》（中央研究院漢籍電子文獻資料庫影印清乾隆敕刻武英殿聚珍本），卷3，頁3-2。
〔註84〕《明實錄》（明神宗實錄），卷438，頁8298。
〔註85〕《琉球國志略》，卷3，頁4-1。
〔註86〕《球陽》，卷1，頁161。
〔註87〕《中山世譜》，《琉球王國漢文文獻集成》，第3冊，卷1，頁35。
〔註88〕《明史》，卷323，頁8361～8362。

中山王上表賀元旦，並貢方物。洪武二十四年（1391），中山王遣亞蘭匏、嵬谷致等貢馬及方物，山南王叔汪英紫氏亦遣使表賀天壽聖節。洪武二十五年（1392），中山王進表箋貢馬，並遣學子入國子監讀書，從此展開琉球國人入明就學的開始，而山南王亦遣學子入監讀書。洪武二十六年（1393）至洪武三十一年（1398），中山王、山北王、山南王等三王幾乎年年相繼遣使貢物。〔註89〕

　　明成祖即位，於永樂元年（1403）遣使詔諭琉球，三王並來貢。〔註90〕成祖遣行人邊信、劉亢（或作劉元）〔註91〕齎敕使三國，並賜物。不久，中山察度王過世，其子武寧（ブ二ー，1396～1405）遣三吾良亹訃告明朝。同時，山南王弟汪應祖亦遣長史王茂告承察度之喪，〔註92〕山北王攀安知遣使善住古耶貢方物，並請賜冠帶衣服，成祖許之。〔註93〕永樂二年（1404），成祖遣行人時中往祭並詔武寧襲爵。〔註94〕永樂三年（1405）至永樂四年（1406），中山王及山南王、山北王遣使上表奉貢。後中山王又遣石達魯等人入國子監，並進貢閹者數人。永樂五年（1407），中山王尚思紹遣三吾良亹貢馬及方物，另遣使以其父武寧訃告，成祖命禮部賜祭，並詔思紹嗣爵位。永樂六年（1408），中山王尚思紹遣使阿勃吾斯奉表貢方物、謝恩，山南王亦貢馬。永樂七年（1409）起至永樂十七年（1419），琉球中山國年年遣使入貢，山南王雖無年年，亦幾乎跟進入貢。〔註95〕

　　永樂十三年（1415），成祖遣行人陳李芳（或作若）等齎詔，封山南王汪應祖世子他魯每為琉球國山南王，中山王及山北王俱遣使貢方物。〔註96〕永樂十四年（1416），中山王遣世子尚巴志滅山北王攀安知。〔註97〕永樂二十年（1422），中山王遣使賀元旦，又遣貢方物。永樂二十一年（1423），中山王世子尚巴志遣使奉表貢方物。〔註98〕永樂二十二年（1424），中山王訃聞於朝，

〔註89〕《琉球國志略》，卷3，頁5-2～7-2。
〔註90〕《明史》，卷323，頁8362。
〔註91〕《明實錄》（明太宗實錄），卷22，頁408。
〔註92〕《明史》，卷323，頁8363。
〔註93〕《琉球國志略》，卷3，頁8-1。
〔註94〕《明實錄》（明太宗實錄），卷28，頁510；清・周煌撰：《琉球國志略》，卷2，頁3-2。
〔註95〕《琉球國志略》，卷3，頁10-2～13-1。
〔註96〕《琉球國志略》，卷3，頁12-1。
〔註97〕《球陽》，卷2，頁167。
〔註98〕《琉球國志略》，卷3，頁13-1。

大明遣官賜祭，並遣行人周彝齎敕至中山國。

仁宗洪熙元年（1425），遣中官柴山齎敕至中山國封世子尚巴志為中山王，建立了第一尚氏王朝。宣宗宣德元年（1426），中山王遣使貢方物謝恩，又遣鄭義才進香，又兩遣使貢馬及硫磺。宣德二年（1427），中山王兩遣使貢方物，山南王他魯每亦遣使進香。宣德三年（1428），中山王遣鄭義才貢馬及方物，宣宗遣使齎敕，並賜物，又遣內官柴山、副使阮漸齎敕往諭中山國。宣德四年（1429），中山王遣使表貢賀萬壽聖節，又兩遣使貢馬及方物，山南王亦兩遣使入貢。宣宗又命山南王使齎敕及物歸賜中山王。是年，中山王尚巴志以「受封于朝，驕心稍動」、「奢侈日加常」、「拒忠諫宴遊是好，不務政事臣民怨」等理由，起義滅了山南王他魯每，〔註99〕琉球三分天下的局面遂告統一（琉球三山時代統一前明使節出使琉球情形詳見附表2-1）。

（二）三山時代統一後

中山王尚巴志統一琉球後，於宣德五年（1430），四遣使入貢，宣宗遣內官柴山、阮某至琉球國，賜琉球王「尚」姓，並賜詔褒揚琉球國歸於一統。〔註100〕宣德六年（1431），琉球王兩遣使入貢。宣德七年（1432），宣宗命內官柴山齎敕至琉球國，令琉球王遣人齎往日本諭其朝貢，〔註101〕至是，宣德八年至十年（1433～1435），琉球年年遣使入貢。〔註102〕

明英宗正統元年（1436）起，琉球王尚巴志維持年年入貢，至尚巴志薨。期間，正統元年（1436）英宗頒賜大統曆予琉球，並令琉球貢使齎回敕諭琉球王及日本國王源義教。〔註103〕正統九年至正統十四年（1444～1449），繼位之琉球王尚思達仍維持年年入貢。〔註104〕明代宗景泰元年至景泰七年（1450～1456），琉球亦年年入貢，期間，琉球王尚思達薨，明遣給事中嚴誠、行人劉儉齎詔封琉球國中山王弟尚泰久嗣爵位，並賜勅諭。明英宗復位後，天順二年至天順七年（1458～1463），琉球入貢如往例，期間，天順六年（1462）琉球王尚泰久薨，英宗命吏科右給事中潘榮、行人司行人蔡哲往琉球國吊祭，並封

〔註99〕《球陽》，卷2，頁169～171。
〔註100〕《球陽》，卷2，頁170。
〔註101〕《明實錄》（明宣宗實錄），卷86，頁1991。
〔註102〕《琉球國志略》，卷3，頁16-2～17-1。
〔註103〕《明實錄》（明英宗實錄），卷14，頁248；《琉球國志略》，卷3，頁17-1～18-2。
〔註104〕《琉球國志略》，卷3，頁19-2～20-2。

其世子尚德為王。〔註105〕

明憲宗成化二年起至成化二十三年（1466～1487），幾乎年年進貢，期間，成化七年（1471）琉球尚德王薨，憲宗遣都給事中丘弘、行人韓文往琉球國封其世子尚圓為中山王，〔註106〕尚圓王為第二尚氏王朝的開基祖。成化八年（1472），琉球貢物於福州遭劫，憲宗命定琉球二年一貢，以免除奸弊。〔註107〕成化十四年（1478），尚圓王薨，憲宗命兵科給事文董旻、行人司右司副張祥齎詔往琉球國，封世子尚真為中山王。尚真王奏請恢復一年一貢，憲宗以「其使臣多係福建逋逃之徒，狡詐百端，殺人放火，亦欲貿中國之貨，以專外夷之利，難從其請命」，令其仍「依前勑二年一貢」。〔註108〕明孝宗弘治元年至弘治十七年（1488～1504），琉球依例兩年一貢。

明武宗即位，自正德二年至正德十三年（1507～1518），琉球國中山王奏乞每歲一貢，武宗以琉球為外夷，令其如舊歲一入貢。〔註109〕明世宗嘉靖元年至嘉靖四十二年（1522～1563），對琉球再改回先朝舊例，二年一朝貢，並嚴格限制使臣人數。〔註110〕嘉靖五年（1526），尚真王薨，明於嘉靖十一年（1532）遣光祿寺少卿陳侃、尚寶司司丞高澄齎詔至琉球國封世子尚清為中山王。〔註111〕陳侃回國後撰《使琉球錄》傳世。〔註112〕嘉靖三十四年（1555）尚清王薨，明於嘉靖三十七年（1558）命刑科給事中郭汝霖、行人李際春齎詔冊封世子尚元為中山王，〔註113〕郭汝霖回國後作《使琉球錄》。〔註114〕明穆宗隆慶元年至隆慶五年（1567～1571），琉球依例入貢。

明神宗萬曆元年至萬曆四十四年（1573～1616），琉球依例入貢。期間，萬曆元年（1573）尚元王薨，世子尚永遣使入貢請封，明神宗於萬曆四年（1576）以戶科左給事中蕭崇業為冊封使，行人謝杰為副使，齎詔往封琉球國世子尚永

〔註105〕《明實錄》（明英宗實錄），卷252，頁5449、卷339，頁6903～6904。
〔註106〕《明實錄》（明憲宗實錄），卷89，頁1730。
〔註107〕《球陽》，卷3，頁181。
〔註108〕《明實錄》（明憲宗實錄），卷177，頁3196、3198。
〔註109〕《明實錄》（明武宗實錄），卷24，頁655。
〔註110〕《琉球國志略》，卷3，頁26-2～28-1、28-2～34-2；《明實錄》（明世宗實錄），卷14，頁478。
〔註111〕《琉球國志略》，卷3，頁29-2；《球陽》，卷4，頁200。
〔註112〕明·陳侃著，臺灣銀行經濟研究室編：《使琉球錄》，《臺灣文獻叢刊》（臺北：臺灣銀行，1970年），第287種，頁1-52。
〔註113〕《明實錄》（明世宗實錄），卷458，頁7743。
〔註114〕《四庫全書總目提要》，卷53，頁1183。

為中山王，[註115] 兩人返國後，同作《使琉球錄》記其行事儀節及琉球山川風俗。[註116] 萬曆十六年（1588），尚永王薨，琉球世子尚寧於萬曆十九年（1591）遣使入貢，因日本方侵噬鄰境，琉球不可無王，乞請盡速令世子襲封，用資鎮壓，然因日本倭亂未息，遲至萬曆二十三年（1595），由琉球國使者于瀰等為世子尚寧請封。[註117] 明於萬曆三十一年（1603）遣兵科右給事中夏子陽、行人司行人王士禎（或作楨、貞）[註118] 前往冊封琉球國王，[註119] 夏子陽回國後，作《使琉球錄》以記。[註120]

萬曆四十年（1612），日本以勁兵入琉球國，擄琉球王至薩州。不久，琉球王獲釋歸國，又遣使修貢，明因其國殘破不堪，乃定十年一貢之例。[註121] 其後，琉球又修貢至明亡為止。依據日本學者野口鐵郎的統計，明朝向琉球派遣使臣共 34 次（含南明政權時期），其中，前往冊封琉球國王的使臣共 16 次。[註122]（琉球三山時代統一後明使節出使琉球情形詳見附表 2-2，明與琉球使節互通往來情形詳見附表 2-3）。

琉球自三山時代統一後，至明英宗頒賜大統曆予琉球，明朝與琉球維持穩定的往來關係。明朝亦從英宗土木堡之變後，為重現宗主國之聲威，展現對朝貢國家之重視，不再派遣內官而改派朝臣出使琉球。因而，土木堡之變前出使琉球之作，初僅有內官的碑記、遊記；土木堡之變後，使節所作《使琉球錄》，對航海途中真情實境的描繪、琉球一地的記載，給予歷代海洋書寫、域外行旅書寫注入新的氣象。

第四節　明與安南使節往來情形

安南與中國的關係如同地理環境上的山川相連，淵遠流長。相傳安南首位君王為涇陽王，神農氏之後也。涇陽王娶洞庭君女，生貉龍君。貉龍君娶嫗姬

〔註115〕《明實錄》（明神宗實錄），卷 52，頁 1219。
〔註116〕《四庫全書總目提要》，卷 54，頁 1187。
〔註117〕《明實錄》（明神宗實錄），卷 285，頁 5290。
〔註118〕《明史》，卷 323，頁 8369、《明實錄》（明神宗實錄），卷 435，頁 8230、卷 438，頁 8292。
〔註119〕《明實錄》（明神宗實錄），卷 380，頁 7160。
〔註120〕國立中央圖書館原編，王德毅增訂：《明人傳記資料索引》（臺北：中央研究院歷史語言研究所、國立中央圖書館，1978 年），頁 20。
〔註121〕《明史》，卷 323，頁 8369；《球陽》，卷 4，頁 207～208。
〔註122〕野口鐵郎：《中国と琉球》（東京：開明書院，1977 年），頁 186～206。

生百男，是為百粵之祖，百男之長者為雄王，嗣君位，建國號為文郎國，〔註123〕後分國為交趾、朱鳶、越裳、九真等十五部，〔註124〕故安南古稱交趾、越裳。據《禮記・少閒》記載：「昔虞舜以天德嗣堯，布功散德制禮。朔方幽都來服；南撫交趾，出入日月，莫不率俾，西王母來獻其白琯。粒食之民昭然明視，民明教，通于四海，海外肅慎北發渠搜氐羌來服。」〔註125〕。

同樣地，在《安南通史》上也記載相同的事件：「雄王之世，中國之君唐堯，協和萬邦，王遣使獻千歲神龜，是為通中國之始」。〔註126〕換句話說，在傳說的唐堯時代，南方交趾雄王時代已與中國產生關係。《史記・五帝本紀》則是記載於顓頊高陽氏時，交趾已與中國相通。〔註127〕無論《史記》或《安南通史》的記載，都可窺知，中國與安南早已有互通之記錄。

一、明以前與安南的關係

西周成王時，安南稱為越裳氏，有越裳國。〔註128〕秦始皇三十三年（前414）攻取陸梁地，設置桂林、象郡、南海三個行政區。〔註129〕秦末，南粵王趙佗以為南越形勢險要，可據地稱王，故而擊并桂林、象郡，自立為南粵武王。〔註130〕

〔註123〕〔越〕吳士連、范公著、黎僖等編修，孫曉主編：《大越史記全書》（重慶：西南師範大學，2015年影印法國巴黎亞洲學會藏正和十八年〔1697〕內閣官本），卷1，頁39～41。

〔註124〕摘自〔越〕潘清簡等纂：《欽定越史通鑑綱目》（臺北：國立中央圖書館印行，1969年），第1冊〈前編〉，頁1-3。

〔註125〕高明註譯，國立編譯館中華叢書編審委員會主編：《大戴禮記》（臺北：臺灣商務印書館，1984年），第76篇，頁442。

〔註126〕許雲樵譯：《安南通史》（新加坡：世界書局，1957年），〈第一編　太古史〉，頁10。

〔註127〕《史記・五帝本紀》：「帝顓頊高陽者，黃帝之孫而昌意之子也。……北至于幽陵，南至于交阯，西至于流沙，東至于蟠木。動靜之物，大小之神，日月所照，莫不砥屬。」《史記》，卷1，頁11～12。

〔註128〕《漢書》注引《尚書大傳》：「周成王時，越裳氏重九譯而貢白雉。」《漢書》，卷60上，頁1968；《安南通史》，〈卷首總綱〉，頁1、《通典》：「交趾之南有越裳國。周公居攝六年，天下和平，越裳以重譯而獻白雉。周德既衰，於是稍絕。及楚子稱霸，朝貢百越。」唐・杜佑著，王文錦等點校：《通典》（北京：中華書局，1988年），卷188，頁5080。

〔註129〕《史記》，卷6，頁253。

〔註130〕《史記・南越列傳第五十三》：「南海尉任囂病且死，召龍川令趙佗語曰：『聞陳勝等作亂，秦為無道，天下苦之，項羽、劉季、陳勝、吳廣等州郡各共興軍聚眾，虎爭天下，中國擾亂，未知所安，豪傑畔秦相立。南海僻遠，吾恐盜兵侵地至此，吾欲興兵絕新道，自備，待諸侯變，會病甚。且番禺負山險，

至漢代，高祖先是遣陸賈立趙佗為南粵王，並相互通使。〔註131〕武帝元鼎五年（前112）派遣伏波將軍路博德、樓船將軍楊僕等，率軍攻越。南越既平，漢於其地設置儋耳、珠崖、南海、蒼梧、九真、鬱林、日南、合浦、交阯等九郡。〔註132〕象郡即古越裳國，漢代稱日南郡〔註133〕（交阯、九真、日南三郡為安南地）。〔註134〕

東漢光武帝建武十七年（41），交阯女王徵側舉兵稱王，攻陷城邑，〔註135〕漢遣伏波將軍馬援等滅之，立銅柱為界。〔註136〕東漢獻帝建安八年（203），改稱交州，設交州刺史；〔註137〕建安十五年（210），東吳孫權遣步騭為交州刺史，後因認為交阯縣遠，分合浦以北為廣州，交阯以南為交州。〔註138〕到了隋代，改稱交阯郡。唐高祖武德五年（622），改為交州總管府；高宗調露元年（679）八月，改交州都督府為安南都護府，並以秦州經略使高駢為安南都護。〔註139〕自漢代至唐，安南均為中國轄屬的郡縣之一。

歷史的記憶，代代相傳。到明朝「素來習慣於從古典文獻中接受各種知識的中國世人那裡」，將這些歷史記憶「當作嚴謹的歷史事實」。〔註140〕正德年間奉命出使安南的湛若水，其〈交南賦〉將史籍上有關安南的記憶，做了一番梳理：

> 維彼交之蕞爾兮，北五管而越南裔（一作南越裔）〔註141〕。際尉佗之七郡兮，漢九郡而同置。憑都盧於天末兮，望越裳乎海際。都盧

阻南海，東西數千里，頗有中國人相輔，此亦一州之主也，可以立國。……』……秦已破滅，佗即擊并桂林、象郡，自立為南越武王。」《史記》，卷113，頁2967。

〔註131〕《漢書》，卷95，頁3847～3848。

〔註132〕《史記》，卷113，頁2975～2977。

〔註133〕清·盛慶紱著：《越南地輿圖說》，《小方壺齋輿地叢鈔正編》（臺北：廣文書局，1962年影印清光緒丁丑（三）年（1877）至丁酉（二十三）年（1897）上海著易堂排印本），第十帙，16-1，頁105-1。

〔註134〕楊廣咸：《安南史》（東京：東亞研究所出版，1942年），頁13。

〔註135〕《安南通史》〈第二編 上古史〉，頁15～16。

〔註136〕《漢書》，頁839、2832。

〔註137〕宋·司馬光編著，元·胡三省音註，標點資治通鑑小組校點：《資治通鑑》（北平：古籍出版社，1956年），卷78，頁2487。

〔註138〕《三國志書》，卷49，頁1192～1193。

〔註139〕《舊唐書》，卷41、182，頁1749、4703。

〔註140〕葛兆光：《宅茲中國：重建有關「中國」的歷史論述》，頁71。

〔註141〕明·李文鳳：《越嶠書》，《四庫全書存目叢書》（臺南：莊嚴文化事業有限公司，1997年影印北京大學圖書館藏明藍格鈔本），史部，載記類，第163冊，卷17，頁4，總頁163-244。

國在合浦之南，越裳在安南之南。南迤邐兮佔不勞，西聯屬兮滇溟
之尾派。諸葛之度瀘兮，州炎劉之經始。李唐承乎厥後兮，恢都護
之府治。歸化江一曰瀘江，與漢鄂等自大理而下，入海安南。在漢
為交州，在唐為都護府，占不勞即占城也。昔炎氏之方殷兮，泛海
外之樓船。二女孳乎中葉兮，薏苡用惑夫馬援。砣銅柱之磷磷兮，
厥攦槍乎南天。彼高氏之定交兮，建石塔之歸然。胡峰崒乎橋市兮，
立富良之江埏。〔註142〕高氏駢曾伐交趾。〔註143〕

湛若水後段「彼高氏之定交兮，建石塔之歸然。胡峰崒乎橋市兮，立富良之江
埏。」句，係化用陳孚（1259～1309）〈安南即事〉「士燮祠將壓，高駢塔未蕪。」
〔註144〕詩句，《元詩紀事》為之注解道：「高駢既定交州，遂於富良江上橋市之
左立石塔。歸然猶存。」〔註145〕，指高駢在安南「造大眾城，鑿海道，利澤久
遠，越人樂道不忘」，且「多行善政，至於洞獠海蠻，莫不醉恩飽義」〔註146〕。

　　其後，中土多事，無暇顧及南荒。五代十國後晉石敬塘天福四年（939），
交州吳權自稱王，置百官，置朝儀，定服色，〔註147〕脫離中國的支配，〔註148〕
開啟越南自主之時代。《越史》稱之為：「我越南復國自主之第一君」，國號曰：
「前吳」。〔註149〕至宋太祖乾德年間，已是吳氏王朝後期，群雄競起，歷經
十二使君各據一隅，〔註150〕華閭洞人丁部領（Dinh Bo-linh）篡吳自立稱帝，
國號大瞿越（Dai-co-viet），並向宋遣使貢物，上表內附，宋太祖封其為交趾

〔註142〕明‧湛若水撰：《樵風》，《廣州大典》（廣州：廣州出版社，2015年影印國家
　　　　圖書館藏明刻本），第56輯，集部，別集類，第4冊，卷2，頁1-2，總頁765
　　　　～766。
〔註143〕《越嶠書》，《四庫全書存目叢書》，史部，載記類，第163冊，卷17，頁5，
　　　　總頁163-245。
〔註144〕元‧陳孚撰：《陳剛中詩集》，《四庫全書珍本》（臺北：臺灣商務印書館，1978
　　　　年），集部，別集類，第404冊，卷2，頁33。
〔註145〕陳衍輯撰，李夢生校點：《元詩紀事》（上海：上海古籍出版社，1987年），
　　　　卷9，頁181。
〔註146〕《中越關係史論文集》，頁185、187。
〔註147〕《安南通史》，〈第三編　中古史〉，頁34。
〔註148〕原文為：「支那の支配終る。」，《安南史》，頁25。
〔註149〕〔越〕黃高啟（Hoàng Cao Khải）著：《越史要》（Z-Library. The world's largest
　　　　ebook library 資料庫影印影印1914年刊本）卷1，頁42。
〔註150〕十二使君係為吳昌熾、杜景碩、陳覽、矯公罕、阮寬、吳日慶、李奎、阮守
　　　　捷、呂唐、阮超、矯順及范白虎等人。摘自《安南通史》，〈第三編　中古史〉，
　　　　頁35～37。

郡王。〔註151〕後安南丁氏內亂，為黎氏所簒，〔註152〕宋太宗淳化四年（993），
進封黎桓為交阯郡王，正式承認黎氏王朝。〔註153〕黎氏王朝歷三帝，二十九
年後，〔註154〕又為李公蘊所簒。〔註155〕至南宋孝宗淳熙元年（1174）二月，
進封交阯王李天祚為安南國王，改國名為安南。淳熙二年（1175）賜安南國
印，正式定名為「安南」。〔註156〕李氏王朝歷經八代，至女主李昭皇時，為
陳日煚〔註157〕「受禪」取代。〔註158〕

此處，湛若水〈交南賦〉以幾句話將安南脫離中國後獨立後，王朝幾度傾
覆的情形帶出：

> 彼爾點曰炎均兮，冒耳聃之仍雲。維公蘊之肇緒兮，紹八葉以斯君。
>
> 京用篡而易位兮，附胡公之遠孫。五代時有李公蘊篡黎桓之子也，有其國
>
> 至宋嘉定為陳京所篡。〔註159〕和叔後其曰黎兮，亦攘之於累傳。〔註160〕

南宋理宗寶祐六年（1258），蒙古憲宗八年，蒙歌汗親征南宋，因元將兀良
合台舉兵侵安南，〔註161〕雖僅是試探性地攻下安南都城後即撤離，〔註162〕但

〔註151〕《宋史》，卷 3、488，頁 40、14058。

〔註152〕《欽定越史通鑑綱目》，第二冊，正編卷 1，頁 463～477。

〔註153〕《宋史》，卷 488，頁 14062。

〔註154〕《大越史記全書》，卷 2，頁 146～147。

〔註155〕《欽定越史通鑑綱目》，第二冊，正編卷 2，頁 511～537。

〔註156〕《宋史・本紀第三十四》：「淳熙元年春正月乙未，禁淮西諸關採伐林木。戊
戌，罷坐倉糴米賞。庚子，罷兩淮將帥權攝官。丙午，禁兩淮耕牛出境。以
交阯入貢，詔賜國名安南，封南平王李天祚為安南國王。」《宋史》，卷 34，
頁 657、《宋史》，卷 488，頁 14071。

〔註157〕《宋史》作「陳日煚」，《大越史記全書》作「陳煚」。

〔註158〕《大越史記全書》，卷 4，頁 250。

〔註159〕《越嶠書》，《四庫全書存目叢書》，史部，載記類，第 163 冊，卷 17，頁 5，
總頁 163-245。

〔註160〕《樵風》，《廣州大典》，第 56 輯，集部，別集類，第 4 冊，卷 2，頁 2，總頁 766。

〔註161〕《元史・列傳第九十六》：「（憲宗）七年丁巳十一月，兀良合台兵次交阯北，
先遣使二人往諭之，不返，乃遣徹徹都等各將千人，分道進兵，抵安南京北
洮江上，復遣其子阿朮往為之援，并覘其虛實。交人亦盛陳兵衛。阿朮遣軍
還報，兀良合台倍道兼進，令徹徹都為先鋒，阿朮居後為殿。十二月，兩軍
合，交人震駭。阿朮乘之，敗交人水軍，虜戰艦以還。兀良合台亦破其陸路
兵，又與阿朮合擊，大敗之，遂入其國。日煚竄海島。得前所遣使於獄中，
以破竹束體入膚，比釋縛，一使死，因屠其城。國兵留九日，以氣候鬱熱，
乃班師。復遣二使招日煚來歸。日煚還，見國都皆已殘毀，大發憤，縛二使
遣還。」《元史》，卷 209，頁 4633～4634。

〔註162〕《大越史記全書・陳紀太宗皇帝》：「時元人新取雲南，游兵略至，無攻取意。」

因此讓安南實施兩面交好政策，一方面遣使入宋，另一方面與蒙古建立關係，避免遭受蒙古侵略。同年，蒙古派使者至安南，約定三年一貢的常例。〔註163〕元世祖忽必烈中統元年（南宋理宗景定元年，1260），遣使安南詔封安南國王，約定三年一貢。〔註164〕至元十五年（1278），元遣禮部尚書柴椿等，持詔往諭安南國王入朝受命，〔註165〕安南辭不受命。

至元十六年（1279），忽必烈開始向周邊國家發動侵略戰爭，再諭安南來朝，並言明若不來朝，須以金人代其身（代身金人）。至元十八年（1281）十月，設立安南宣慰司，為攻打安南做準備。〔註166〕至元二十一年（1284），元以征討占城為名，入侵安南，兩軍交戰。起初，元軍獲勝，甚至攻下安南國都，安南軍或退或降，後兩軍相峙多時，安南漸熱，瘴氣漸盛，安南軍加之以水戰，元兵大潰。〔註167〕至元二十五年（1288），元軍北還，安南陳日烜遣使並進金人謝罪，元詔諭安南來朝，安南仍僅遣使入貢。至元二十七年（1290），安南國王陳日烜卒，子日㷆繼位。元以安南終不入朝，準備整軍再戰安南，隔年（1294）元世祖崩，繼位之元成宗下令罷征安南，自此停止對安南的征討。〔註168〕兩國再度恢復往來關係，直到至正二十八年（1368）元朝退出中原為止。〔註169〕

　　　　　《大越史記全書》，卷5，頁272。

〔註163〕《大越史記全書·陳紀太宗皇帝》：「遣使通好於宋。遣黎輔陳、周博覽如元。時元使來索歲幣，增其職貢，紛紜不定。帝命輔陳往，以博覽副之。卒定三年一貢為常例。」《大越史記全書》，卷5，頁273。

〔註164〕《元史·外夷列傳》：「世祖中統元年十二月，以孟甲為禮部郎中，充南諭使，李文俊為禮部員外郎，充副使，持詔往諭之。……二年，孟甲等還，光昺遣其族人通侍大夫陳奉公、員外郎諸衛寄班阮琛、員外郎阮演詣闕獻書，乞三年一貢。帝從其請，遂封光昺為安南國王。」《元史》，卷209，頁4634～4635；《大越史記全書·陳紀聖宗皇帝》：「夏六月，元遣禮步郎中孟甲、員外郎李文俊齎書來諭。宴孟甲等于聖慈宮，遣通侍大夫陳奉公、諸衛寄班阮琛、員外郎阮演齎書如元通好。元封帝為安南國王，賜以西錦三、金熟錦六。」《大越史記全書》，卷5，頁276。

〔註165〕《元史·外夷列傳》：「遣禮部尚書柴椿、會同館使哈剌脫因、工部郎中李克忠、工部員外郎董端，同黎克復等持詔往諭日烜入朝受命。」《元史》，卷209，頁4638。

〔註166〕《元史》，卷209，頁4635、4639～4640。

〔註167〕《大越史記全書》，卷5，頁289～296。

〔註168〕《元史》，卷209，頁4648～4650。

〔註169〕《元史·列傳第十七》：「三十一年，世祖崩，完澤受遺詔，合宗戚大臣之議，啟皇太后，迎成宗即位，詔諭中外，罷征安南之師」《元史》，卷130，頁3173。

二、明代與安南的關係

本段論述明代與安南的關係。本研究蒐集相關文獻，試將明朝與安南往來情形，分成洪武年間至屬明前出使安南情形、永樂年間安南屬明情形以及仁、宣後至明末使節出使安南情形等三個部分說明之。

（一）洪武年間至安南屬明前使節出使情形

明太祖朱元璋尚未登基稱帝前，為掣肘在江州（今江西九江）自立為漢王的陳友諒，曾遣使安南，意圖建立邦交以為後用，據《大越史記全書》載，元惠宗至正十九年（1359），朱元璋遣使與安南通好，安南雖沒有明確回應，仍派人一探虛實。至正二十一年（1361），太祖攻打江州，陳友諒果向安南討救兵，然安南並未伸援。〔註170〕洪武元年（1368），太祖定天下，遣尚賓館副使劉迪簡詔諭安南，後因劉沒於路途，改派漢陽知府易濟前往，〔註171〕諭知安南，大明已推翻蒙元政權：

> 昔帝王之治天下，凡日月所照，無有遠近，一視同仁。故中國尊安
> 四方得所，非有意於臣服之也，自元政失綱，天下兵爭者十有七年，
> 四方遐遠，信好不通。朕肇基江左，掃群雄，定華夏，臣民推戴，
> 已主中國，建國號曰大明，改元洪武。〔註172〕

此時，安南亦派遣使臣陶文的入明報聘，〔註173〕明與安南的外交關係從此展開。洪武二年（1369），安南國王陳日煃遣同時敏、段悌（段悌）、黎安世等，向明朝貢方物並請封爵。太祖遣翰林侍讀學士張以寧、典簿牛諒前往安南，封陳日煃為安南國王，並賜金銀印。〔註174〕是年十二月，占城與安南因邊境問

〔註170〕《大越史記全書·陳紀裕宗皇帝》：「元至正十九年春正月，明遣使來通好。時明主與陳友諒相持，未決勝負。帝遣黎敬夫使北覘虛實。」《大越史記全書》，卷7，頁370、《大越史記全書·陳紀裕宗皇帝》：「元至正二十一年春……二月，明太祖攻江州。陳友諒退居武昌，使人來乞師，不許。」《大越史記全書》，卷7，頁371。

〔註171〕《殊域周咨錄·安南》：「本朝洪武元年，遣尚賓館副使劉迪簡齎詔往諭，沒於南寧。上聞之，尋復遣漢陽知府易濟往諭。」《殊域周咨錄》，卷5，頁170。

〔註172〕《明實錄》（明太祖實錄），卷37，頁750～751。

〔註173〕《大越史記全書·陳紀裕宗皇帝》：「明太祖即位於金陵，建元洪武，遣易濟民來聘。遣禮部侍郎陶文的如明報聘。」《大越史記全書》，卷7，頁375。

〔註174〕《明實錄》（明太祖實錄）：「安南國王陳日煃，遣其少中大夫同時敏、正大夫段悌、黎安世等來朝貢方物，因請封爵。詔遣翰林侍讀學士張以寧、典簿牛諒往使其國，封日煃為安南國王，賜以駝紐塗金銀印」《明實錄》（明太祖實錄），卷43，頁847。

題求助於明朝，太祖再遣翰林院編修羅復仁、兵部主事張福詔諭安南與占城。
〔註175〕洪武三年（1370），安南國王陳日熞卒，遣使臣杜舜欽前來告哀，太祖
遣翰林編修王廉前往弔祭，又遣吏部主事林唐臣詔封陳日熞子日熞為安南國
王。〔註176〕同年六月，太祖頒定嶽、鎮、海、瀆、城隍諸神號詔，並遣秘書
監直長夏祥鳳等往頒於安南。〔註177〕其後，更陸續遣使前往安南，或賜書、
或弔祭、或徵糧、或賞賜、或求物、或諭還地等，終太祖洪武31年間，明遣
使安南者凡22次，史籍文獻上載有使臣姓名者凡24人（詳見附表3-1明洪武
年間至安南屬明前出使一覽表）。

　　洪武時期出使安南之22次中，有幾位使臣紀錄使交情形，張以寧紀錄
使安南詩歌約98首，文8篇，〔註178〕存於其《翠屏集》；曾與張以寧、林
弼、王廉一同出使安南的典簿牛諒，使交途中有多首與張以寧、林弼的唱和
詩，今僅存張以寧和牛諒、林弼和牛諒之詩作，散見於張以寧《翠屏集》及
林弼《林登州集》，牛諒本人使交詩僅一首存於張以寧《翠屏集》中〔註179〕
及一首挽詩存於《大越史記全書》中；〔註180〕王廉作《南征錄》，今僅存宋
濂所作〈南征錄序〉，收錄於宋濂《文憲集》中；〔註181〕林弼作使安南相關

〔註175〕《明實錄》（明太祖實錄），卷47，頁934。

〔註176〕《明實錄》（明太祖實錄）：「壬申，安南使臣杜舜欽以其王陳日熞卒，來告哀
　　　　請命。癸酉，上素服御西華門見舜欽等，遣翰林編修王廉往祭之，賻以白金
　　　　五十兩、絹五十四。」《明實錄》（明太祖實錄），卷51，頁1006，《明實錄》
　　　　（明太祖實錄）：「又遣吏部主事林唐臣，齎詔封日熞為安南國王」《明實錄》
　　　　（明太祖實錄），卷51，頁1007。

〔註177〕《明實錄》（明太祖實錄）：「遣秘書監直長夏祥鳳等，頒革正神號詔于安南、
　　　　占城、高麗。」《明實錄》（明太祖實錄），卷53，頁1036。

〔註178〕張婧雅：《林弼研究》（福建：閩南師範大學文學博士學位論文，2017年），
　　　　頁134。

〔註179〕明・張以寧撰：《翠屏集》，《景印文淵閣四庫全書》（臺北：商務印書館，1983
　　　　年影印國立故宮博物院藏本），集部，第1226冊，卷2，頁53～54，總頁1226-
　　　　568、1226-569。

〔註180〕《大越史記全書・陳紀藝宗皇帝》：「明遣牛諒、張以寧賫金印龍章來，適裕
　　　　宗晏駕。諒作詩挽之曰：『南服蒼生奠枕安，龍編開國控諸蠻，包茅苲喜通王
　　　　貢，薤露寧期別庶官，丹詔遠頒金印重，黃膓新閟玉衣寒，傷心最是天朝使，
　　　　欲見無由淚滿鞍。』既而以寧疾死，惟諒回國。」《大越史記全書》，卷7，
　　　　頁376。

〔註181〕明・宋濂：《文憲集》，《景印文淵閣四庫全書》（臺北：商務印書館，1983年
　　　　影印國立故宮博物院藏本），集部，第1223冊，卷5，頁14～16，總頁1223-
　　　　360、1223-361。

詩作約 122 首，[註182] 收錄於其《林登州集》；吳伯宗奉使安南後作詩 3 首，今存於其《榮進集》；[註183] 任亨泰使安南作品，據《同治襄陽縣志》載，共作詩 61 首，[註184] 今見於《景印狀元任先生遺稿》中。[註185] 洪武晚年最後出使安南，也因使西域而名震於世的陳誠，亦於其《陳竹山先生文集》中，收錄約 3 首安南詩[註186] 及與安南國王往來之外交書信〈與安南辨明丘溫地界書〉。[註187]

（二）永樂年間安南屬明情形

明惠帝建文時期，安南內亂，權臣暨外戚黎季犛取代陳朝政權，廢帝自立，改國號為大虞，並改姓胡。[註188] 建文二年（1400），因受陳朝遺臣反對，傳位其子漢蒼，並遣使入明，[註189] 稱陳氏已絕，以外甥權理國事，[註190] 意欲取得明朝認可。明成祖即位，於永樂元年（1403）遣行人鄔脩告安南明改元

〔註182〕 《林弼研究》，頁 136。

〔註183〕 明・吳伯宗撰：《榮進集》，《景印文淵閣四庫全書》（臺北：商務印書館，1983 年影印國立故宮博物院藏本），集部，第 1233 冊，卷 3，頁 1、13、14，總頁 1233-241、1233-247、1233-248。

〔註184〕 《同治襄陽縣志》：「任亨泰洪武甲子貢入太學……偕御史嚴震直使安南，洪武初，吳伯宗奉使安南以名德為交人重，亨泰復使，交人以為榮，並稱吳、任。……所著詩文極富，僅存《使安南槁》六十一首。」崔淦、李士彬、吳耀斗、楊宗時、吳慶燾等著：《同治襄陽縣志》，《湖北府縣志輯》（南京：江蘇古籍出版社，2001 年），卷 6，頁 34，總頁 178。

〔註185〕 《景印狀元任先生遺稿》序：「《狀元任先生遺稿》二卷亦曰《使交集》，乃有明洪武禮部尚書亨泰公湮餘賸簡也，正德紀元嘗壽之以木，慈谿顧英、江東陳鎬為序跋，歷數百年海內罕傳，故四庫逸之焉。」明・任亨泰：《景印狀元任先生遺稿》（臺北：中華民國任氏宗親會，1984 年影印國立中央圖書館藏明正德刊本），未編頁。

〔註186〕 明・陳誠撰：《陳竹山先生文集》，《四庫全書存目叢書》（臺南：莊嚴文化事業有限公司，1997 年影印江西省圖書館藏清雍正七年刻本），集部，別集類，第 26 冊，內篇卷 2，頁 21～22，總頁集 26-346、26-347。

〔註187〕 《陳竹山先生文集》，《四庫全書存目叢書》，集部，別集類，第 26 冊，內篇卷 1，頁 25～38，總頁集 26-327～26-333。

〔註188〕 《大越史記全書・陳紀少帝》：「庚辰三年是歲陳亡。三月以後季犛篡國，稱聖元元年，明建文二年春正月，黎季犛立其子漢蒼為太子。……二月二十八日，黎季犛逼帝禪位，……已而，自為帝，建元聖元，國號大虞，改姓胡。」《大越史記全書》，卷 8，頁 420。

〔註189〕 《大越史記全書・陳紀少帝》：「季犛以位與其子漢蒼，自稱太上皇，同聽政。……季犛遣使如明。」《大越史記全書》，卷 8，頁 421。

〔註190〕 《欽定越史通鑑綱目》，第 3 冊，正編卷 11，頁 1439。

事。〔註191〕安南胡漢蒼把握機會，遣使貢物賀成祖即位，並稱：

日煓喪已，宗嗣繼絕，支庶淪滅，無可紹承。臣，陳氏之甥，為眾所推，權理
國事，主其祠祭，于今四年。徽蒙聖德，境內粗安，然名分未正，難以率下，
拜表陳詞無所稱謂。伏望天恩錫臣封爵，使廢國更興，荒夷有統，臣奉命效貢，
有死無貳。〔註192〕明朝禮部認為「遠夷荒忽難信」，宜遣使前往查察。成祖於
是年四月，遣行人楊渤到安南勘驗。楊渤回朝後，將安南耆老所奏，呈交成祖，
認定陳氏宗祀已絕，漢蒼乃陳氏之甥，眾推權理國事。於是，成祖派遣禮部郎
中夏止善前往安南，封胡漢蒼為安南國王。〔註193〕

　　永樂四年（1406），廣西思明府知府黃廣成上奏成祖，安南以武力侵占明
領土，加之占城國王占巴的賴遣使控訴安南攻擾地方、殺掠人畜，且胡漢蒼不
遵成祖使息兵之敕諭，又以舟師侵入占城境，令民受其害。〔註194〕成祖先是
遣使安南，指責其為臣屬卻對占城「越禮肆虐」；侵略中國疆土，「奪而有之，
肆無忌憚」，警告其「速改前過，不然，非安南之利也」。同年八月，安南陳朝
遺老裴伯耆入明，急奏奸臣黎季犛父子弒主篡位的真相，祈請明朝「興弔伐之
師，隆繼絕之義」，復立陳氏子孫。經幾番波折確認後，明朝護送前安南王孫
陳天平返國，不料，遭安南劫殺。成祖大怒，決議興兵討伐安南。〔註195〕

　　多年後的湛若水看待此事，他在〈交南賦〉寫下以下這段話：

昔少皞之方衰兮，九黎擾而亂德。北正黎之司地而屬民兮，羌始受
之顓頊。彼三苗以效尤兮，陶唐亦復乎貞則。皇混一以為家兮，亘
地載而天覆。一正朔以同文兮，又同軌而輻輳。〔註196〕

湛若水引《尚書》「少昊氏之衰，九黎亂德，人神雜擾，不可方物。顓頊受之，
乃命南正重司天以屬神，北正黎司地以屬民，使復舊常，毋相侵黷。其後三苗
復九黎之德，堯復育重黎之後不忘舊者，使復典教之」〔註197〕典故，言九黎

〔註191〕《大越史記全書‧陳紀少帝》：「明遣鄔脩來告太宗即位改元。」《大越史記全
　　　　書》，卷8，頁425。
〔註192〕《明實錄》（明太宗實錄），卷19，頁337。
〔註193〕《明實錄》（明太宗實錄），卷19、25，頁337、342～343、470。
〔註194〕《明實錄》（明太宗實錄），卷30、33，頁538、582。
〔註195〕《明實錄》（明太宗實錄），卷33、37、49、50、52、53，頁583～585、594、
　　　　635、740～741、747、782、791。
〔註196〕《樵風》，《廣州大典》，第56輯，集部，別集類，第4冊，卷2，頁2，總頁
　　　　766。
〔註197〕《重栞宋本尚書注疏附挍勘記》，《重刊宋本十三經注疏附校勘記》，卷2，頁
　　　　22-1。

國君蚩尤作亂，惡化相易，禍及於平民善良百姓，〔註198〕實寫安南黎氏篡主欺明，遭永樂帝興兵討伐。再言明與安南彼此有共同歷史傳統，奉同一正朔，書同文，車同軌。永樂帝統一安南後，明與安南再度合為一家，彼此關係緊密。

永樂四年（1406），明以安南武力侵占明領土，加之占城國王占巴的賴遣使控訴安南攻擾地方、殺掠人畜，且胡漢蒼不遵成祖使息兵之敕諭，又以舟師侵入占城境，令民受其害。成祖先是遣使安南，指責其為臣屬卻對占城「越禮肆虐」、侵略中國疆土，「奪而有之，肆無忌憚」，警告其「速改前過，不然，非安南之利也」。〔註199〕後成祖興兵討伐安南，〔註200〕於永樂五年（1407）六月，平定安南。永樂五年（1407）六月，安南平，置交趾布政司，下轄府州縣，分設官吏以治。〔註201〕永樂年間，共遣使安南 10 次，或詔諭，或賞賜，或求割地，安南入明版圖後，曾遣使往取安南古今事跡志書，與安南相關作品僅布政司按察司黃福〈奉使安南水程日記〉一篇及安南紀行等詩約 72 首，收錄於其《黃忠宣公文集》中。〔註202〕

（三）仁、宣後至明末使節出使安南情形

1. 依洪武舊例朝貢

永樂二十二年（1424），明成祖駕崩，繼位的仁宗下詔有關交趾採辦悉皆停止，〔註203〕意圖招撫永樂年間紛起的抗明勢力。後招撫未果，仁宗已離世。宣宗繼位後，調整安南吏治，以懷柔政策招撫黎利等之武裝力量。宣德元年（1426）四月，經交趾布政司按察司尚書陳洽匯報安南真實情形，〔註204〕宣宗

〔註198〕《重栞宋本尚書注疏附挍勘記》，《重刊宋本十三經注疏附校勘記》，卷 19，頁 296-1。

〔註199〕《明實錄》（明太宗實錄），卷 30、33，頁 538、582、583。

〔註200〕《明實錄》（明太宗實錄），卷 33、37、49、50、52、53，頁 594、635、740～741、747、782、791。

〔註201〕《明實錄》（明太宗實錄），卷 68，頁 943～955。

〔註202〕明・黃福撰：《黃忠宣公文集》，《四庫全書存目叢書》（臺南：莊嚴文化事業有限公司，1997 年影印清華大學圖書館藏明嘉靖馮時雍刻本），集部、別集類，第 27 冊，卷 1、8、9、10～13。

〔註203〕《明實錄》（明仁宗實錄）：「交趾採辦金珠香貨之類，悉皆停止。」《明實錄》（明仁宗實錄），卷 1 上，頁 17。

〔註204〕《明實錄》（明仁宗實錄）：「賊首黎利，名雖求降，實則攜貳，招聚逆黨，拒抗官兵，攻圍茶籠州，殺知州琴彭、潛結玉麻州土官琴貴及老撾酋長與之同惡。太監山壽賞勅宥利之罪，授以清化府知府，利言俟秋涼到任。今復言：『素與參政梁汝笏等有怨，乞解知府之職，願得署茶籠州事。』近演州土人

始知安南局勢之嚴重，轉而採取強硬措施，〔註205〕並就安南問題與朝臣展開討論。然明軍幾度圍剿失利，總兵官王通擅自與叛首黎利議和，棄城退師，〔註206〕後到之明援軍亦多次慘敗，雙方最終以議和收場。

　　宣德元年（1426），黎利遣使向明朝奉表謝恩，懇請准予內附，明朝封黎利權攝國事，黎氏王朝傳十世而止。〔註207〕宣德二年（1427），先是黎利遣使明朝求封，〔註208〕明亦罷征南兵，率師北還，並遣使安南往封，〔註209〕結束明朝永樂年間設交趾布政司（1407）起，對安南長達20年的統治（1407～1427）（《大越史記全書》以為14年）。〔註210〕明與安南朝貢恢復洪武時期舊制，持

多有從利為逆，而利又遣其黨潘僚、路文律等往嘉興、廣威等州招集逆徒，日以滋蔓。望乞總兵者早滅此賊，以靖邊方」《明實錄》（明仁宗實錄），卷11，頁313。

〔註205〕《明實錄》（明宣宗實錄）：「反賊黎利包藏禍心，已非一日始，若取之，易如拾芥。乃信庸人之言，惟事招撫，延今八年，終不聽命，養成猖獗之勢，使忠臣無辜而罹害，良民被毒而未厭，其誰之過？勅至，陳智、方政專督進兵，務在協和成功，不許緩機誤事！若來春捷報不至，責有所歸。」《明實錄》（明仁宗實錄），卷11，頁313～314。

〔註206〕《明實錄》（明宣宗實錄），卷40，頁981。

〔註207〕清・龔柴著：《越南考略》，《小方壺齋輿地叢鈔正編》（中央研究院漢籍電子文獻資料庫影印清光緒丁丑（三）年（1877）至丁酉（二十三）年（1897）上海著易堂排印本），頁76-1，總頁越南考略1-1。

〔註208〕《大越史記全書・黎皇朝紀太祖高皇帝》：「二十九日，遣使陳情于明。先是帝立陳暠，八月已遣使求封。至是以翰林待制黎少穎……主書使黎景光並為審刑院使。國子博士黎德輝，金吾衛將軍鄧孝祿，並為審刑院副使。……將表文方物代身金人二箇，銀香爐一箇，銀花瓶一雙，土絹三百疋，象牙一十四雙，薰香衣二十瓶，線香二萬枝，沉速香二十四塊同王通所差還闕指揮等並起送還京。總兵官安遠侯原領征虜副將軍雙虎符，兩臺銀印一顆，官軍人等一萬三千五百八十七員，官軍官二百八十員，民官吏典一百三十七員，旗軍一萬三千一百八十名，馬一千二百疋，同就到備細文冊一本，往燕京陳情，求封陳暠為國王。帝既遣黎少穎等求封，凡東關城偽官及良民被脅者，悉令送還。」《大越史記全書》，卷10，頁491～492。

〔註209〕《明實錄》（明宣宗實錄）：「交趾總兵王通等……率師出交趾，由陸路還廣西；太監山壽與陳智等，由水路還欽州。凡交趾三司文武官員、旗軍、吏典、承差人等及家屬還者八萬六千六百四十人，然亦有為黎利閉留而不遣者。」《明實錄》（明宣宗實錄），卷34，頁867、《明實錄》（明宣宗實錄）：「命行在禮部左侍郎李琦、工部右侍郎羅汝敬為正使，通政司右通政黃驥、鴻臚寺卿徐永達為副使，齎詔撫諭安南。」《明實錄》（明宣宗實錄），卷33，頁835。

〔註210〕《大越史記全書・黎皇朝紀太祖高皇帝》：「按全書以起甲午，終丁未，凡十四年屬於明。」《大越史記全書》，卷10，頁498。

續通使往來。〔註211〕

2. 明朝改安南國為安南都統使司

安南自恢復獨立後，黎利創建黎氏王朝，建國號大越。〔註212〕經過黎利及其子孫黎灝、黎暉等推行多項改革，締造幾十年的盛世，傳至黎朝威穆帝黎濬，沉湎酒色，恣行暴政，太阿倒置，為民所怨嗟，許多被戕害的宗室起兵討之，迫使威穆帝飲鴆自盡。〔註213〕武宗正德八年（1513）時為國王黎暄（《越史》稱襄翼帝），因無子嗣，立其兄長之子黎譓（《越史》稱昭宗）為儲嗣。襄翼帝因淫亂且耗竭民力，「大修宮殿，窮極奢侈，造戰船遊西湖」，前朝宮人私比之為「豬王」。〔註214〕與此同時，武將莫登庸乘勢崛起，大權在握，於明朝嘉靖六年（1527）4月，莫登庸逼黎恭皇禪位，自稱皇帝，成立莫朝，改元明德。〔註215〕而黎朝陀陽王黎譓與一干隨臣逃奔至廣南，後與恭皇黎椿皆為莫登庸殺害。〔註216〕

嘉靖七年（1528），莫登庸遣使至明朝，奏稱黎氏子孫無人承嗣，以大臣莫氏權管國事。時嘉靖帝聽使言而未盡信，密遣人探訪安南，莫氏文飾對答，又以金銀賄賂，乞求明恕罪。〔註217〕嘉靖十六年（1537），安南黎莊宗黎寧遣使狀告莫登庸篡國。〔註218〕明朝以莫登庸篡奪皇位，偽置官屬，阻絕貢路，〔註219〕命仇鸞為征夷副將軍，聲討安南莫登庸。〔註220〕嘉靖十八年（1539）春天，莫登

〔註211〕《大越史記全書・黎皇朝紀太祖高皇帝》：「既遣羅汝敬等齎書，封陳暠為安南國王，罷征南，命通等北回還，我安南地方朝貢復依洪武舊制，許通史往來。」《大越史記全書》，卷10，頁496。

〔註212〕《大越史記全書》，卷10，頁500。

〔註213〕《大越史記全書》，卷14，頁755～758。

〔註214〕《越史要》，卷2，頁62。

〔註215〕《大越史記全書》，卷15，頁807～808。

〔註216〕《大越史記全書》，卷15，頁784～807。

〔註217〕《大越史記全書・黎皇朝紀附莫登庸》：「登庸使人往燕京，告于明人，謂黎氏子孫，無人承嗣，囑使大臣莫氏，權管國事，統撫民眾。明人不信，密使人柱探訪國內消息，詰問因由，陰求黎氏子孫以立之，莫人每以文詞華飾對答，又多以金銀賄賂，及使回密告，謂黎氏子孫既絕，弗能嗣政，委托于莫，國人尊服歸之，乞少恕罪，明帝罵不許。」《大越史記全書》，卷15，頁811～812。

〔註218〕《明史・本紀第十七》：「十六年春二月壬子，安南黎寧遣使告莫登庸之難。」《明史》，卷17，頁227。

〔註219〕《大越史記全書》，卷16，頁819。

〔註220〕《明史・本紀第十七》：「辛丑，咸寧侯仇鸞為征夷副將軍。充總兵官，兵部

庸子莫方瀛請降，〔註221〕並遣使奉奏願再奉明正朔，去莫氏僭號，歸還所侵明朝四峒之地，內屬稱藩，頒大統曆，以及補足之前所缺貢物。〔註222〕安南自黎朝末年至此時（嘉靖十五年〔1535〕），已不向明職貢20年矣。〔註223〕

　　此一時期的安南，情勢複雜，國分為三，而莫氏特大。〔註224〕嘉靖皇帝曾召集群臣集議商討，〔註225〕是否應依「興滅繼絕」的名義征伐安南，抑或「易姓祀」的方式承認莫氏政權，或是有其他辦法處理安南莫氏、被驅趕至廣南的黎氏與諒山陳朝遺脈的陳氏三者間的糾葛。〔註226〕當時，有主張不干預原則的「不治治之」者，〔註227〕如湛若水〈治權論〉所謂：「古者明王不治夷狄，羈縻之而已，以不治治之而已。」〔註228〕；亦有主張以「興滅繼絕」之名，行武力干預者；〔註229〕或主張征討安南所費不貲，應曉諭安南國臣民知悉即可者。〔註230〕最後，嘉靖帝綜合各方建議，採軍事干預，讓黎、莫政權並存。〔註231〕嘉靖二十年（1541）4月，莫登庸遣使納貢，明朝改安南國為安

　　　　尚書毛伯溫參贊軍務，討安南莫登庸。」《明史》，卷17，頁228。
〔註221〕《明史・本紀第十七》，卷17，頁229。
〔註222〕《大越史記全書・黎皇朝紀莊宗裕皇帝》：「十月二十日，明毛伯等，奉奏至燕京，謂莫登庸束身款塞，願奉正朔，去僭號，歸所侵四峒之地，願內屬稱藩，歲頒大統曆日，補足遞年貢物，委身恭順。」《大越史記全書》，卷16，頁821～822。
〔註223〕《明實錄》（明世宗實錄）：「上登極，遣使詔諭安南，以道路梗阻未達而返。至是，皇子生，奉旨復當遣使詔諭，禮部言安南不修職貢。」《明實錄》（明世宗實錄），卷193，頁4070～4071。
〔註224〕《越嶠書》，《四庫全書存目叢書》，史部，載記類，第163冊，卷13，頁史163-119。
〔註225〕《明史》，卷321，頁8333；《越嶠書》，《四庫全書存目叢書》，史部，載記類，第163冊，卷12，頁史163-113。
〔註226〕陳中雨：〈中國涉外關係的政策選項─以明代廷議征伐安南的歷史實踐為例〉，《北商學報》第32期（2017年7月），頁80。
〔註227〕《越嶠書》，《四庫全書存目叢書》，史部，載記類，第163冊，卷12，頁史163-113～163-118。
〔註228〕明・湛若水撰：《湛甘泉先生文集》，《四庫全書存目叢書》（臺南：莊嚴文化事業有限公司，1997年影印山西大學圖書館藏清康熙二十年黃楷刻本），集部，別集類，第56冊，卷21，頁25，總頁集56-564。
〔註229〕《越嶠書》，《四庫全書存目叢書》，史部，載記類，第163冊，卷13，頁史163-119～163-121。
〔註230〕《越嶠書》，《四庫全書存目叢書》，史部，載記類，第163冊，卷13，頁史163-123。
〔註231〕《明史》，卷321，頁8334。

南都統使司，以登庸為都統使。〔註232〕

安南莫氏的紀年，自莫登庸僭位以來，採黎紀附莫紀兩曆並行，至明萬曆二十一年（1593）莫氏子孫莫茂洽被俘，前後計67年，安南黎世宗黎維潭復立。萬曆二十五年（1597），明遣委官王建立至安南催貢會勘，黎維潭與明左江巡道按察副使陳惇臨及州官大行會勘交接禮。安南後再遣工部左侍郎馮克寬為正使，太常寺鄉阮仁瞻為副使，至明歲貢並求封，南北兩國恢復通使至明朝末年。〔註233〕（明宣德安南獨立後至明末使節出使情形詳見附表3-2、明與安南使節互通往來情形詳見附表3-4）

（四）朝臣出使紀錄

明宣宗時期安南獨立後，兩國恢復朝貢關係，計出使安南29次（詳見附表3-3）。其中，明宣宗宣德年間禮部右侍郎章敞作使交詩約62首，收錄於其《明永樂甲申會魁禮部左侍郎會稽質菴章公詩集》。〔註234〕明英宗天順年間出使安南的黃諫，有《使南稿》，今已佚；〔註235〕天順六年（1462）翰林院侍讀學識錢溥出使安南，有《使交錄》十八卷，所載多贈答詩文，對於安南山川形勢、土俗人情略而不詳，原書今亦已佚，〔註236〕僅存其外交書信〈與安南國王書〉7封。〔註237〕

明孝宗弘治年間使臣司經局洗馬梁儲作使安南詩約4首，收錄於其《鬱洲遺稿》中；〔註238〕兵科給事中王縝作使交詩約87首，另附與安南君臣和韻詩

〔註232〕《明史·本紀第十七》：「夏四月己未，莫登庸納款，改安南國為安南都統使司，以登庸為都統使。」《明史》，卷17，頁230。

〔註233〕《大越史記全書》，卷17，頁887～888。

〔註234〕明·章敞撰：《明永樂甲申會魁禮部左侍郎會稽質菴章公詩集》，《四庫全書存目叢書》（臺南：莊嚴文化事業有限公司，1997年影印浙江圖書館藏清鈔本），集部，別集類，第30冊，頁集30-288～30-311。

〔註235〕《明人傳記資料索引》：「黃諫（1412～卒年不詳）字廷臣，高郵人，徙蘭州。……正統七年以一甲第三人登第，歷官侍講學士，兼尚寶寺卿，使安南。……有《書經集解》、《從古正文》、《使南稿》、《蘭坡集》等書。」《明人傳記資料索引》，頁663。

〔註236〕《明人傳記資料索引》：「錢溥（1408～1488）字原溥，號九峰，一號瀛洲遺叟，松江華亭人。……天順六年使安南，封黎灝為王……有《使交錄》、《秘閣書目》。」《明人傳記資料索引》，頁879。

〔註237〕明·程敏政輯：《皇明文衡》（上海：商務印書館，1919年影印上海涵芬樓借印無錫孫氏藏明嘉靖盧煥刊本），卷28，頁4～11。

〔註238〕明·梁儲撰：《鬱洲遺稿》，《廣州大典》（廣州：廣州出版社，2015年影印廣東省社會科學院圖書館藏明嘉靖四十五年刻本），第56輯，集部，別集類，

7 首，今存於其《梧山王先生集》中；〔註239〕翰林院編修魯鐸作〈使交稿〉詩91 首，收錄於其《魯文恪公文集》；〔註240〕工科左給事中許天錫作《使安南稿》，有百餘首，今僅見載於明代徐𤊹的《榕陰新檢》中，未見各詩內容；〔註241〕戶科給事中張弘至作使安南詩歌 148 首，另附有朝臣贈行詩 38 首、安南君臣和韻詩 7 首，今均見載於其父張弼《張東海文集》附錄之《萬里志》中，〔註242〕其中，魯鐸與張弘至使交詩歌中，均收錄二人唱和聯句詩三首。〔註243〕

正德年間先後出使安南的湛若水、潘希曾與孫承恩均有相關出使詩文，潘希曾作詩約 44 首，原收錄於其《南封錄》，後該書已佚，部分收錄於《竹澗集》；〔註244〕湛若水使交詩約 60 首及返國後作〈交南賦〉一篇，分別收錄於其《甘泉湛子古詩選》〔註245〕及《樵風》〔註246〕兩書中。湛若水、潘希曾與安南黎皇朝襄翼帝所作之唱和詩，另收錄於《大越史記全書》中。〔註247〕孫承恩雖因安南內亂，道路不通，不得入境安南，〔註248〕但仍於其《文簡集》

第 4 冊，卷 10，頁 486～495。

〔註239〕 明‧王縝撰：《梧山王先生集》，《廣州大典》（廣州：廣州出版社，2015 年影印廣東省立中山圖書館藏本），第 56 輯，集部，別集類，第 6 冊，卷 14～15、17～19，頁 152～160、169、174～190。

〔註240〕 《魯文恪公文集》，《四庫全書存目叢書》，集部，別集類，第 54 冊，卷 5，頁 1～18，總頁集 54-66～54-75。

〔註241〕 《榕陰新檢‧詩話》：「嘗聞許黃門天錫能詩，鄉大夫皆言天錫才子，恨遺言不傳於世。近得使安南一稿盈百餘篇，無可大擊節者。」明‧徐𤊹：《榕陰新檢》（合肥：黃山書社，2008 年影印明萬曆三十四年刻本），卷 16，頁 90。

〔註242〕 明‧張弘至：《萬里志》，《張東海文集》（中央研究院傅斯年圖書館館藏史語所數位典藏資料庫影印清康熙間〔1662～1722〕張氏重刊本），第 9、10 冊，卷上、卷下，頁 1-23 及 1-15。

〔註243〕 分別為〈南寧山行聯句〉、〈曉行宣化道中聯句〉、〈左江聯句〉。

〔註244〕 明‧潘希曾撰：《竹澗集》，《景印文淵閣四庫全書》（臺北：商務印書館，1983 年影印國立故宮博物院藏本），集部，第 1266 冊，卷 1、2，頁 4～27，總頁 1266-648～1266-659、頁 9-28，總頁 1266-664～1266-673。

〔註245〕 明‧湛若水撰：《甘泉湛子古詩選》，《廣州大典》（廣州：廣州出版社，2015 年影印國家圖書館藏明嘉靖三十一年自刻本），第 56 輯，集部，別集類，第 4 冊，卷 2-4，頁 710～739。

〔註246〕 《樵風》，《廣州大典》，第 56 輯，集部，別集類，第 4 冊，卷 1-4，頁 770～800。

〔註247〕 《大越史記全書》，卷 15，頁 773～774。

〔註248〕 《明實錄》（明世宗實錄）：「初，翰林院編修孫承恩、禮科右給事中俞敦奉詔勅綵幣諭賜安南國王黎暠，行至龍州間，其臣陳暠叛，暠遇害，國人立暠從子譓為王，其臣莫登庸復叛，逐譓。道不通，使臣不得入，還至梧州。敦病

中作近 140 首使交詩以記使交沿途所見，並作〈南征賦〉、〈北歸賦〉、〈使交紀行稿序〉等。〔註 249〕

綜上觀之，自明太祖洪武年間起，已有出使安南的作品產生，且多為詩歌、書信形式。明英宗土木堡之變後，明與安南的穩定關係與後期之變化，使得出使作品除官方文書、紀行詩外，辭賦類作品漸多，文體趨於豐富多樣。（明使節出使安南作品情形詳見附表 3-5）

土木堡之變後到萬曆年間，明與各主要朝貢國家的關係逐漸密切。對明朝而言，文人使節出使，意圖檢視朝鮮、琉球、安南等藩屬國是否遵循明朝相關禮儀，並從中找到彼此的相似點，同時透過「詩賦外交」展現國家深厚的文化底蘊，重塑明朝崇高的宗主國地位。對於朝鮮而言，長久以來的禮儀教化薰染，加上政治穩定，發展出更多元、更大量的使節書寫，大量《皇華集》的出版，將明與朝鮮的「詩賦外交」推向顛峰。在琉球部分，明初閩人三十六姓的移入，將漢文化大量移植至琉球，加上頻繁的貿易接觸，為使節書寫主題增添豐富性。安南部分，經過長時間的被統治之後，終於獨立，又於成祖時期復歸統治，後再獨立的過程，使得明朝士大夫對安南普遍懷有矛盾而複雜的心情。這樣的心情反映在使節的創作上，同樣具備文學的複雜性。而安南內部政權的不穩定性，亦推使安南亟需獲得明朝宗主國的認同，因此，上至君王下至頭目，對明使節無一不以恭慎敬謹的態度對待。

　　將卒，承恩上疏言狀，總督兩廣都御史張巚等疏，亦至禮部覆議。上命承恩回京，夷方事情令鎮巡官查勘。」《明實錄》（明世宗實錄），卷 24，頁 698；《大越史記全書・黎皇朝紀陀陽王》：「春，正月，明遣翰林院編修孫承恩，給事中俞敦來諭嘉靖皇帝即位，會國亂，承恩等不得達。至癸未年，承恩還太平府，敦道卒。」《大越史記全書》，卷 15，頁 798。

〔註 249〕明・孫承恩撰：《文簡集》，《景印文淵閣四庫全書》（臺北：商務印書館，1983 年影印國立故宮博物院藏本），集部，第 1271 冊，卷 10、13、14、16、22、25、30，頁 1-4，總頁 1271-142～1271-144、10-26，總頁 1271-172～1271-180、1，總頁 1271-203、3-21，總頁 1271-204～1271-213、11-16，總頁 1271-281～1271-284、26，總頁 1271-321、7-8，總頁 1271-391。

第三章　禮與華同：明使節出使朝鮮的文化觀看與認同

　　明朝與朝鮮自古地域相連，在政治文化上有深厚的淵源，朝鮮長時間接受中國的風俗習慣、倫理價值等，「先天性的感情、風俗等因素，成為建構『認同』的重要基礎」。〔註1〕而「文化認同」（cultural identity）是由於分享共同的歷史傳統、習俗規範以及集體記憶所形成的心理歸屬。〔註2〕北宋年間，神宗將接待高麗使節之館閣命名為「小中華館」。〔註3〕而朝鮮方面亦自認為：「我國家自庚寅、癸巳以上，通儒名士多於中國，故唐家以為君子之國，宋朝以為文物禮樂之邦，題本國使臣下馬所曰『小中華之館』。」〔註4〕，也相當認同「小中華」的稱呼。並且指出「以箕子之聖，既罔僕于周，而東出海外，以仁義服其民，使九域之土，躋于中華。」〔註5〕，可以被稱為「小中華」，係箕子教化之功。這樣的認同感，延續至明朝，甚至到清朝朝鮮文人柳麟錫（1842～1915）也說：「朝鮮始國于唐堯之世，有與于塗山之會。而及箕子來君，則以

〔註1〕 Clifford Geertz.1973.*The Interpretation of Cultures.*New York：Basic Books, Inc., p.260.

〔註2〕 江宜樺：〈自由民主體制下的國家認同〉，《臺灣社會研究季刊》第 25 期（1997 年 3 月），頁 88。

〔註3〕 黃修志：〈高麗使臣的「小中華館」與朝鮮「小中華」意識的起源〉，《古代文明》第 4 期（2012 年），頁 88～96。

〔註4〕 明·〔朝鮮〕金宗瑞著，〔日〕末松保和編：《高麗史節要》（東京都：學習院東洋文化研究所，1960 年據蓬石文庫本刊印），卷 35，頁 897。

〔註5〕 〔朝鮮〕李種徽，韓國民族文化推進會編刊：《修山集》，《影印標點韓國文集叢刊》（漢城：景仁文化社，2000 年），第 247 冊，卷 11，頁 513。

敘九疇之見，有設八條之教，為辟小中華。」〔註6〕。

　　明與朝鮮分享著共同的歷史傳統、習俗規範、倫理價值，文化自然融合，自然形成心理歸屬感。使節出使的同時，透過「凝視」（gaze），重新審視朝鮮的人文與自然景觀。爰此，本章探討使節出使朝鮮期間，在書寫國內相同路線的不同心理感知，以及親歷朝鮮觀看、問俗、對話後產生的認同。內容分為三節進行探究：第一節明使節的空間感知差異，第二節明使節對朝鮮的文化尋訪與自我認同，以及第三節箕子與金四月：明與朝鮮的共同意識與唱和。

第一節　明使節的空間感知差異

　　明太祖於洪武元年（1368）遣使節往高麗賜璽書。次年（1369）遣還高麗流人，從此「貢獻數至，元旦及聖節皆遣使朝賀，歲以為常。」〔註7〕明與朝鮮往來頻繁，除明朝初年及明末受元朝殘餘勢力影響，以及後金政權的崛起，〔註8〕致明朝往來朝鮮半島的交通受阻外，永樂帝遷都北京之後，使行往來主要通過遼東地區（遼東都指揮使司）接壤朝鮮半島的陸路交通。

　　洪武四年（1371）遼東地區置定遼都衛，洪武八年（1375）改為「遼東都指揮使司」，轄地東至鴨綠江，西至山海關，南至旅順海口，北至開原。〔註9〕明朝與朝鮮的交通，歷經前朝及當朝的開拓，據《中國東北與東北亞古代交通史》一書載，明代東北亞交通相比元以前的重大進步，使海上和內河漕運能力明顯加強、港口和航線的進一步開闢，以及與朝鮮、日本交流的加強。〔註10〕並且，這樣的建設為清中葉以後和近代中國北方和東北亞區域的海、陸交通的持續發展打下了良好的基礎。〔註11〕

　　關於明使節出使路線之考察，有陳尚勝〈明朝初期與朝鮮海上交通考〉主要探討明朝初年海上出使路線之交通狀況，〔註12〕集中探討明初海上交通路

〔註6〕〔朝鮮〕柳麟錫，韓國民族文化推進會編刊：《毅庵集》，《影印標點韓國文集叢刊》（漢城：景仁文化社，2003年），第338冊，卷51，頁540。
〔註7〕《明史》，卷320，頁8279～8280。
〔註8〕「每遣使來被女真建州夷人邀劫于路」，《殊域周咨錄》，卷1，頁26。
〔註9〕《明史》，卷41，頁952。
〔註10〕王綿厚，朴文英著：《中國東北與東北亞古代交通史》（瀋陽：遼寧人民出版社，2016年），頁1020～1021。
〔註11〕《中國東北與東北亞古代交通史》，頁1021。
〔註12〕陳尚勝：〈明朝初期與朝鮮海上交通考〉，收錄於氏著《中韓關係史論》（山東：

線，失之偏頗。張士尊〈明朝與朝鮮交通路線變化考〉一文，整理明朝初年至弘治年間，與朝鮮半島高麗王朝和朝鮮王朝的交通路線變化。並指出明與朝鮮雙方從海路、陸路和海陸並用，到洪武二十年之後完全走陸路的過程，主要受到彼此外交關係的影響。〔註13〕張士尊指出明與朝鮮交通變化的因素，值得參考。楊雨蕾〈明清時期朝鮮朝天、燕行路線及其變遷〉一文，在明朝時期路線部分，除集中探討登州港海道路線之變化外，另整理出一幅明初、明中葉至明末朝鮮海陸貢道路線圖。〔註14〕其研究刻畫出有明一朝的海陸貢道路線圖，最具價值。爰此，本節以明使節前往朝鮮的路線作為研究主軸，探討使節出使沿途書寫的心理差異，以及這些書寫所賦予的意義。

一、明與朝鮮的交通路線

明使節前往朝鮮的路線，據高艷林的研究指出，大致有洪武年間三條及永樂遷都北京後的兩條路線：明初洪武年間，國都在南京時，由於金陵至遼東的陸路尚未開通，使節大多由金陵出發，走陸路至太倉後，轉海路乘船至朝鮮海口；或者由金陵出發，走陸路至登州後，轉海路乘船至朝鮮海口；第三條則是由金陵出發，走陸路經過揚州、山東、燕京、山海關、遼東至朝鮮義州。明成祖永樂帝遷都北京後，由北京前往朝鮮更為便捷，大致行經路線有二：一是北京由陸路經山海關、遼東至朝鮮義州。另一則是北京由陸路經良鄉、雄門、河間、德州至登州後，轉海路搭船至朝鮮宣沙浦（石多山）。〔註15〕以下僅就明朝使節自京師前往朝鮮之陸路，再參照明徽商黃汴（生卒年不詳）《天下水陸路程》之指引路線及前人研究加以說明。

（一）遼東邊路（北京—義州線）

自北京出發，經通州潞河驛（今北京通州東關附近）→三河縣三河驛（今河北三河縣城南）→漁陽驛（今河北遷西縣西北）→玉田縣陽樊驛（今河北玉田縣西大安鎮）→豐潤縣義豐驛（今河北灤縣西北）→七家嶺驛（今河北遷安

齊魯出版社，1997 年），頁 184。

〔註13〕張士尊：〈明朝與朝鮮交通路線變化考〉，《鞍山師範學院學報》第 2 卷第 4 期（2000 年 12 月），頁 13～17。

〔註14〕楊雨蕾：〈明清時期朝鮮朝天、燕行路線及其變遷〉，《歷史地理》第 21 輯（2006 年 5 月），頁 262～269。

〔註15〕高艷林：〈明代中朝使臣往來研究〉，《南開學報（哲學社會科學報）》第 5 期（2005 年 9 月），頁 71。

縣西南七家嶺）→永平府 灤河驛（今河北盧龍縣城南）→ 榆關驛（今河北撫寧縣東榆關）→山海關 遷安驛（今河北遷安縣內）→ 高嶺驛（今遼寧綏中縣高南高嶺）→ 沙河驛（今遼寧綏中縣西南沙河站）→ 東關驛（今遼寧興城縣西南關站），過廣寧 十三山驛（在今遼寧錦縣東北石山鎮）→ 沙嶺驛（今遼寧盤山縣東南沙嶺）→海州衛 在城驛（今遼寧瀋陽市）→ 鞍山驛（今遼寧鞍山市西南）→ 遼陽驛（今遼寧遼陽市），接東北地區諸驛路後，〔註16〕渡過鴨綠江，直至朝鮮西邊的門戶──義州城後，走平安道地方到朝鮮王京。〔註17〕

（二）開原東陸路（北京─琿春─慶源線）

北京經通州 潞河驛（今北京通州東關附近）→三河縣 三河驛（今河北三河縣城南）→ 漁陽驛（今河北遷西縣西北）→玉田縣 陽樊驛（今河北玉田縣西大安鎮）→豐潤縣 義豐驛（今河北灤縣西北）→ 七家嶺驛（今河北遷安縣西南七家嶺）→永平府 灤河驛（今河北盧龍縣城南）→ 榆關驛（今河北撫寧縣東榆關）→山海關 遷安驛（今河北遷安縣內）→ 高嶺驛（今遼寧綏中縣高南高嶺）→ 沙河驛（今遼寧綏中縣西南沙河站）→ 東關驛（今遼寧興城縣西南關站），過廣寧 十三山驛（在今遼寧錦縣東北石山鎮）→ 沙嶺驛（今遼寧盤山縣東南沙嶺）→海州衛 在城驛（今遼寧瀋陽市）→ 鞍山驛（今遼寧鞍山市西南）→ 遼陽驛（今遼寧遼陽市）→瀋陽衛（今遼寧瀋陽市）至 開原衛（即遼海衛）（今遼寧開原縣北開原老城）後，往北入奴兒干都司。

奴兒干都司境內經 坊州城（今吉林省梅河口市西南山城鎮）→ 納丹府城（今吉林省樺甸縣蘇密城）→ 費兒忽站（今敦化縣富爾河流域附近古城）→ 南京站（今延吉市）→ 弗出站（今安圖縣古洞河畔附近古城）→ 奚關（官）站（今海龍鎮古城），渡圖們江進入朝鮮東北部，經隨州縣（今朝鮮咸鏡北道鍾城）→海洋（今朝鮮咸鏡北道吉川）→禿魯（今朝鮮咸鏡南道端川西古城）到達散三（今朝鮮咸鏡南道北青），此為朝鮮後門。〔註18〕

其餘就現存使節文本觀之，明使節出使朝鮮多選擇遼東邊路，也就是從

〔註16〕楊正泰：〈明代國內交通路線初探〉，《歷史地理》第 7 輯（1990 年 7 月），頁 97～99；明‧黃汴著，楊正泰校注：《天下水陸路程》（山西：山西人民出版社，1992 年），卷 4，第 1 條，頁 110～113。

〔註17〕王桂東：〈明代中朝邊疆地帶與兩國的使行往來〉，《北京社會科學》2019 年第 2 期（2019 年 2 月），頁 44。

〔註18〕《中國東北與東北亞古代交通史》，頁 1106；金毓紱主編：《遼海叢書》（瀋陽：遼瀋書社，1985 年），頁 470-2。

北京到義州的陸路。〔註 19〕如英宗正統十四年（1449）奉命出使朝鮮的倪謙，其《朝鮮紀事》記載其於景泰元年（1450）正月自遼東起程前往朝鮮的過程、〔註 20〕其後，於英宗天順四年（1460）出使朝鮮的張寧，所作《方洲集》（《奉使錄》）記錄幾首沿途所感的詩歌；〔註 21〕世宗嘉靖十五年（1536）出使朝鮮的龔用卿，在其《使朝鮮錄》有多首紀行詩；〔註 22〕神宗萬曆三十三年（1605）出使朝鮮的朱之蕃，其《奉使朝鮮稿》〔註 23〕和萬曆三十七年（1609）出使朝鮮的熊化，其《靜儉堂集》〔註 24〕等，或如朝鮮出版之《皇華集》，均或多或少有文學作品記錄旅途移動的觀察。上述作品中，除龔用卿《使朝鮮錄》及朱之蕃《奉使朝鮮稿》記錄完整出使路程之外，其餘多零星呈現。（龔用卿、朱之蕃使朝鮮路線如附圖 1）

二、從關內到關外的個殊心境

人經常旅行的路線，隨著時間推移，可能變成有意義的地方，猶如路線兩端的地方或節點，反覆是關鍵。〔註 25〕明中後期使節出使朝鮮相當頻繁，路線也幾乎雷同。使節出使朝鮮的路徑，如同人文地理學者段義孚（Yi-Fu Tuan）的觀點，「移動花費時間且發生於空間中」，地方則被設定為「移動中止或暫停──允許某個地點變成意義的中心，空間則在周圍組織起來。」〔註 26〕當移動路徑相同時，地方與地方之間連結起來，空間於是乎因此而展開。為了解使節

〔註 19〕《明史》，卷 320，頁 8302。海路方面，明朝自熹宗天啟元年（1621）起，因後金女真族的丁擾，使節多造船走海路前往朝鮮。

〔註 20〕明・倪謙：《朝鮮紀事》，《四庫全書存目叢書》（臺南：莊嚴文化事業股份有限公司，1996 年影印陝西省圖書館藏明鈔國朝典故本），史部，雜史類，第 46 冊，頁 1-14，總頁史 46-82～史 46-89。

〔註 21〕明・張寧撰：《奉使錄》，收錄於明・樊維城輯：《鹽邑志林》（臺北：藝文印書館，1967 年影印明天啟三年黃岡樊氏刊本），卷 20-21，頁 1-20。

〔註 22〕明・龔用卿撰：《使朝鮮錄》（南京：國學圖書館，1937 年國學圖書館影印明嘉靖本），頁 1-18。

〔註 23〕明・朱之蕃撰，〔朝鮮〕柳根等撰：《奉使朝鮮稿》，《四庫全書存目叢書》（臺南：莊嚴文化文化事業有限公司，1997 年影印上海圖書館藏明萬曆刻本），集部，別集類，第 176 冊，頁 1-156，總頁 176-547～176-625。

〔註 24〕明・熊化撰：《靜儉堂集》，《天津圖書館孤本秘笈叢書》（北京：中華全國圖書館文獻縮微複製中心，1999 年），集部，第 12 冊，卷 13，頁 16～36，總頁 172～182。

〔註 25〕〔英〕彼得・艾迪（Peter Adey）著，徐苔玲、王志弘譯：《移動 Mobility》（臺北：群學出版社，2013 年），頁 99。

〔註 26〕《移動 Mobility》》，頁 73。

沿途觀看的記錄，本小節將分析明世宗嘉靖年間及明神宗萬曆年間，奉旨赴朝鮮的使節記行詩歌書寫所賦予的空間意義。作者將參考相關資料，如龔用卿《使朝鮮錄》及朱之蕃《奉使朝鮮稿》等沿途書寫為主要脈絡，旁及其他時期奉使朝鮮且同經該地的使節作品，並以朝鮮使節書寫作為對讀文本，據以分析使節在行旅過程中的知覺感受與體驗。

（一）關內行走・心境各異

明使節出使朝鮮，多數由京師（北京）啟程，經過通州潞河驛、三河縣三河驛、薊州漁陽驛、玉田縣、豐潤驛、七家嶺驛、永平府灤河驛、撫寧縣、榆關驛，達山海關後，出關，沿著遼西走廊走陸路到朝鮮。本小節將先分析使節自京師動身，到出山海關前，沿途所見、所感。

明世宗嘉靖十五年（1536），嘉靖皇帝因皇子誕生，派遣龔用卿為正使、吳希孟為副使，出使朝鮮，頒詔於朝鮮國王，並賜文綺綵幣。〔註 27〕龔用卿（1500～1563）初名相，以字行，改字鳴治，別號雲岡〔註 28〕，福建懷安縣東門（今福州市鼓樓區洪山鎮東門村）人。嘉靖五年（1526）登丙戌科進士第一（狀元），授翰林院修撰，歷經左春坊、左諭德，兼翰林院侍讀直經筵講官，並參與預修《明倫大典》、《大明會典》等。〔註 29〕後奉使朝鮮，受朝鮮國人欽服。其後，擢南京國子監祭酒，因病回鄉，卒年六十四。〔註 30〕著有《使朝鮮錄》、《雲岡文集》及詩餘等。〔註 31〕

據吳希孟所作的〈使朝鮮錄後語〉載，兩人於嘉靖十五年（1536）冬出發，隔年孟春之際經過遼東地區，三月抵達朝鮮國境〔註 32〕（龔用卿使朝鮮路線圖詳見附圖 1）。而從龔用卿的詩作可以推知，龔用卿與吳希孟自京師出發，京中同僚、友人於潞河驛（今北京通州東關附近）為其送別，龔用卿作〈別諸友人夜宿潞河行臺和吳龍津給舍韻〉，做為出發後的第一首觀看：

〔註 27〕《明實錄》（明世宗實錄），卷 193，頁 4071。

〔註 28〕明・焦竑編：《國朝獻徵錄》（臺北：明文書局，1991 年），卷 74，頁 14-1。

〔註 29〕張圍東：〈《臺灣珍藏善本叢刊 古鈔本明代詩文集》〉，《全國新書資訊月刊》第 180 期（2013 年 12 月），頁 19。

〔註 30〕《明人傳記資料索引》，頁 960。

〔註 31〕《國朝獻徵錄》，卷 74，頁 15-1。

〔註 32〕明・龔用卿撰：《雲崗選稿》，《四庫全書存目叢書》（臺南：莊嚴文化事業有限公司，1997 年影印北京圖書館藏明萬曆三十五年龔煇刻本），集部，別集類，第 88 冊，頁 46。

中朝符節使，南郭渭城杯，鳳詔光遼左，龍旌出上台。入門發鐘鼓，

明月在樓臺，遠望平沙岸，猶疑白雪堆。〔註33〕

吳龍津，即吳希孟。吳希孟（1508～卒年不詳），字子醇，號龍津，武進（今江蘇省武進市）人。嘉靖十一年（1532）進士，授予東陽知縣一職。〔註34〕後以戶科給事中身分，與龔用卿奉使朝鮮。〔註35〕自朝鮮回朝後，嘉靖帝拔擢為江西參議，因故降為會稽縣丞，以廣信知府致仕。〔註36〕

　　龔用卿以身為出使朝鮮的明朝使節，作為詩歌的開頭。接著再以王維〈送元二使安西〉詩句，〔註37〕以「渭城杯」點出「送別」主題。

　　三河驛（今河北三河縣城南），為出使路線的前幾站之一。朝鮮使臣許篈曾在其《荷谷先生朝天記》中記錄了三河驛周邊情形：「三河縣三河驛驛門外有修驛碑銘並序，巡撫都御史李貢撰。中廳匾曰皇華堂，左右豎碑各一，皆記重修之事。一嘉靖戊申，戶部主事周俶撰。一嘉靖丙寅，南京戶部郎中致仕喬伊撰。大廳揭額駐節二篆，車輛至者纔十餘。」〔註38〕。因著皇華堂匾，龔用卿作〈三河和壁間韻〉三首寫心懷皇命的心情：

清道鷺旂羽隊橫，龍函光照紫霞明；使臣萬里銜王命，為報元良應

運生。（其一）

島服咸賓道化橫，諸藩隨處仰皇明；應知聲教存無外，要使車書被

有生。（其二）

第一首詩旨在說明龔用卿此行萬里銜王命，是為頒皇子誕生詔。此詩所指皇子，為嘉靖帝次子莊敬太子朱載壑，生於嘉靖十五年（1536）十月，於嘉靖十八年（1539）十月冊立為皇太子。〔註39〕第二首詩，以大明皇恩之浩大，表達

〔註33〕《使朝鮮錄》，頁1。

〔註34〕明・毛伯溫撰：《毛襄懋先生別集》，《四庫全書存目叢書》（臺南：莊嚴文化事業有限公司，1997年影印清華大學圖書館藏清乾隆三十七年毛仲愈等刻毛襄懋先生集本），集部，別集類，第63冊，卷1，頁36-2。

〔註35〕《明實錄》（明世宗實錄），卷193，頁4071。

〔註36〕《明人傳記資料索引》，頁242。

〔註37〕唐・王維〈送元二使安西〉：「渭城朝雨浥輕塵，客舍青青柳色新。勸君更盡一杯酒，西出陽關無故人。」唐・王維撰，陳鐵民校注：《王維集校注》（北京：中華書局，1997年），卷4，頁408。

〔註38〕〔朝鮮〕許篈：《荷谷先生朝天記》（臺北：珪庭出版社，1978年），頁208、322、325。

〔註39〕《明實錄》（明世宗實錄），卷221，頁4585。

四方諸國、朝鮮島國等都被於明朝的教化之中。

過了三河驛之後，向東北經過薊州。另一位使節朱之蕃有〈十九日薊州道口遇雨〉二首：

> 如膏春雨自中宵，潤入朝來萬柳條；麥焯壠頭聯錯繡，雲開山半卷輕綃。穿林霽色頻呼鵲，拍岸新流欲戲鱗；古道衝泥淹駟馬，接天烟樹薊門遙。〔註40〕

又

> 春日中分午漏長，郊原渾未覺春光；林梢欲變猶含凍，宿草初抽更帶霜。何處杏花村問酒，不聞燕子語尋芳；惟餘幾疊青山色，疑道江東似洛陽。〔註41〕

朱之蕃（1575～1626），字元介，號蘭嵎，荏平（今山東聊城荏平縣）人，附籍南京錦衣衛。〔註42〕工於書畫，萬曆廿三年（1595）中進士第一名，授翰林院修撰。累官諭德、庶子、少詹事，升禮部侍郎，官至吏部侍郎。萬曆三十三年（1605）十二月，皇孫誕生，神宗命修撰朱之蕃及左給事中梁有年捧齎詔諭往使朝鮮，並賜朝鮮王及王妃綵幣、文錦等物。〔註43〕朱之蕃等於隔年仲春出京師，六月夏杪入關。到了朝鮮有唱作必和之，並却朝鮮國的贈賄。〔註44〕熹宗天啟六年（1626）卒，追贈禮部尚書，〔註45〕著有《奉使稿》。〔註46〕（朱之蕃使朝鮮路線圖詳見附圖1）

前一首詩巧妙地運用即目所見的景色，點出出使時間是在萬物復甦、充滿生機的春天。接著，藉由大地蓬勃生長、輕巧的卷雲，鵲鳥和鱗魚，寫出即便遇雨，也無損出使行程的輕快心情，只不過雨後的道路，泥室難行，似乎讓路途顯得有些遙遠。而後一首則寫眼見春天景色，美似洛陽。惟正值初春微寒時節，即使春陽高照，還感受不到春日的溫暖。由於此行目的傳達喜事、賞賜財物，是以朱之蕃歡樂愉悅的心情，不受氣候影響。

〔註40〕《奉使朝鮮稿》，《四庫全書存目叢書》，集部，別集類，第176冊，頁2-3，總頁176～548。

〔註41〕《奉使朝鮮稿》，《四庫全書存目叢書》，集部，別集類，第176冊，頁3，總頁176～548。

〔註42〕《四庫全書總目提要》，卷179，集部32，別集類6，頁3953。

〔註43〕《明實錄》（明神宗實錄），卷416，頁7849。

〔註44〕《四庫全書總目提要》，卷179，集部32，別集類6，頁3953。

〔註45〕《明實錄》（明熹宗實錄），卷70，頁3368。

〔註46〕《明人傳記資料索引》，頁123。

同樣的薊州，在張寧的眼中，因著當時的情勢，又有不一樣的風景：

> 煙光迷遠岫，曙色上征衣；郡邑行將近，山村望轉微。豈應辭苦節，
> 何暇惜多違；所愧經巡處，勞人說是非。（〈薊州〉）〔註47〕

張寧（1426～1496），字靖之，號方洲，浙江海鹽（今浙江嘉興海鹽縣）人。代宗景泰五年（1454）進士，授禮科給事中。英宗天順四年（1460）四月，朝鮮讐殺（讎殺）毛憐衛（明朝東北地區的一個羈縻衛所）都督郎卜兒哈父子，引發毛憐衛都指揮尚董加等會合人馬往朝鮮報讐，〔註48〕因而，英宗命張寧與錦衣衛武忠（生卒年不詳）持勑令前往朝鮮。在朝鮮，張寧辭義慷慨，而武忠驍勇矯健，讓朝鮮人大為驚服，兩人竟解除了雙方仇恨而還。〔註49〕又，朝鮮人雅重張寧詩作，將其所著，刻為《皇華集》行世。〔註50〕《明史》稱其「才高負志節，善章奏，聲稱籍甚」，因敢於直諫，不為朝臣所喜。罷官後，家居三十年，終不復召。〔註51〕張寧使朝鮮所作《奉使錄》，收錄於其《方洲集》中。《四庫全書總目提要》稱《奉使錄》「觀其使朝鮮日，與館伴朴元亨登太平館樓，頃刻成七言長律六十韻。殆由才調縱橫，不耐沈思之故矣。」〔註52〕。

此詩作於使行途中，前因郎卜兒哈通謀煽亂，至朝鮮義州殺掠，後遭朝鮮誘殺。朝廷為消彌邊境釁事，派張寧等使朝鮮。〔註53〕在這樣的事件背景下出使，顯得責任益發重大。首句「煙光迷遠岫，曙色上征衣」可推知此行匆忙，破曉時分即已踏上路途。「郡邑行將近，山村望轉微」，寫行走之迅速，山村景色漸遠而渺小。作者使用「征衣」來表示情勢緊張，以「苦節」來暗喻內心沉重的壓力。

自薊州漁陽驛行八十里路，可至玉田縣陽樊驛。〔註54〕龔用卿行至此地，因為宣詔喜事，爰以〈玉田道中〉表達此行的心情：

〔註47〕《奉使錄》，《鹽邑志林》，卷20，頁5。

〔註48〕《奉使錄》，《鹽邑志林》，卷20，頁3。

〔註49〕《明史》，卷180，頁4765～4766。

〔註50〕明・吳之鯨撰：《武林梵志》（中央研究院漢籍電子文獻資料庫影印清乾隆四十五年欽定文淵閣四庫全書抄本），卷8，頁52-1。

〔註51〕《明史》，卷180，頁4766。

〔註52〕《四庫全書總目提要》，卷170，集部23，別集類23，頁3630。

〔註53〕《明史》，卷320，頁8286～8287。

〔註54〕清・闕名著：《驛站路程》，《小方壺齋輿地叢鈔正編》（中央研究院漢籍電子文獻資料庫影印清光緒丁丑（三）年〔1877〕至丁酉（二十三）年〔1897〕上海著易堂排印本），頁184-1。

　　前隊列雙旌，塵飛車馬鳴，荒山無草木，野店有紫荊。驛樹連雲塹，

　　邊峯接漢城，喜同青瑣客，文藻振英聲。〔註55〕

即便路途荒蕪，使節車隊在空曠之地行進，更顯孤寂感。驛路邊行道樹連綿接
到朝鮮首都漢城，暗示內心希望這一趟初使行程可以平穩順利。最後，期許自
己能以詩賦文章與朝鮮國進行交流，重振明朝聲威。嘉靖時期是中朝關係進入
新階段的開始，嘉靖帝在政治、經濟一系列的變革之後，為了鞏固與朝鮮的關
係，藉皇子誕生的名義，首次對朝鮮派出使臣，加強兩國間的溝通。〔註56〕而
龔用卿正是此次出使的重要人物，因此，在本詩末句，龔用卿表達很高興與朝
中清要之臣（吳希孟）一同出使，並希望能憑著詩文為朝廷一振聲威。

　　玉田既為使節必經之站，多年後使朝鮮的朱之蕃行經此地，作〈二十日雨
後往玉田〉：

　　過雨春山翠欲流，岡連碙轉隱鳴騶，欣欣草樹迎朝旭，脉脉源泉注

　　廣疇。邑里烟光天際見，野雲幽興望中收，含輝良玉何年種，勝槩

　　崢嶸拱帝州。〔註57〕

作者從下雨過後所見動感十足的山色，伴著蟲鳴鳥叫，天光雲影盡收眼底。最
後，回到「玉田」地名典故，言以如此勝景護衛著京師。

　　從玉田縣陽樊驛再走八十里路，可至豐潤縣義豐驛，〔註58〕豐潤縣與玉
田縣，以還鄉河為界。到了豐潤，大約是京師到山海關間的中途點。龔用卿以
〈豐潤院中和道長張君韻〉，寫下這段空間聯繫的結構性：

　　小院看閑圃，秋英已落花，遙空聞過雁，高樹綴明霞。曠野爭寒雀，

　　荒城集暮鴉，行行近山海，回首望京華。〔註59〕

先由在「豐潤院」中所見靜態景象說起，眼前所見靜態的閑圃、落花，向上
延伸則是飛雁、明霞，往外遠眺雀鳥爭食、城中暮鴉聚集，以「爭」與「集」
兩個動詞表達動態模式。一系列靜態到動態的空間描述，形成一條線性結構，
往前、後再放大延伸，則成了即將接近的山海關和剛剛離開的京城。藉由動、

〔註55〕《使朝鮮錄》，頁2。

〔註56〕高艷林：〈嘉靖時期中朝關系的新階段〉，《西北師大學報（社會科學版）》第2
　　　　期（2008年3月），頁33。

〔註57〕《奉使朝鮮稿》，《四庫全書存目叢書》，集部，別集類，第176冊，頁3，總
　　　　頁176～548。

〔註58〕《驛站路程》，《小方壺齋輿地叢鈔正編》，頁184-1。

〔註59〕《使朝鮮錄》，頁2。

靜景的描繪，一幅院落晚霞圖躍然紙上，配合作者的運鏡手法，傳達旅人在這個存在空間移動的心境，再化用王粲（177～217）〈七哀詩〉「回首望長安」〔註60〕的意象，表達望鄉思歸的情懷。整體而言，作者以院落靜態到動態景象間的對比，展現離鄉出使的複雜心情。

相較於龔用卿與朱之蕃白日經過豐潤，張寧則是於晚間路過豐潤，作〈晚發豐潤〉：

> 蕭蕭車馬度重岡，回首都城意渺茫。斜日下時人望遠，孤雲飛處客
> 思鄉。黃茅矮屋山居小，白艸浮塵石路長。星月滿天行未歇，俯鞍
> 還復候行裝。〔註61〕

作者因銜命前往朝鮮，責問朝鮮王誘殺明毛憐衛都督事件，〔註62〕是以日夜兼程趕路，於傍晚行經豐潤。眼見離京師越來越遠，人煙越來越稀少，浮雲遊子，引發思鄉之情。

豐潤縣東北邊與玉田縣交界處，有還鄉河。〔註63〕思歸還鄉成為使節行經豐潤地普遍認同的符號象徵，如祁順〈豐潤城西還鄉河〉：

> 思親曾擬上封章，卻駕星軺到遠方。今日渡河增感慨，水聲猶似勸
> 還鄉。〔註64〕

祁順（1434～1497），字致和，號巽川，廣東東莞（今廣東珠江三角洲東岸）人。天順四年（1460）進士，授兵部主事。成化十一年（1475）十一月，憲宗冊立皇太子，派遣祁順與張瑾出使朝鮮，除宣詔外，另賜綵段文錦及大統曆。〔註65〕祁順出使朝鮮期間，朝鮮提供的聲伎錢財等，悉皆不取，受朝鮮君臣敬

〔註60〕 東漢・王粲〈七哀詩〉：「西京亂無象，豺虎方遘患。復棄中國去，遠身適荊蠻。親戚對我悲，朋友相追攀。出門無所見，白骨蔽平原。路有饑婦人，抱子棄草間。顧聞號泣聲，揮涕獨不還。未知身死處，何能兩相完。驅馬棄之去，不忍聽此言。南登霸陵岸，回首望長安。悟彼下泉人，喟然傷心肝。」《文選》，卷23，頁1087～1088。

〔註61〕 《奉使錄》，《鹽邑志林》，卷20，頁5。

〔註62〕 《奉使錄》，《鹽邑志林》，卷20，頁4。

〔註63〕 清・闕名著：《畿東河渠通論》，《小方壺齋輿地叢鈔正編》（中央研究院漢籍電子文獻資料庫影印清光緒丁丑〔三〕年〔1877〕至丁酉〔二十三〕年〔1897〕上海著易堂排印本），頁737-2。

〔註64〕 明・祁順撰：《巽川祁先生文集》，《四庫全書存目叢書》（濟南：齊魯書社，1997年影印東北師範大學圖書館藏清康熙二年在茲堂刻本），集部，別集類，第37冊，卷7，頁10，總頁37-475。

〔註65〕 《明實錄》（明憲宗實錄），卷147，頁2707。

重，並為之築却金亭。累官至江西左布政使，弘治十年（1497）卒於任內，年六十四，著有《巽川集》傳世。〔註66〕

還鄉河，原名巨梁水，發源於河北唐山市遷安縣西的黃山。〔註67〕作者行經豐潤城附近的還鄉河，想起曾經為了思念親長而上奏章請求還鄉，沒想到卻遠至朝鮮出使，如今這潺潺的水流聲，更是促發作者回到故鄉的想望。

從豐潤縣義豐驛再行一百六十里，即永平府灤河驛。〔註68〕龔用卿在永平府灤河驛作〈灤河望孤竹祠用吳龍津韻弔之〉：

　　日夕灤河路，寒村半掩扉，城荒存古意，土曠住人稀。北郡留孤竹，

　　西山其採薇，江蘺思一薦，霜露欲沾衣。〔註69〕

灤河驛，今河北盧龍縣城南。孤竹，據張玭（生年不詳～1565）《夷齊錄》載，「永平府城西十八里孤竹故城，有清德廟，以祀夷齊」，〔註70〕故址約在今河北盧龍縣。韓非（約前 281～前 233）將伯夷與堯舜並稱為聖人，「聖人德若堯、舜，行若伯夷」〔註71〕。神宗萬曆二年（1574）出使明朝的朝鮮使臣許篈，在其《朝天記》中有孤竹城及夷齊廟的詳細記載：「抵夷齊廟，有城。匾曰『孤竹國賢人舊里』。由城門而入，廟前碑樓曰『敕賜節清祠』。左牆門曰『古今師範』，右牆門曰『天地綱常』，大門額曰『廉頑立懦，伯夷叔齊』，上建永平府申明祀典之碑……上構墨氏廟，即孤竹君也。」〔註72〕龔用卿在灤河孤竹城故址，遙望孤竹祠緬懷伯夷、叔齊兩位古聖賢哲。

而萬曆十五年（1587）出使明朝的朝鮮使臣李晬光，則留下〈次夷齊廟板上韻〉之作：

　　千古灤河水，名因二子奇。城寒孤竹國，山遠采薇時。香火千年廟，

　　清風百世師。客來重起敬，再拜讀殘碑。〔註73〕

〔註66〕《明人傳記資料索引》，頁 281。

〔註67〕《水經注疏》，卷 14，頁 1238。

〔註68〕《驛站路程》，《小方壺齋輿地叢鈔正編》，頁 184-1。

〔註69〕《使朝鮮錄》，頁 4～5。

〔註70〕明‧張玭撰：《夷齊錄》，《四庫全書總目提要》（上海：商務印書館，1933 年影印浙江范懋柱家天一閣藏本），史部，卷 59，頁 1300。

〔註71〕《韓非子》，卷 28，頁 508。

〔註72〕〔朝鮮〕許篈：《朝天記》，《燕行錄全集》（首爾特別市〔서울특별시〕：東國大學校出版部，2001 年），第 4 冊，卷 6，頁 301。

〔註73〕〔朝鮮〕李晬光：《朝天錄》，《燕行錄全集》（首爾特別市〔서울특별시〕：東國大學校出版部，2001 年），第 5 冊，卷 10，頁 188。

李睟光對於伯夷叔齊「餓不食周粟，於首陽山采薇而食之及餓死」的忠與義，表達肯定。同時，也透露出傳統儒家思想觀念在朝鮮文人的心中留下深刻的烙印，表面上是朝鮮使臣祭拜伯夷、叔齊二人，實際上是朝鮮使臣對於儒家孔孟學說的認同。

　　灤河驛，正是永平府所在地。龔用卿走在驛路上見道路兩旁山頂雪景，作〈永平道中望諸山積雪〉發抒所見奇景：

> 雪後看山景最奇，瑤臺瓊宇白雲滋，煙開萬里寒光淨，風起孤城曙
> 色遲。曉散玉珂林外出，晴分銀漢渚中移，何須更覓三珠樹，仙嶠
> 凌空一望時。〔註74〕

作者雪後見到奇特的景色。晨間煙霧氣散去後，眼前美景就像是傳說中的仙山。李白（701～762）〈送賀監歸四明應制〉有詩云：「瑤臺含霧星辰滿，仙嶠浮空島嶼微。」〔註75〕，顯然龔用卿之作與李白〈送賀監歸四明應制〉「瑤臺」、〔註76〕「仙嶠浮空」詩句相呼應。而「三珠樹」〔註77〕的意象，則是用來形容所見美景。

　　自永平府灤河驛行七十里，可達撫甯縣峰口驛。〔註78〕英宗時期的使臣張寧，於此作〈次永平發撫寧〉：

> 縈廻石磴緩經行，海氣山光欲滿城；駐息暫憐官舍近，依隨聊慰館
> 人迎。北來郡郭推名勝，東去關門總治平；卻算歸期春正好，也應
> 無地不深耕。〔註79〕

永平府，元朝時期稱為永平路，隸屬中書省。洪武二年（1369）改為平灤府，四年（1371）三月再改為永平府。府內領有一個州，五個縣，距離京師約五百

〔註74〕《使朝鮮錄》，頁5。

〔註75〕唐・李白〈送賀監歸四明應制〉：「久辭榮祿遂初衣，曾向長生說息機。真訣自從茅氏得，恩波寧阻洞庭歸。瑤臺含霧星辰滿，仙嶠浮空島嶼微。借問欲棲珠樹鶴，何年却向帝城飛。」唐・李白著，清・汪琦注：《李太白全集》（北京：中華書局，1999年），卷17，頁797。

〔註76〕《楚辭・離騷》：「望瑤臺之偃蹇兮，見有娀之佚女。」《楚辭補注》，卷1，頁32。也可以指傳說中神仙的居所，如《拾遺記・崑崙山》「傍有瑤臺十二，各廣千步，皆五色玉為臺基。」晉・王嘉撰，梁・蕭綺錄，明・吳琯校：《拾遺記》（中央研究院漢籍電子文獻資料庫影印明吳琯校刊逸史本），卷10，頁1～2。

〔註77〕《山海經校注》，卷6，頁192。

〔註78〕《驛站路程》，《小方壺齋輿地叢鈔正編》，頁184-1。

〔註79〕

五十里。〔註80〕「館」，指的是驛館，提供往來使者休息、住宿之用。〔註81〕作者極言至永平府拾級而上，見山光海氣交錯而至，景色宜人，正是春天好時節。對照作者二月出發，約四月回朝覆命，〔註82〕可知此時作者想「速去速回」的心境。

過了榆關驛之後，便是山海關。朱之蕃有〈山海關和金太僕韻〉：

> 千群電掣玉驄驕，一片明霞列錦標，客度關門迎曉日，山迴海岸湧春潮。宣恩萬里心依闕，問俗三韓路入邊，為報流虹綿景福，如天有頌紹唐堯。〔註83〕

山海關，位於燕山山脈及渤海間，是明代長城最東邊的關隘，因而被稱為「天下第一關」。〔註84〕太祖洪武十四年（1381）修築山海關關隘，從此成為地理上的分界。〔註85〕自山海關起而分東西，關口以東稱為「關外」。〔註86〕嘉靖年間，戚繼光在山海關加固關隘，並修建入海長城（即今老龍頭）；至萬曆年間，朝廷在山海關渤海海邊興建入海石城，並於東側修建東羅城。〔註87〕據朝鮮使臣李弘冑對山海關的記載：「關門之外設邏城，城門匾以『服遠』，重門以『遼海咽喉』揭額。內城門則高大無比，門額匾以『鎮東樓』三字。城池之壯，民物之盛，無以形言。城內重門匾以『詰奸通商』六字其旁，揭以『天理國法人情』等字。」〔註88〕，既是遼東要道，也是往來通商之口。

金太僕，即英宗天順八年（1464）出使朝鮮的太僕寺丞金湜。金湜（生卒年不詳）字本清，號太瘦生，又號朽木居士，鄞縣（今浙江寧波市鄞州區）人。英宗正統六年（1441）為舉人，入太學。以擅長古體書法而授予中書舍人，升太僕寺丞。〔註89〕憲宗即位後，受命出使朝鮮頒即位詔。〔註90〕金湜能詩，又

〔註80〕《明史》，卷40，頁900。
〔註81〕《明實錄》（明太宗實錄），卷23，頁426。
〔註82〕《奉使錄》，《鹽邑志林》，卷20，頁1、11。
〔註83〕《奉使朝鮮稿》，《四庫全書存目叢書》，集部，別集類，第176冊，頁6，總頁176-550。
〔註84〕吳洪林編：《歷史名城山海關》（北京：新華出版社，1991年），頁304。
〔註85〕《明史》，卷40，頁900。
〔註86〕《廣志繹》，卷1，頁8。
〔註87〕張立輝：《山海關長城》（南京：江蘇鳳凰科學技術出版社，2017年），頁359。
〔註88〕〔朝鮮〕李弘冑：《梨川相公使行日記》，《燕行錄全集》（首爾特別市〔서울특별시〕：東國大學校出版部，2001年），第8冊，卷10，頁54。
〔註89〕《明人傳記資料索引》，頁308。
〔註90〕《明實錄》（明憲宗實錄），卷2，頁53～54。

工於書畫，當時朝鮮崇尚明文化，金湜即席畫竹並吟誦數十篇詩章相贈，朝鮮王命文臣依韻和之，〔註91〕後收錄於《皇華集》。

金湜使朝鮮途中，經山海關曾作〈出山海關二首求和章〉，不想百年後朱之蕃過山海關，作〈山海關和金太僕韻〉相和。作者出使朝鮮經過遼東半島，見山海關海浪拍打岩岸，形成萬馬奔騰之勢，明霞前列，似乎連大自然景色都在熱烈歡迎他，更增添他向朝鮮東人介紹中國古聖賢哲的信心。

（二）關外難行・增添憂愁

使節到達山海關後，沿著遼西走廊走陸路到朝鮮。本小節將分析使節出山海關後，沿途所見所感。

過了山海關，進入遼東都司，為關東遼陽邊路。出關後，經高嶺驛，又經沙河、東關、曹家莊、連山、杏山、小凌河、十三山，至廣寧城板橋，再過沙嶺、牛家莊至海州自在城，及鞍山至遼陽鎮，〔註92〕距離朝鮮不遠矣。

龔用卿出關時正值立春時節，作〈前屯衛次東鑄石公韻〉：

> 馳驅關塞苦風塵，猶喜同心切友鄰，滿地冰霜空自老，防身書劍未
> 為貧。海烟漠漠遙連樹，山鳥時時欲近人，長路關心猶作客，天涯
> 今日又逢春。〔註93〕

前屯衛，係廣寧前屯衛，為臨邊重地。〔註94〕洪武初年，隸屬於永平府，洪武二十六年（1393）正月置衛所。廣寧前屯衛其西北有萬松山，北有十八盤山，西有麻子峪，東南為山口峪，群山環繞，〔註95〕山鳥親近行人。作者表達一路風塵僕僕地奔走於關塞要道，幸好友人為伴，不顯孤獨。句末「又逢春」除了是季節上的又到了春天，也是心境上的欣喜如同春天。

同樣的春天時節，不一樣的出使任務，帶來不一樣的心境。張寧過山海關後，作〈遠途中苦寒〉，表達不同的心情：

> 雞鳴戍鼓起城樓，碧海風高馬上愁；天地無心憐遠客，關山何處是
> 營州？壯懷慷慨看長鋏，倦體支離惜敝裘；却憶邊軍寒正苦，春陽
> 幾日到遏陬。〔註96〕

〔註91〕《朝鮮王朝實錄》（世祖實錄），卷33，頁19-1。
〔註92〕《廣志繹》，卷1，頁8。
〔註93〕《使朝鮮錄》，頁7。
〔註94〕《明實錄》（明宣宗實錄），卷25，頁662。
〔註95〕《明史》，卷41，頁955～956。
〔註96〕《奉使錄》，《鹽邑志林》，卷20，頁6～7。

張寧自天順四年（1460）二月奉英宗命，勅旨前往朝鮮國，於二月十一日行至遼東都司，〔註97〕正是仲春時節。明明是春天好時節，卻因身負重擔，使得張寧眼前的山風海景彷彿自帶憂愁，天地萬物也無心憐憫他這位遠來的過客。如此愁情，讓身懷壯志的他，甚至萌生「長鋏歸來乎！」〔註98〕的想法。然而，當他想起了邊關將士戍守的辛苦時，似乎又打起了精神，希望春日的陽光來到這苦寒的邊遠地方。實際上春日已到該地，只不過書寫者內心愁苦，連帶地認為外在環境也是愁苦的。

從山海衛關口，至廣寧前屯衛、高嶺驛約六十餘里，其間山木深密，正當軍事衝要。〔註99〕龔用卿離開廣寧前屯衛後，來到高嶺驛站，作〈高嶺驛道中再次前韻〉：

> 旌旄動處起沙塵，絕塞兵戈守四鄰，鬢髮已憐遊子遠，乾坤應笑客途貧。高岡斷岸遙奔馬，明月當空正近人，遼海風煙冬寂寞，蹉跎又見一年春。〔註100〕

高嶺驛在今遼寧綏中縣高嶺鎮，在明代屬於廣寧前屯衛「中前千戶所」所在地，〔註101〕是明朝初年太祖朱元璋開通的一十四驛遞之一，〔註102〕洪武二十六年（1393）設置廣寧前屯衛。〔註103〕這條自山海關連接東北第一重鎮──遼陽的傍海道路，除了是連接朝鮮的陸路交通要道，也是長城防禦重要軍事路線。明朝為加強在廣寧至山海關路段之防備工作，設有多重防護。一是遼東至山海關普設煙臺：遼東到牛家莊每五里設一煙臺，牛家莊至中前所每五里設兩煙臺。二是修築邊牆、開鑿溝塹。三是設置拒馬柵，拒馬柵自杏山驛始，到中前所止。〔註104〕

〔註97〕《奉使錄》，《鹽邑志林》，卷20，頁2。

〔註98〕《史記》，卷75，頁2359。

〔註99〕《明實錄》（明宣宗實錄），卷56，頁1346。

〔註100〕《使朝鮮錄》，頁8。

〔註101〕《明史·地理志》：「廣寧前屯衛元瑞州，屬大寧路。洪武初，屬永平府。七年七月，州廢。二十六年正月置衛。……又有急水河堡，宣德五年正月置中前千戶所於此，轄山海東關至高嶺驛。」《明史》，卷41，頁955～956。

〔註102〕《明太祖實錄》：「命左軍都督府，自山海衛至遼東，置馬驛一十四驛，各給官馬三十四，以贖罪因徒為驛夫，驛百二十人，仍令田其旁，近地以自給。」《明實錄》（明太祖實錄），卷183，頁2756。

〔註103〕《明太祖實錄》：「丁巳，置廣寧中、左、右、前、後五衛，及右屯、後屯、前屯三衛。命指揮僉事姚文、王確領兵屯守。」《明實錄》（明太祖實錄），卷224，頁3276。

〔註104〕〔朝鮮〕蘇光震：《朝天日錄》，《燕行錄全集》（首爾特別市〔서울특별시〕：

　　高嶺一帶，朝鮮使臣黃士佑行經時曾記載道：「逾高嶺，嶺盤曲嵯牙狀，似吾故鄉竹嶺，異鄉見似山，其喜何異見似人。」〔註105〕詩人來到高嶺驛，見兵士戍守嚴密，不禁對久居邊關、盡責戍守的遊子，心生憐意。接著寫海岸邊潮起洶湧，萬馬奔來，明月當空，升起了羈旅孤寂、感時傷今之感。對照朝鮮使臣與龔用卿的書寫，似乎此地容易引起羈旅思鄉之情。

　　接著，龔用卿在盤山驛，作〈盤山驛次壁間韻〉記該地風光：

> 絕塞泥塗野草荒，遙天一望海雲長，山盤遼左開雄鎮，地拱神京樹巨防。風靜關河明斥堠，春晴郊野散牛羊，東來日日逢車馬，入貢藩夷屬帝王。〔註106〕

盤山驛，即今遼寧北鎮滿族自治縣東南盤蛇驛。明代設置此驛站，屬於廣寧衛。〔註107〕據《遼海叢書・遼東志》載，盤山驛在「廣寧城東四十五里」，〔註108〕係於修築遼河套邊牆時建站，名為盤山驛。〔註109〕作者見塞外野草荒蕪，海與天連成一色，綿長無邊。另一面則山勢盤據遼東都司左邊，護衛帝都所在。風靜天明時，嚴守戒備的哨兵、疏疏散散的牛羊，清晰可見。每日從東方來的車隊，都是來向大明朝貢，都屬於明朝的藩屬國，客觀的景緻帶出觀看者的主觀使命感。

　　出使朝鮮路線中，至遼東段多重山峻嶺，以致龔用卿行經青石嶺，作〈過青石嶺〉，表達其山勢甚為高峻：

> 青石嶺，石如牙，大石小石混泥沙，懸崖雪水萬派下，雄蹲虎豹騰龍蛇。羊腸結屈盤雲杪，聯綿古路行人少，亂草殘花委地賒，半嶺流雲絕飛鳥。青石嶺，不可行，僕吁馬困搖危旌，騎兵相尾戒勿迫，芒鞋布襪沾泥濕，嶺頭烟起初日黃，嶺上行人愁斷腸。〔註110〕

青石嶺，在今遼寧營口市附近的鄉鎮，距明代所設置之廣寧前屯衛約三十里

　　　　東國大學校出版部，2001 年），第 8 冊，卷 11，頁 303。

〔註105〕〔朝鮮〕黃士佑：《朝天錄》，《燕行錄全集》（首爾特別市〔서울특별시〕：東國大學校出版部，2001 年），第 8 冊，卷 2，頁 474。

〔註106〕《使朝鮮錄》，頁 12～13。

〔註107〕賈文毓，李引主編：《中國地名辭源》（北京：華夏出版社，2005 年），頁 182。

〔註108〕金毓黻主編：《遼海叢書》，卷 2，頁 382-1。

〔註109〕中國大百科全書線上資料 http://lib2.tngs.tn.edu.tw/cpedia/Content.asp?ID=72610（2021 年 1 月 24 日）。

〔註110〕《使朝鮮錄》，頁 14～15。

路。〔註111〕《朝鮮王朝實錄》曾有「高嶺、青石嶺之險，其能飛越乎？」〔註112〕句，載其山之險峻。萬曆年間朝鮮使臣許篈經過青石嶺，在其《朝天記》也寫下：「逾青石嶺，嶺在一路比諸嶺為最險，兩山挺出，林樾深邃，徑石槎牙，馬多顛蹶，人頗苦之。」〔註113〕。從地質學的觀點研判，此地應處於上游地帶，未經磨礪，石尖如牙。

除了地勢險峻之外，龔用卿行經之時正值初春二月雪水融化之際，朝鮮使臣趙憲曾記載青石嶺「每遇冬月凍滑之時，則護送軍人之馬，多裂於此。」〔註114〕。因此，山上雪水融化，匯流而下，震聲隆隆，其勢宛如虎豹蹲躍、龍蛇騰空。古道鳥飛絕，人煙稀少，路難行，使得龔用卿一行人仰馬翻，狼狽不堪。

朱之蕃過青石嶺時，也作〈過青石嶺〉，呼應龔用卿寫山勢之高峻：

> 蹊間籃輿踏綠蕪，連峰四合路疑無，緣崖千騎盤如蟻，青石凌空鳥道孤。〔註115〕

「籃輿」，或謂竹轎。〔註116〕又李時珍《本草綱目》引張華《博物志》說：「南方諸山，幽僻處出蜜蠟。蜜蠟所著，皆絕巖石壁，非攀緣所及。惟于山頂以籃輿懸下，遂得采取。」〔註117〕，可知籃輿乘坐空間狹小，因而作者用其及後句段「凌空鳥道」，來形容青石嶺山徑狹隘難行。

明使節出使朝鮮時間多為冬季至春季間，即便遼東段路途難行，尚無水患蚊蠅之苦。據朝鮮使臣使行記載，「每夏雨節則湖中之水奔長牆，牆缺而入。自沙嶺十里鋪至廣寧制勝鋪一百七八十裡之間，渾成一海，高處則往往微露，窪處則可以運船。」〔註118〕水患之嚴重，可見一斑。朝鮮使臣行經此段，倘

〔註111〕《遼海叢書》，卷1，頁360-1。
〔註112〕《朝鮮王朝實錄》（宣祖實錄），卷34，頁4-1。
〔註113〕《朝天記》，《燕行錄全集》，第4冊，卷6，頁88。
〔註114〕〔朝鮮〕趙憲：《朝天日記》，《燕行錄全集》（首爾特別市〔서울특별시〕：東國大學校出版部，2001年），第4冊，卷5，頁150。
〔註115〕《奉使朝鮮稿》，《四庫全書存目叢書》，集部，別集類，第176冊，頁13，總頁176-553。
〔註116〕宋・邵伯溫撰；李劍雄，劉德權點校：《邵氏聞見錄》（北京：中華書局，1983年），卷13，頁140。
〔註117〕明・李時珍著：《本草綱目》（北京：人民衛生出版社，1975年），卷39，頁2218。
〔註118〕〔朝鮮〕丁煥：《朝天錄》，《燕行錄全集》（首爾特別市〔서울특별시〕：東國大學校出版部，2001年），第3冊，卷3，頁77。

遇水患，需走城邊牆或乘船渡河。曾有使臣記載道：「使臣之行拿此船，用長木橫結數梢，自沙嶺西十裡堡乘之。而船無什物，以結卜索為挽，長木為楫，亦無沙工。使官奴輩不解舟楫者，蕩之牆完處則乘牆牽纜而行，牆缺處則用楫撐渡，跬步之間或至。」〔註119〕

明初遼東都司未於此處設驛站，憲宗成化十七年（1481），遼東都御史王宗彝等上奏，為避免遼東建州夷人掠殺朝鮮貢使，特別在東八站南端別開新道，築墩臺，並於舊有古城遺址添設城堡，名為鳳凰城，屯駐軍馬。接著，再築斜烈站、鎮東堡、新通遠堡、鎮夷堡等，自遼陽直達朝鮮，烽堠聯絡，首尾相應，既可拒虜賊竊掠，又可便利朝鮮使臣之往來。〔註120〕孝宗弘治二年（1489），東八站的「鳳凰城及鎮東、鎮夷二堡」已修築完成，其餘週邊三十二墩臺也依次修築。〔註121〕

其後，至嘉靖年間，陸續修築湯站堡、連山關及九連城等，並派重軍戍守，以謹朝鮮入貢之路。〔註122〕因而，嘉靖十六年（1537）朝鮮使臣丁煥在其《朝天錄》中寫下：「山原平廣，土脈膏潤，辟田野坦道路，雞犬相聞，牛羊布牧，居民疏密，與我西邊大懸也。」〔註123〕，而使臣李安訥也說：「東自湯站，西至分水嶺，山川縈紆，原野平曠，里落相望，民皆樂業，頗有田園之趣，不比邊塞之地。」〔註124〕，自明朝中葉居民大量移入，並形成村落後，東八站杳無人跡的面貌已然改觀。是以，明人延用元朝舊例，〔註125〕以

〔註119〕〔朝鮮〕佚名：《朝天日錄》，《燕行錄全集》（首爾特別市〔서울특별시〕：東國大學校出版部，2001年），第6冊，卷20，頁87。

〔註120〕《明實錄》（明憲宗實錄），卷216，頁3757～3758。

〔註121〕《明實錄》（明孝宗實錄），卷30，頁674。

〔註122〕《明實錄》（明世宗實錄），卷538，頁8724。

〔註123〕《朝天錄》，《燕行錄全集》，第3冊，卷3，頁68～69。

〔註124〕〔朝鮮〕李安訥：《朝天錄》，《燕行錄全集》（首爾特別市〔서울특별시〕：東國大學校出版部，2001年），第6冊，卷15，頁150。

〔註125〕元朝時期，在遼東地區遼陽到朝鮮義州之間設有八座驛站，稱為東八站（或稱遼左八站）。東八站由西向東分別為：頭館站（今遼陽東南湯河下游）、甜水站（即明代甜水站堡，今遼陽東南本溪甜水鎮）、連山關（今遼陽東南本溪的連山關）、龍鳳站（今遼陽鳳城城北的通遠堡鎮）、斜烈站（今遼陽鳳凰城薛禮站）、開州站（即明代鳳凰城堡，今遼陽鳳城市）、陽站（即明代湯站堡，今遼陽鳳城南之湯山城）、東驛昌站（即明代九連城，今丹東北的九連城），過東驛昌站渡鴨綠江，即進入朝鮮半島之元代「東寧古道」。《中國東北與東北亞古代交通史》，頁409。

八站或東八站〔註126〕來稱呼此道。

來到甜水站堡，龔用卿作〈甜水站〉，延續前面在青石嶺上的愁情，表達越接近關外的緊張心情：

> 萬山稠木蔽長谿，棘刺藤梢亂石磯，峻嶺衝泥愁馬滑，懸崖攀磴逐雲歸。春風已綠沿堤草，野燕猶能傍客飛，處處鳴蛙震林谷，天涯遊子欲沾衣。〔註127〕

甜水站在今遼寧遼陽市東南六十公里處，不僅是明朝使節使朝鮮必經之地，也是朝鮮使節中原進貢路程必經之站。〔註128〕甜水站附近「多山嶺、多河川，崎嶇難行」，〔註129〕山林稠密，亂棘橫生，山高泥濘難行，使詩人發愁。

甜水站附近的連山關，有祁順作〈連山關〉：

> 雲連關上山，草暗山前路。擾擾防邊人，何時罷征戍。〔註130〕

連山關，位於今遼陽東南本溪縣太子河南支流細河上游連山關鎮，為古今沿遼陽太子河，進入靉河的遼東交通險關。〔註131〕自英宗正統十一年（1446）起，遼東地區各衛軍士為防備倭患，軍事瞭守無時休息。〔註132〕此外，建州女直野人與朝鮮仇殺事件頻傳，〔註133〕憲宗成化年間，建州女直入連山關、通遠堡等地搶掠事件層出不窮。〔註134〕朝鮮方面對於此地也指出：「東八站一路與賊境甚近，屢被邀截。」〔註135〕，因而明朝在連山關外來鳳分中去處築城堡，差發軍官守把，防送往來使臣。令朝鮮使臣往來，有人防護。〔註136〕在祁順成化十一年（1475）出使期間，遼東地區仍派重兵防禦。詩人拆解「連山關」字義，寫關隘之高聳，路途之荒蕪，再寫戍守邊關衛兵的辛苦之情。

〔註126〕《朝鮮紀事》，《四庫全書存目叢書》，史部，雜史類，第46冊，頁3，總頁46-83。

〔註127〕《使朝鮮錄》，頁15。

〔註128〕〔朝鮮〕魚叔權：《攷事撮要》（中央研究院漢籍電子文獻資料庫影印〔清〕朝鮮仁祖年間〔1623～1649〕）刊本），卷中，頁10-2。

〔註129〕《朝天錄》，《燕行錄全集》，第3冊，卷3，頁68。

〔註130〕《巽川祁先生文集》，《四庫全書存目叢書》，集部，別集類，第37冊，卷7，頁2，總頁37-471。

〔註131〕《中國東北與東北亞古代交通史》，頁419。

〔註132〕《明實錄》（明英宗實錄），卷147，頁2885。

〔註133〕《明實錄》（明英宗實錄），卷147，頁2899。

〔註134〕《明實錄》（明憲宗實錄），卷40，頁811。

〔註135〕《朝鮮王朝實錄》（成宗實錄），卷128，頁9-1。

〔註136〕《朝鮮王朝實錄》（世祖實錄），卷21，頁21-1。

　　距離朝鮮「義順館」七十里路之湯站，〔註137〕已臨明與朝鮮邊界，龔用卿作〈湯站〉記錄這頗具外交意義的驛站：

> 屹立孤城擁萬山，海門波浪接江灣，中華地盡雄西服，外國藩維直北還。萬里風雲瞻鳳闕，九天日月侍龍顏，傳言士卒防邊者，此是東遼第一關。〔註138〕

湯站，在明朝屬定遼右衛，位於今遼寧鳳城市東南滿族自治縣湯山城鎮，係遼東通往朝鮮之必經要道。〔註139〕據清人顧祖禹（1631～1692）《讀史方輿紀要》載：「湯站堡在險山堡西，其西南與鳳凰城接界。」〔註140〕，堡內墩臺眾多，戍守嚴密。〔註141〕憲宗成化十七年（1481），湯站設堡。《朝鮮王朝實錄》記載，此站專為朝鮮使臣來往而設，因距離朝鮮較近，且有其政治功能，爰由朝鮮供應所需糧食。〔註142〕龔用卿形容湯站擁山面海，地利之便，為明朝遼東通往朝鮮最重要的關口。

　　而朱之蕃的〈憩湯站〉，則寫途經湯站的悠閒心情：

> 折得山家杏一枝，春城靜對晝眠時，杏花村裡遼陽夢，飛度江南醉曲卮。〔註143〕

一般而言，二月杏花春意鬧。遼東位屬高緯度地區，杏花花期約在三月下旬至四月中。從朱之蕃行經路線來看，三月十八日早上越過高嶺，夜宿連山關一帶，〔註144〕十九日宿鳳凰城，〔註145〕來到湯站時，約是三月二十日，〔註146〕途

〔註137〕《攷事撮要》，卷中，頁 10-2。
〔註138〕《使朝鮮錄》，頁 17。
〔註139〕陳捷先：《努爾哈齊事典》（臺北：遠流出版事業股份有限公司，2005 年），頁 132。
〔註140〕清‧顧祖禹輯著：《讀史方輿紀要》，《續修四庫全書》（上海：上海古籍出版社，1997 年影印上海圖書館藏稿本），史部，地理類，第 608 冊，卷 37，頁 36。
〔註141〕《國朝獻徵錄》，卷 110，頁 44-2。
〔註142〕《朝鮮王朝實錄》（成宗實錄），卷 129、130，頁 11-2、12-1。
〔註143〕《奉使朝鮮稿》，《四庫全書存目叢書》，集部，別集類，第 176 冊，頁 18，總頁 176-556。
〔註144〕《奉使朝鮮稿》，《四庫全書存目叢書》，集部，別集類，第 176 冊，頁 15～16，總頁 176-554～555。
〔註145〕《奉使朝鮮稿》，《四庫全書存目叢書》，集部，別集類，第 176 冊，頁 16～17，總頁 176-555。
〔註146〕〈廿日旅山館松〉，《奉使朝鮮稿》，《四庫全書存目叢書》，集部，別集類，第 176 冊，頁 1～2，總頁 176-547～548。

中仍可折得杏花枝。又因心境上的閒適，讓休憩湯站顯得心情雀躍，春意盎然。

來到九連城已是中朝邊境，龔用卿與祁順均有詩作，表達所見之情。龔用卿〈將發九連城遇雨〉表現清明節在九連城遇雨的複雜心情：

> 侵城林馬向前川，四野雲迷阻去鞭，入戶紛紛攪春色，著衣點點弄寒烟。客途正值清明節，旅食忽愁風雨天，遙憶故鄉方鵲里，墓田高掛樹枝錢。〔註147〕

九連城，位於今遼寧丹東市振安區九連城鎮。地處鳳凰城東近朝鮮界，〔註148〕那木川東岸，因有九座城址相連，故名，〔註149〕或稱九聯城。《明史》有云，嘉靖年間，沿海倭寇為患，在九聯城外增建鎮江城，海陸軍哨相接，設防最為嚴密。〔註150〕方鵲里，為龔用卿祖考墳塋之地。〔註151〕作者藉清明時節雨紛紛，引發愁緒，進而表達思鄉之情。另一首〈九連城阻雨〉則是藉景抒情：

> 絕塞江聲奔遠岸，荒村雨氣動輕寒，隔林遙見一山好，入境應憐異域看。徑路蕭蕭生綠草，風煙漠漠散青巒，荊榛古道無人到，鸂鶒鳧鴨滿碧瀾。〔註152〕

九連城東邊為靉河與鴨綠江，城後倚著鎮東山，形勢險要。本詩寫雨中微寒的九連城，山巒漠漠，綠草綿延，無人的古道上，滿是水鳥棲息。龔用卿以第一句帶出九連城景色的磅礴，即使在寒冷的雨中亦不減其氣勢，惟距離異域愈來愈近，內心也顯得益發孤寂。

祁順的〈鴨江之西二里許有九城基趾相近相傳曰九連城〉寫出停留九連城的不同感受：

> 此地何年罷戰爭，春風猶鎖九連城。遼東老鶴歸來晚，四野無人草自生。〔註153〕

「老鶴」，此處引陶潛（365～427）《搜神後記》「丁令威學道成仙，化鶴歸

〔註147〕《使朝鮮錄》，頁17。
〔註148〕清‧馬冠羣著：《奉天地略》，《小方壺齋輿地叢鈔再補編》（中央研究院漢籍電子文獻資料庫影印清光緒丁丑〔三〕年〔1877〕至丁酉〔二十三〕年〔1897〕上海著易堂排印本），頁5-1。
〔註149〕《遼海叢書》，卷1，頁367-2。
〔註150〕《明史》，卷91，頁2247。
〔註151〕《使朝鮮錄》，頁17。
〔註152〕《使朝鮮錄》，頁17～18。
〔註153〕《巽川祁先生文集》，《四庫全書存目叢書》，集部，別集類，第37冊，卷7，頁12，總頁37-476。

遼」〔註154〕典故。成化年間，祁順所見的九連城，是防禦建州女直入侵之軍事重地，因而詩的第一句寫朝廷連年征剿建州三衛夷人。第二句卻說春風「鎖」住九連城，作者用一個「鎖」字，似乎把硝煙瀰漫的戰爭隔絕在九連城外，進一步反應出即便烽火連天，朝廷仍謹守「諸夷有來朝不犯邊者，勿令驚疑」〔註155〕的外交政策。最後，化用丁令威老鶴歸遼的典故，表達城郭如故，幾無人煙的貢道，任由萬物自然生滅。

相較於明朝使臣借無人煙的景色抒發對時事的看法，朝鮮使臣則多表現出世事變幻無常，物是人非的悲憤情感。萬曆十五年（1587）出使明朝的朝鮮使臣裴三益（1534～1588），寫下「乾坤獨立千年柱，今古長留七字詩。夢斷那能尋舊宅，松摧不復長新枝。夜深月白應相見，城是人非孰得知。為問歸來復何日，碧天空闊杳無期。」〔註156〕詩句，藉由想像丁令威千年後回歸故鄉，景物依舊人事已非，內心徒留深沉的悲涼。

而另一位朝鮮使臣尹根壽（1537～1616），則以詩表達物事人非的哀傷之外，更深化丁令威的情感意蘊：「囊中餐玉欲憑誰，今古空傳石上詩。白鶴謳忘千載戀，蒼松並死百年枝。青苔滿目傷心過，白髮催人攬鏡知。安得駱駑淩八極，步虛長與羽仙期。」〔註157〕尹根壽模擬丁令威千年學道歸鄉後，見物是人非的景象，引發悲傷的情緒，進而流露出年華易逝的感傷。

三、鴨綠江之文化意涵

據倪謙《朝鮮紀事》載，從遼東邊境過鴨綠江，抵義州城。接著，入宿義順館，給遼東軍隊、馬匹酒飯、行糧，遣明朝軍馬先回，並約定回程日期。然後，沿途經過朝鮮所串館、良策館、車輦館、林畔館、雲興館、新安館、嘉平館、安興館、肅州館、安定館等地，受地方官吏設宴款待，再護送到朝鮮王都

〔註154〕 《搜神後記》：「丁令威，本遼東人，學道於靈虛山。後化鶴歸遼，集城門華表柱。時有少年，舉弓欲射之。鶴乃飛，徘徊空中而言曰：『有鳥有鳥丁令威，去家千年今始歸。城郭如故人民非，何不學仙塚壘壘。』遂高上沖天。」晉‧陶潛：《搜神後記》（日本東京大學東洋文化研究所藏漢籍善本全文影像資料庫影印舊小說甲集第二冊），頁143。
〔註155〕 《明實錄》（明憲宗實錄），卷196，頁3456。
〔註156〕 〔朝鮮〕裴三益：《朝天錄》，《燕行錄全集》（首爾特別市〔서울특별시〕：東國大學校出版部，2001年），第5冊，卷3，頁510。
〔註157〕 〔朝鮮〕尹根壽：《朝天錄》，《燕行錄全集》（首爾特別市〔서울특별시〕：東國大學校出版部，2001年），第4冊，卷4，頁228。

西京平壤府。〔註158〕自倪謙以來，《皇華集》所錄使臣入朝鮮境後之作品，多數為至各館與朝鮮官吏酬答之作，少數記沿途所見地景，爰本小節就使臣必經的界河──鴨綠江詩歌創作，分析說明如下。

英宗正統年間奉命出使朝鮮的倪謙，是土木堡之變以後首位渡過鴨綠江的使臣。他的〈過鴨綠江〉詩寫出其從前聽聞與現在親見之感：

> 曾聞鴨綠水，今日過江心。斷岸千尋闊，堅冰十丈深。善行東馬健，
> 能迓遠人欽。異境分夷夏，青山自古今。〔註159〕

倪謙（1415～1479），字克讓，號靜存，南直隸應天府上元（今江蘇南京）人。正統四年（1439）進士，英宗授予翰林編修一職，後晉升為翰林侍講，奉使朝鮮，風采凜然。憲宗成化年間，累官至南京禮部尚書致仕，年六十五卒，諡號文僖，有《朝鮮紀事》、《倪文僖集》等傳世。〔註160〕正統十四年（1449）十一月，明代宗遣倪謙與司馬恂前往朝鮮國頒即位詔，〔註161〕彼時正值千古所無的土木堡之變後，明朝亟欲重塑形象。作者化用唐人杜甫〈登岳陽樓〉「昔聞洞庭水，今上岳陽樓。」〔註162〕的句式，書寫鴨綠江的壯闊，今昔對照，虛實交錯，擴大了詩歌的時空領域。表面上似有初過鴨綠江的喜悅，實則意在抒發實踐抱負的心情。

韓世能的〈渡鴨綠江用監吾先生韻〉，則注入皇恩元素：

> 東指扶桑使節高，先驅海若靜波濤。分將鴨綠天潢水，映入猩紅宮
> 錦袍。羽騎迎船灕野渡，金函捧詔過江皋。應知動地歡聲起，盡是
> 如天聖化陶。〔註163〕

隆慶六年（1572）七月，神宗遣韓世能（1528～1598）與陳三謨出使朝鮮國頒即位詔。〔註164〕韓世能奉使朝鮮期間，餽遺一無所受，〔註165〕著有《雲東拾

〔註158〕《朝鮮紀事》，《四庫全書存目叢書》，史部，雜史類，第 46 冊，頁 4～9，總頁 46-84～46-86。

〔註159〕《皇華集》，《域外漢籍珍本文庫》，第五輯，集部，第 13 冊，頁 29，總頁 453。

〔註160〕《明人傳記資料索引》，頁 454。

〔註161〕《明實錄》（明英宗實錄），卷 185，頁 3705。

〔註162〕〈登岳陽樓〉「昔聞洞庭水，今上岳陽樓。吳楚東南坼，乾坤日夜浮。親朋無一字，老病有孤舟。戎馬關山北，憑軒涕泗流。」唐·杜甫著，清·仇兆鰲注：《杜詩詳注》（北京：中華書局，1999 年），卷 22，頁 1946。

〔註163〕《皇華集》，《域外漢籍珍本文庫》，第五輯，集部，第 14 冊，卷上，頁 10，總頁 532。

〔註164〕《明實錄》（明神宗實錄），卷 3，頁 105。

〔註165〕《明史》，卷 216，頁 5701。

草》傳世。此處化用張昱（約1330前後）〈輦下曲一百二首〉「鴨綠江波勝鴨頭，魚龍變化滿中州。分來一派天潢水，到得烏桓便不流。」〔註166〕句，指鴨綠江分隔兩國。作者以朝鮮地處之位置作為詩的開頭，再寫渡過鴨綠江後，朝鮮久受明朝的教化，熱烈歡迎明使的景象。

與韓世能同使朝鮮的陳三謨，其〈渡鴨綠江〉表達踏上異土，悠然思親的心情：

> 鴨綠長江古渡頭，雪風飄送片帆浮。禮先萬國冠裳舊，名策三朝寵
> 遇優。虎節龍符光紫塞，蘭橈錦纜泛清流。白雲親舍知何處，回首
> 嘉山思轉悠。〔註167〕

陳三謨（生卒年不詳）寫渡鴨綠江後，來到自古教化很深的朝鮮，回頭望著明朝疆土，陡然思念起故鄉親人。

渡過鴨綠江的使臣，或表達皇恩浩大，使節孤獨的心情，如王敬民〈渡鴨綠江〉其一：「遏來將命自皇都，東歷三韓萬里途。江泛綠波連碧海，朝騰紅日照玄菟。傳宣藩國天恩重，縹緲沙隄使節孤。慷慨乘槎瞻彼岸，中流擊楫況吾徒。」〔註168〕；或表達明朝皇恩澤遍，朝鮮歡舞熱烈歡迎的景象，如梁有年〈渡鴨綠江〉：「夾岸笙歌引畫舫，旌輝搖曳鏡中天。春廻暖浪魚龍躍，澤遍遐方草樹妍。樂意盡從歡舞見，淳風不待語言傳。迎恩簪紱紛相屬，一雨旋看綠滿阡。」〔註169〕等。

另一，則傳達朝鮮在地理上與明朝疆土相連，形成天然的屏障，而文化上又是傳承自中國的思想。如龔用卿〈渡鴨綠江〉：「鯨波萬里泛仙槎，碧漢澄泓漾淺沙。始信地靈雄島服，遂令天塹限中華。扶餘道上春風早，鴨綠江頭楊柳花。自是文風歸一統，萬年藩屏衛皇家。」〔註170〕及王敬民〈渡鴨綠江〉其二：「乘流冬日倚浮槎，曲岸潮平尚擁沙。誰謂封疆分外國，自來文物似中華。鴨江浩渺波還綠，鳳嶺蒼茫雪正花。丹詔播揚須漢使，輿圖一

〔註166〕《元詩紀事》，卷25，頁606。

〔註167〕《皇華集》，《域外漢籍珍本文庫》，第五輯，集部，第14冊，卷下，頁1，總頁548。

〔註168〕《皇華集》，《域外漢籍珍本文庫》，第五輯，集部，第15冊，頁22，總頁15。

〔註169〕《皇華集》，《域外漢籍珍本文庫》，第五輯，集部，第15冊，卷1，頁23，總頁78。

〔註170〕《皇華集》，《域外漢籍珍本文庫》，第五輯，集部，第14冊，卷1，頁1，總頁183。

統屬天家。」〔註171〕等。

　　鴨綠江既為明朝與朝鮮的疆界，對於朝鮮使臣而言，渡過鴨綠江即正式進入明朝疆土，是朝天之旅的起點，極富文化意義。明初朝鮮使臣權近（권근，1352～1409）曾作〈雨中渡鴨綠江〉表達即將踏上明土的心情：

　　　出國初踰境，乘槎欲上天。波瀾恬不起，河漢迴相連。暗淡山橫黛，

　　　微芒水帶煙。三江浮一葉，應是望如仙。〔註172〕

權近即將踏上明朝疆土，展開「朝天之旅」，表面上眼看鴨綠江波瀾不驚，實則內心澎湃不已。作為異國的使臣，沒有對故鄉的離情依依，反而是透過對江岸青山如黛，水光接天的美麗描寫，感受到作者即將進入仙鄉「欲上天」的喜悅。

　　使節出使朝鮮，行走的路徑大致相同，無論那一時期的使臣，均受其奉使任務及所處時代背景所影響，因而產生彼此相同路徑的普遍性，以及彼此各書心境的特殊性。當使臣離開京師到山海關這段路途，心緒上多圍繞著京城，表達不負皇命的心情。而來到山海關附近豐潤、玉田與還鄉河意象，大大加深了使臣思鄉的情結，作品中帶有思歸還鄉的色彩。

　　過了山海關進入遼東半島之後，遼東地區屬明朝軍防要地，直到鴨綠江畔，或有延續思鄉情懷，或有吟誦邊防戍守狀況，亦有對山路崎嶇荒蕪的描寫。到了明與朝鮮的邊境，總體而言，集體式的情感方向大抵一致，形成不同時期的共同書寫。某些使節特定路段書寫的個殊性，與其他路段的書寫，又可在共通面上串接形成共同性。因而在渡過鴨綠江，則又重回皇恩教化的書寫。越是靠近目的地，距離完成奉使任務似乎又近了些。

第二節　明使節文化尋訪與自我認同

　　明朝奉旨赴朝鮮的使節路線大致相同。進入朝鮮國境後，即使各有書寫，多偏重在亭臺樓記，惟弘治年間出使朝鮮的使臣董越所著之〈朝鮮賦〉，描寫朝鮮的山川地理、民情風俗、物產特色，及與明朝間的外交禮儀等，最為全面而有系統。

〔註171〕《皇華集》，《域外漢籍珍本文庫》，第五輯，集部，第15冊，頁22，總頁15。

〔註172〕〔朝鮮〕權近：《奉使錄》，《燕行錄全集》（首爾特別市〔서울특별시〕：東國大學校出版部，2001年），第3冊，卷1，頁160。

　　關於〈朝鮮賦〉之研究，前有葉曄〈明人域外賦雙璧：董越《朝鮮賦》與湛若水《交南賦》〉、王準〈從《朝鮮賦》和《交南賦》看明代文人的頌美意識〉以及李芬蘭〈從董越《朝鮮賦》看明代都邑賦的文化內涵〉等。葉曄〈明人域外賦雙璧：董越《朝鮮賦》與湛若水《交南賦》〉，在紀實功能上層次性書寫朝鮮地理形勝和風俗禮制、朝鮮山川氣象和城廓建築，以及描述國王接待明朝使臣的諸多禮數。其最大特色在於前以禮失求諸野，後於懷柔教化遠邦等方面，董越都努力在辭賦中注入道德、政治元素，以達到君臣周覽諮詢的積極功效，〔註173〕引發當時與後代對朝鮮的認同。

　　王準〈從《朝鮮賦》和《交南賦》看明代文人的頌美意識〉，通過董越自己在朝鮮見到的禮樂制度、倫理道德、歡迎天朝使者的盛大排場等一系列美好事物，來反映其「大鳴國家之盛」頌美意識。〔註174〕李芬蘭〈從董越《朝鮮賦》看明代都邑賦的文化內涵〉一文，則從〈朝鮮賦〉所記內容處看出當時朝鮮與大明王朝的外交關係，並反映出儒家禮儀規範對明朝與朝鮮兩國產生的影響。另外，董越以「實錄」方式創作〈朝鮮賦〉，也表現其與過往都邑賦「極盡誇飾之能事的文學特性」的最大不同之處，體現其作為暸解外邦的文學史料價值。〔註175〕

　　現存董越〈朝鮮賦〉版本有國家圖書館古籍與特藏文獻資料庫影印明藍格鈔本、〔註176〕臺灣商務印書館 1981 年影印國立故宮博物院藏清乾隆年間文淵閣四庫全書本，〔註177〕清末《文瀾閣欽定四庫全書》版，〔註178〕以及魏元曠（1856～1935）校勘之民國乙卯（四）年（1915）南昌豫章叢書編刻局刊本，〔註179〕各版內容大致相同。其中，以國家圖書館典藏之明藍格鈔本版〈朝鮮

〔註173〕葉曄：〈明人域外賦雙璧：董越《朝鮮賦》與湛若水《交南賦》〉，《文史知識》第 6 期（2009 年 6 月），頁 31～36。

〔註174〕王準：〈從《朝鮮賦》和《交南賦》看明代文人的頌美意識〉，《昆明學院學報》第 36 卷第 4 期（2014 年 8 月），頁 90～93。

〔註175〕李芬蘭：〈從董越《朝鮮賦》看明代都邑賦的文化內涵〉，《青海師範大學民族師範學院學報》第 25 卷第 2 期（2014 年 11 月），頁 19～22。

〔註176〕明・董越撰：《朝鮮賦》（國家圖書館古籍與特藏文獻資料庫影印明藍格鈔本），頁 1-17。

〔註177〕明・董越撰：《朝鮮賦》，《四庫全書珍本》（臺北：臺灣商務印書館，1981 年影印國立故宮博物院藏文淵閣四庫全書本），第 11 集，頁 10～26。

〔註178〕《朝鮮賦》，《文瀾閣欽定四庫全書》，史部，第 602 冊，頁 1-17。

〔註179〕明・董越撰，魏元曠校勘：《朝鮮賦附校勘記》（中央研究院傅斯年圖書館館藏民國乙卯〔四〕年〔1915〕南昌豫章叢書編刻局刊本），頁 1-17。

賦〉為最早。爰此，本節將以明藍格鈔本版之董越〈朝鮮賦〉作為主要研究文本，從具體的都城館閣故物，而抽象的人文風土民情等面向，探討董越尋訪朝鮮文化時，藉由觀看他者而產生的「自我認同」（Self-Identity）有哪些面向？以及這些面向的意義與價值所在。

董越（1431～1502），字尚矩，江西寧都（江西贛州市寧都縣）人。成化五年（1469）進士，授予編修。孝宗即位後，出使朝鮮頒即位詔。〔註180〕累官至南京工部尚書，弘治十五年（1502）卒，年七十二歲，諡號文僖。著有《圭峯文集》、《使東日錄》傳世。〔註181〕據歐陽鵬（生卒年不詳）為〈朝鮮賦〉作之序說道，弘治元年（1488）春，董越以右庶子兼翰林侍講奉詔使朝鮮國，是年秋八月歸，向孝宗回復使命達成。董越留在朝鮮的時間不過十日，於見其君臣閒暇之餘，詢事察言，無所遺漏。因為諮訪者頗多，因此，據實敷陳，作〈使朝鮮賦〉。〔註182〕

一、迎詔儀式紀實

董越以白描自註手法，鋪敘頒詔典禮及朝鮮君臣宴請明使的情形，透過「使節之眼」，可見朝鮮「奉明正朔」、「竭誠事大」的表現。本小節將分為「迎詔禮成盡顯上國優越」以及「飲饌賦詩極盡上賓尊榮」等方面，據以分析之。

（一）迎詔禮：盡顯上國優越

董越通過描寫朝鮮君臣迎接明使節的盛大場面，及朝鮮君臣對明使節的盛情款待，突顯朝鮮對明朝的「尊敬」之心：

> 慕華館設於坤麓，崇禮門正乎離位。慕華館去城八里，中為殿，前為門，凡詔至，王則出迎道左。崇禮，王國南門也。一以憩周爰之皇華，一以迓會同之文軌。詔至也，王則袞冕郊迎，臣則簪裾鵠侍。巷陌盡為氂倪所擁塞，樓臺盡為文繡所被衣。街巷人家，皆如頒降禮制，設綵掛畫。樂聲也若綏以嘽，虞設也亦華以麗。沈檀噴曉日之烟霧，桃杍艷東風之羅綺。駢闐勤車馬之音，曼衍出魚龍之戲。以下皆言陳百戲迎詔。鰲戴山擁蓬瀛海日，光化門外東西列鰲山二座、高與門等，極其工巧。猿抱子飲巫山峽水。人兩肩立二童子舞。翻筋斗不數相國之態，嘶長風何有

〔註180〕《明實錄》（明孝宗實錄），卷8，頁158。
〔註181〕《明人傳記資料索引》，頁736。
〔註182〕《朝鮮賦原序》，《文瀾閣欽定四庫全書》，史部，第602冊，頁1-2。

> 鹽車之驥？沿百素輕若凌凌仙子，躡獨趫驚見跳梁山鬼。飾獅象盡
> 蒙解剝之馬皮，舞鵁鶄更簇參差之雉尾。蓋自黃海、西京兩見其陳
> 率舞，而皆不若此之善且美也。平壤、黃州皆設鰲山棚，陳百戲迎詔，而
> 惟王京為勝。
>
> 太平有館，在崇禮門內，中為殿，前為重門，後有樓，東西有廊廡，所以待天使
> 者。鐘鼓有樓。在城內四達之衝，甚高大。仡仡國中，言言道周，以息、
> 以遨、以宴、以遊。臥榻則環以八面幃屏，國俗少掛畫，凡公館四壁皆列
> 以幃屏，上畫山水竹石或草書，高二三尺，臥榻亦然。踈簾則加以半捲香鉤。
> 雞鳴則候問安之使，每日早，王遣其國一宰相、一承旨問安。騎出則鳴夾道
> 之騶。有緝御以給使令，有楮墨以供唱酬。蓋敬主必及乎使，而為
> 禮不得不優也。〔註183〕

朝鮮對於明使，可說相當熱情款待，不僅準備了專供大明天使休憩的慕華館，還準備了為使節接風洗塵的太平館。使節團到達時，為迎接大明詔書及天使，朝鮮君王襲冕郊行，朝鮮群臣簪裾鵠侍，恭敬迎接，男女老少悉依禮制夾道歡迎，充分展現朝鮮君民上上下下對明朝使臣的歡迎。盛列絲竹之樂，雜陳魚龍之戲。不僅如此，朝鮮還為使臣準備了獨特的「山臺雜戲」，〔註184〕使得明使節深深感受到朝鮮君、臣、民的熱情。凡是關係到明使的一切瑣碎事務，朝鮮都安排得細緻妥當，盡善盡美。

　　董越於詔禮後下榻太平館，首先提及太平館的高大華麗，表明受到極度的禮遇。在細節方面，每日早晨，朝鮮君王必定派遣一宰相、一承旨前往行館向天使問安。使節外出遊覽，必備妥良駒代步，侍者連續更替侍候，並提供筆墨作為使臣唱酬之用，足見朝鮮君臣對明使的用心。在這樣備極尊崇的禮遇下，董越不禁發出「敬主必及乎使，而為禮不得不優也」的感慨。朝鮮對明王朝宗主國的「恭」與「敬」，同時，也隱含了董越身為「天朝上國」使臣的優越感。

　　接著，董越對於朝鮮宮殿進行細緻的描寫：

> 宮室之制，與華亦同。其塗皆丹，國無銀，硃以丹代之。桐油亦無。其覆
> 皆甌。門廡便殿皆用甌瓦，如中華公署所覆者。……大抵皆不擇乎平壙以為
> 基，而惟視氣勢以為雄也。〔註185〕

〔註183〕《朝鮮賦》，頁8。
〔註184〕《朝鮮王朝實錄》（燕山君日記），卷55，頁21-1；《朝鮮王朝實錄》（中宗實錄），卷90，頁11-1。
〔註185〕《朝鮮賦》，頁8～9。

董越宣詔前，先描寫眼前所見朝鮮宮殿的外觀，與明朝沒有太大的區別。宮殿外部牆上塗有丹砂，廊屋頂部以蓋瓦覆蓋，形制亦同於明朝建築。所有殿堂之中，惟有勤政殿以綠色的琉璃裝飾。大致看來，氣勢頗為雄偉。

> 詔至殿廷，王則傴僂。世子陪臣，左右夾輔。展軒縣于階墀，列障幕于庭宇。殿前及墀內皆設白布幕，以色尚白故也。仗齊一於干鹵，樂作止於柷圉。齊三聲於虎拜嵩呼，率兩班於鳳儀獸舞。雖音聲之不可通，而禮儀亦在所取。禮一準於華，如三上香、三叩頭，山呼時則侍衛皆拱手應。〔註186〕

依據《朝鮮王朝實錄》載，朝鮮國王率王世子及群臣，出迎明使于慕華館，至景福宮勤政殿受勅。明使臣至景福宮勤政殿後，傳宣諭明皇帝聖旨。〔註187〕董越在頒詔儀式上，寫朝鮮成宗以「傴僂」姿勢，率世子、陪臣至殿前接詔，此處可對照《朝鮮王朝實錄》關於迎詔的描述：「詔書至延詔門，上出就拜位，行五拜三叩頭禮，王世子、百官、儒生同。」〔註188〕整個典禮的進行，展現宗主國的優越地位，也表現藩屬國對明皇帝的詔令所抱持的敬謹態度，朝鮮華化甚深，悉遵明朝禮制。

此前，董越等與朝鮮君臣對於下榻處、迎詔、迎勅、世子不豫未得出迎詔勅等諸事意見相左，相持不下。董越等引《大明集禮》認為，「本國素秉禮義，而不遵朝廷儀註，其敬朝廷之意安在？吾等到此不得舉行朝廷儀，則朝廷謂我等何？吾等之尊敬朝廷，猶爾國臣民之尊敬國王也。吾等知有天子，不復知有國王也。若以留勅於郊外為不可，則迎詔、迎勅二事，可於今日行之矣。以今日為晚，則明日行之無妨。」〔註189〕朝鮮君臣商議後，最後決定：「彼既如此，不可相持不決也。當權從所言。」〔註190〕是以在這樣的前提下，董越特別描述朝鮮君臣恭慎敬謹的態度。

（二）飲饌賦詩：極盡上賓尊榮

禮成之後，董越描寫在漢城時受到朝鮮君王接待的情形：

> 闕庭既撤，賜物亦予。乃序東西，各分賓主。宣詔畢，引禮引天使降自

〔註186〕《朝鮮賦》，頁9。
〔註187〕《朝鮮王朝實錄》（太祖實錄），卷9，頁9-1；《朝鮮王朝實錄》（世宗實錄），卷94，頁49-1；《朝鮮王朝實錄》（世祖實錄），卷33，頁17-1。
〔註188〕《朝鮮王朝實錄》（中宗實錄），卷90，頁23-1。
〔註189〕《朝鮮王朝實錄》（成宗實錄），卷214，頁12-1～13-2。
〔註190〕《朝鮮王朝實錄》（成宗實錄），卷214，頁14-2。

中階，東至幕次，俟王易服，乃引天使由中階東陛殿，引王由中階西陛殿。天使居東，西向；王居西，東向，再拜序坐。王之位對副使，稍下半席。方交拜以成禮，遂假譯以傳語。謂藩垣實小國之所宜，而渙汗辱洪恩之覃溥。罄涓埃而莫報，雖殞越其何補？惟日歌天保之周詩，冀遙祝日升之皇祐。載詠隰桑之喜見，再講春秋之禮序。謂列國皆先乎王人，矧清光日近乎當宁也邪！勤政殿序坐，既歠人參湯一盞。畢，王起身向前，顧譯者張有誠、李承旨傳言，云：「小國之臣，尊事朝廷禮當，而蒙敕書獎予如此，洪恩難報。」予二人乃答云：「朝廷以東國素秉忠敬，故恩典視他國不同。」又舉手加額連稱「難報」。語畢，送予二人出弘禮門乘轎，乃退。予二人歸至太平館，諸陪臣以次見畢，王隨來設宴。俟於館門外，立東向不入。執事者報，予二人出迎，乃揖讓入。至庭交揖序坐，舉酒獻酬。將卒爵，乃領二譯者使言曰：「詩經有云：『隰桑有阿，其葉有那。既見君子，其樂如何？』我得見二位大人，心中歡喜不盡。」予二人亦稱其賢，且敬謝其途次燕接之厚。將即席，復與之禮讓。乃云：「春秋之禮，王人雖微列於諸侯之上，矧二位大人是何等地位？皆天子近臣。今日遠臨小邦，豈敢不讓？」又微笑謂二譯者曰：「汝不曉『近臣』謂何，乃是皇帝跟前行走的。」予二人亦笑答譯者云：「素聞王讀書好禮，今得見果然。」又拱手連稱「惶恐，惶恐」。〔註191〕

詔、勅之禮完畢，明朝賜予朝鮮王及王妃之幣帛文錦亦收領完竣。「方交拜以成禮」，詔禮結束朝鮮君王與明使臣行相會禮。〔註192〕朝鮮國王於太平館設宴款待明使節。接著，比照古禮賦詩以明志。〔註193〕

　　朝鮮成宗賦《詩經・小雅・隰桑》，表達對大明使節的情意。而董越則描寫朝鮮成宗「素聞王讀書好禮，今得見果然。」〔註194〕，又稱美其「老生舊聞，賢王學問高明，通達禮義，今幸目覩果愜素聞。」〔註195〕。這段稱美之詞，連《劍橋中國明代史》都說：「董越似乎被他的朝鮮主人迷住了。」〔註196〕。對照成化十二年（1476）祁順、張瑾齎詔頒諭朝鮮成宗，不約而同地讚美其「真

〔註191〕　《朝鮮賦》，頁9。
〔註192〕　《朝鮮王朝實錄》（成宗實錄），卷214，頁14-2。
〔註193〕　《漢書》：「古者諸侯卿大夫交接鄰國，以微言相感，當揖讓之時，必稱《詩》以諭其志，蓋以別賢不肖而觀盛衰焉。」《漢書》，卷30，頁1755～1756。
〔註194〕　《朝鮮王朝實錄》（成宗實錄），卷297，頁21-2。
〔註195〕　《朝鮮王朝實錄》（成宗實錄），卷297，頁21-2。
〔註196〕　〔美〕牟復禮（Frederick W. Mote），〔英〕崔瑞德（Denis Twitchett）等編，張書生等譯：《劍橋中國明代史》（下卷）（北京：中國社會科學出版社，2006年），頁257。

賢王也。」〔註197〕，祁順臨別時作詩贈之，其序稱讚成宗：「順使朝鮮，累與王相接，心甚嘉之。蓋其妙齡秀穎，崇儒好學，威德旁敷，一邦輯睦，誠他邦所罕儷也。」，其詩還說成宗：「賢王相見即心孚……治國才名光玉檢，照人丰采徹冰壺。」〔註198〕。董越形塑朝鮮王「讀書有禮」的正面形象，相較之下，似乎顯得不誇張奇怪了。

朝鮮宴請大明使節，不僅是一場文化交流，更是朝鮮飲宴美學的體現，董越如是寫道：

> 門廡殿庭，皆蹈以席。賓主座分，則加以襲。彼章數則虯並偃而戢鱗，此織文則鳳雙飛而展翼。三席執事恒卷以隨，交拜時各設之。食器也間用金銀銅瓷，品物也率多海陸珍奇。主獻賓一以華禮，賓酢主亦用燕儀。羅蜜餌數至五重，絜盤堆大可尺圍。每器皆範銀銅為闌干，而綴以綠珠之絡索，其上皆剪羅綺為花葉，而舞以綵鳳之襜袿。其列五重，皆不用果實。以蜜和麵，為方圓餅餌，油煎之頓挫。周遭玲瓏疊累，高大至尺許。衛以白銀或白銅八角闌干，綴以綠珠之綱。其上剪綠羅為四花葉，又剪紅羅為四花瓣，每瓣周遭以白銅小釘綴之，如華之珍珠花樣。其頂上乃以銅線纏五綵絲，為飛鳳、孔雀或飛仙。騫其尾展其翅，首皆俯而向賓。至送折俎則除之。豆籩取美觀瞻，則以前大後小為序；陳列取宜嚮背，則以外高內低為差。其案一字橫列，每案皆然。間殼羞以糝食，亦能為華之米糕、蓼花之類。雜醢醢以醬齏。酒則醞釀以秫，不用秫米。雖從事之出青州者殆未能與之優劣；色香溢罌，而督郵之出平原者遠則不敢望其藩蘺。酒味絕類山東之秋露白，色香亦同。案排一字，中覆以絹。一字橫列之案，惟中一案以紅綃覆之，上加油紙，於上布器。左右翼三，皆陳餼牢。〔註199〕

李氏朝鮮初立，即設置禮賓寺，「掌賓客、宴享等事」。〔註200〕朝鮮成宗時期，特別指定禮賓寺作為「專掌天使支待，竝勿令諸處供饋。」之用〔註201〕。董越在接受朝鮮的宴饗招待之際，綜合幾次宴席經驗，除了介紹別具特色的佳餚美食之外，也隱然展現出朝鮮皇室的講究，以及朝鮮皇室特有的飲食文化。

〔註197〕　《朝鮮王朝實錄》（成宗實錄），卷297，頁18-2。
〔註198〕　《皇華集》，卷9，頁282；國史編纂委員會編：《朝鮮王朝實錄》（成宗實錄），卷297，頁18-2～19-1。
〔註199〕　《朝鮮賦》，頁9～10。
〔註200〕　《朝鮮王朝實錄》（太祖實錄），卷1，頁47-2。
〔註201〕　《朝鮮王朝實錄》（成宗實錄），卷115，頁6-1。

而朝鮮受中華文化薰陶之深，最能由宴會的儀式與禮節展現出來。席間賓、主之間來回敬酒，悉依中華迎賓宴飲之禮。換言之，朝鮮的國宴禮儀水準直逼明朝。

再者，以《論語‧鄉黨》所列「食不厭精，膾不厭細」等傳統飲膳美學審視之，朝鮮國宴之講究，似乎合於這樣的水準。宴席間，「間毇羞以糝食」恰恰符合「肉雖多，不使勝食氣」的原則、「雜醃醢以醬鬻」正是符應「不得其醬，不食」〔註202〕的原則。至於陳列之酒類，董越以《酒經》所謂「青州從事、平原督郵者，此也。酒甘易釀，味辛難醞」，〔註203〕以及「露水味甘性涼……秋露取之造酒，名秋露白，香冽最佳。」〔註204〕，高度肯定其味之甘香冽。

而朝鮮宴席的進行過程也是倍極禮數，讓董越備感尊榮：

近坐一筵，俟即席王乃自舉；初即席，見所設坐椅離案三尺餘，莫曉所以。及見王自舉一案而來，乃知其自欲申敬故然。充盤諸饌，遇當割臣必親操。饌有牛羊豕鵝四品，皆熟之。最後一案，乃實大饅頭一盤，上以銀為蓋蓋之。一大臣操刀入，割牲畢，剖其大饅頭之皮，中皆貯小饅頭如胡桃大，殊可。口示特殺則牲皆獻心，取肥甘則腸三實膋。羊皆肉之上貫羊腸三，中實以炙及諸果。續獻則先同姓封君，其同宗之賢者皆封君，總謂之「王臣」。其羣臣有武功者亦封君，文職有功者封亦然。次乃以及政府六曹。獻時，王必出席，獻者升降，王皆隨之。湯一進必以五碗為數，王不自進，惟此禮與華不同。器累疊不以盈尺為高。其食案甚小，燔炙之進既多，則累而疊之。几案不容，則徹於踏籍之席；肴羞與湯再進則無容處，以几案上者徹置席間之地，此則其國俗然也。腥羶既飫，乃進以澗沚之毛。從官皆鵠侍於中外，執事者進出皆叩頭。閣譯則俯伏於周遭。閣者皆為烏紗帽、黑角帶，俯伏捧王坐椅之足。通事、承旨則左右俯伏，以伺傳言。予二人坐後通事亦伏俯，但無閣者。蓋三燕太平也，禮皆同而文不殺；一燕仁政也，誠益至而力益勞。太平館初宴為下馬燕，再燕為正燕，三燕為上馬燕。仁政殿之宴則名私燕也。初疑此禮似未當，欲與議更張，及至，乃知太平、慕華二館其制皆殿，專為奉迎天詔而設，無事時王則不造及。

〔註202〕《重栞宋本論語注疏附挍勘記》，《重刊宋本十三經注疏附校勘記》，卷10，頁89-2。

〔註203〕宋‧朱肱撰：《北山酒經》，《知不足齋叢書》（中央研究院漢籍電子文獻資料庫影印清乾隆鮑廷博校刊本），卷之上，頁5-1。

〔註204〕元‧賈銘撰：《飲食須知》，《學海類編》（中央研究院漢籍電子文獻資料庫影印清曹溶輯陶越增訂六安晁氏排印本），卷1，頁2-1。

> 觀其每來設燕，必先於舘門外小殿俟候乃入，乃知不必更張。〔註205〕

「王乃自舉」、「充盤諸餚」，描述朝鮮君王親自為明使舉案，大臣親自操持充盤諸餚，在在展現出朝鮮舉朝上下對明使的恭敬之意。至於陪臣，依其封賞等級及職級逐一向明使敬酒；其他從官鵠立而侍於中外，執事、通事等，則伏俯左右以待命。飲宴間食饌的調配、食案的安排，諸餚、饅頭、湯料等，足見朝鮮設宴之用心，以及董越觀察之細緻入微。最後，董越補充說明朝鮮成宗這段時間曾於太平館三宴明使，於仁政殿擺宴一次。

二、人情‧風物‧文化

朝鮮通過效仿中華文化、儒家思想價值觀及外交政策等，確定整個國家的文化思想偏好，此亦即明朝的吸引力所在。透過董越對於朝鮮人情風物等的描寫，可以看出朝鮮在社會各面向的「習華制」、「與華同」。

（一）士農工商自為聲教

頒詔禮成之後，董越參觀成均館，了解朝鮮太學教育體制：

> 乃若山川道里，浹月所經；風物人情，五日所得；雖不具知，亦頗記憶。成均國學，負山枕厓；前後殿堂，左右庭階。聖殿在前，明倫堂在後，四學分東西。官有大小司成，徒有上下寄齋。生員、進士居者曰「上齋」，升學居者曰「下齋」。生員即三歲以明經取者；進士即以詩賦取者；升學即民間俊秀也，又謂之「寄齋」。西京所不能儗，開城所不能偕。則在乎祭不像設以瀆乱，徒有進造為朋儕也。〔註206〕

董越於弘治元年（1488）閏正月十一日至十九日間出發，〔註207〕二月二十五日渡過鴨綠江，〔註208〕三月初到達朝鮮王都，三月底四月初離開朝鮮，五月三日還朝。〔註209〕在朝鮮停留大約將近一個月左右，足夠觀覽朝鮮人情風物。據《朝鮮王朝實錄》載，「成均館：掌學校、肄業等事。」〔註210〕相較於西京平壤與開城，漢城的太學成均館最具規模。不僅前後殿、東西兩廡、明倫堂等規模俱備，為與孔廟區隔，奉祀孔子而不設像，又為培育國家人才提供「寄齋」

〔註205〕《朝鮮賦》，頁 10～11。
〔註206〕《朝鮮賦》，頁 11。
〔註207〕《朝鮮王朝實錄》（成宗實錄），卷 212，頁 12-1。
〔註208〕《朝鮮王朝實錄》（成宗實錄），卷 213，頁 14-1。
〔註209〕《明實錄》（明孝宗實錄），卷 14，頁 328。
〔註210〕《朝鮮王朝實錄》（太祖實錄），卷 1，頁 47-1。

服務，顯現朝鮮對於儒學的尊崇。

朝鮮於洪武時期即奉明朝正朔，並受頒科舉詔，〔註211〕因而董越特別描寫士人學子進學情形，旁及農工商各階層：

> 詔許建邦，自為聲教。本朝洪武二年，高麗國王王顓表賀即位。詔許自為聲教，賜以龜紐金印。曰《詩》曰《書》，視庠視校。士窮則辟蠹雕蟲，宦達則摶鵬變豹。其國奉朝廷正朔，鄉試以子、午、卯、酉年，會試、殿試亦辰、戌、丑、未年。
>
> 農勤稼穡，技習工巧。官多倣古，俸則給田。刑不以宮，盜乃荷校。閹宦皆非宮刑，惟取幼時傷疾者為之，所以甚少，惟盜賊則不輕貸。此事以詢諸三四通事，所言皆合。貿遷一以粟布，隨居積以為贏。用使盡禁金銀，雖錙銖而亦較。民間不許儲分文金銀，以積粟布之多者為富室。其貿遷交易一以此，其國貪官少者亦以此。田賦以結代畝，牛耕四日者乃輸四斗之租；盡一牛之力，耕四日之地為一結。
>
> 士養以類定員，身寄二齋者皆食二時之稍。成均館常養五百人。每三歲以明經取者謂之「生員」；以詩賦取者謂之「進士」。又自南、中、東、西四學升者，謂之「升學」。四學避北不敢名，尊朝廷也。生員、進士居上齋，升學居下齋。生員、進士須殿試，中者乃謂之式年，乃入官，否則仍養於成均館。式年每三歲止取三十二人。官非三品，綺繡不得文身；小官皆服紬布，不服紵絲。其布之深青色者亦不常服，燕會時乃用之。民受一廛，禾麻則皆穿窨。其藏亦如遼人。〔註212〕

明太祖即位元年（1368），太祖遣使前往高麗賜璽書。次年，高麗國王王顓請封，太祖遣符璽郎偰斯齎詔及金印誥文，封王顓為高麗國王，並賜大統曆及錦綺，明與朝鮮正式締結宗主國與藩國關係。〔註213〕接著，董越介紹朝鮮士、農、工、商各階層百姓黎民的生活常規。讀書人如辟蠹雕蟲〔註214〕勤於苦讀，

〔註211〕　《明史》，卷320，頁8280。
〔註212〕　《朝鮮賦》，頁4。
〔註213〕　《明史》，卷320，頁8279。
〔註214〕　《夢溪筆談》：「古人藏書辟蠹用芸。」北宋・沈括著：《夢溪筆談校證》（北京：中華書局，1959年），卷3，頁130；《文心雕龍・詮賦》：「雖讀千賦，愈惑體要；遂使繁華損枝，膏腴害骨，無貴風軌，莫益勸戒，此楊子所以追悔雕蟲，貽誚於霧縠者也。」南朝梁・劉勰著，周振甫譯注：《文心雕龍譯注》（臺北：里仁書局，1994年），卷8，頁109。

將來仕途顯達，〔註215〕富貴飛黃。〔註216〕

　　朝鮮官制多採用古制，官俸則比照中國舊制，給予農田。〔註217〕刑律不用宮刑，偷盜則施以嚴處。〔註218〕人民或以粟米或以布交易，禁止使用金銀。田賦以牛耕四日之地為一結當作計算單位，取代中國以二百四十步為一畝〔註219〕的計算方式。而人民再以一結大約輸出四斗，作為田地的租金。讀書人大多寄居於成均館，定時供應糧食廩稍。官民衣著部分，以衣服布料區分階級、身分，不得任意逾越。

（二）婚喪禮俗陳列華化遺跡

　　接著是關於婚喪禮俗、倫理風尚部分：

> 其最可道者，國有八十之老，則男女皆錫燕以覃其恩；每歲季秋，王燕八十之老人於殿，妃燕八十婦人於宮。子有三年之喪，雖奴僕亦許行以成其孝。國俗，喪必三年，且尚盧墓。奴僕例許行百日之喪，有願行三年者亦聽。王都設歸厚之署，儲棺槨以濟乎貧窮；其國棺槨多用松，然自一路觀之，中材者似少，故王都設署便之。鄉飲嚴揚觶之文，秩籩豆以戒其喧鬧。文與華同，惟改「朝廷」二字為「國家」。〔註220〕

在董越看來最值得稱道的是，朝鮮君王、王后以賜宴國中八十歲以上的老人、老婦的方式，弘揚敬老尊賢的美德。另外，朝鮮子女謹守孝道，即便為奴僕亦可守「三年之孝」。此外，朝鮮推行仁政，給予老人關懷，使其老有所終。

> 婚媾謹乎媒妁，子出再醮者，雖多學亦不得齒於士流；俗恥再嫁所生及失行婦女之子，皆不許入士流、登仕版。門第最重簪纓，世列兩班者，或匪彝則皆不為之禮貌。以先世嘗兼文武官者，謂之「兩班」。兩班子弟止許讀

〔註215〕《莊子·逍遙遊》:「鵬之徙於南冥也，水擊三千里，摶扶搖而上者九萬里，去以六月息者也。」清·王先謙撰:《莊子集解》，《新編諸子集成》（北京：中華書局，1987年），第一輯，卷1，頁1。

〔註216〕《喻世明言》:「他時變豹貴非常，今日權為途路客。」明·馮夢龍編撰，楊家駱編:《喻世明言》（北京：中華書局，1980年），卷15，頁225。

〔註217〕宋·歐陽修，宋祁撰，楊家駱主編:《新唐書》（北京：中華書局，1981年影印北宋嘉祐十四行本），卷55，頁1393～1394。

〔註218〕《資治通鑑·後梁紀》:「庚辰，晉王發幽州，劉仁恭父子皆荷校於露布之下。」《資治通鑑》，卷269，頁8780。

〔註219〕後魏·賈思勰原著，繆啟愉校釋，繆桂龍參校:《齊民要術校釋》，《中國農書叢刊》（北京：農業出版社，1982年），綜合之部，卷5，頁244。

〔註220〕《朝鮮賦》，頁4～5。

書，不習技藝。或所行不善，則國人皆非之。至若家不許藏博具，碁局雙陸之
類，民間子弟皆不許習。祭則皆立家廟。大夫乃祭三代，士庶則止祖考。
此皆自箕子而流其風韻，而亦視中國為之則傚也。已上，皆見館伴使、
吏曹判書許琮具到〈風俗帖〉。〔註221〕

再者，舉國恪守儒家禮教，在婚姻上講究「媒妁之言」，惟再嫁所出之子孫不
得仕宦。社會講究門第，「學而仕則優」。「兩班」，董越自注說，先世嘗兼文
武官者謂之「兩班」。據潘暢和先生〈古代日本與朝鮮的特殊階層—武士與兩
班之比較〉一文指出，「朝鮮的『兩班』之稱，源自高麗時期（918～1392）
的宮中朝會。高麗時期，國王模仿中國歷代王朝皇帝南面聽政的慣例，也朝
南而坐。參加朝會的大臣面向國王，分立于左右兩側。位於右側即東側的為
文班，位於左側即西側的為武班，兩班即此文班和武班的合稱，指當朝的文
官和武官。」〔註222〕。到後來「兩班家門又通過和王室及兩班相互間封閉的
婚姻關係，日益成長為門閥貴族，使兩班也涵蓋了這些貴族勢力。這樣，兩
班從最初單指文武兩班官人的官職概念，發展到指稱兩班及其家門的身份概
念。」〔註223〕。因此，韓國出版之《新編韓國史》進一步指出，「兩班官僚
的子弟得以通過科舉或蔭職兩種方法取得官位，獨佔了獲得官職與接受官職
的教育機會。」〔註224〕。兩班貴族子弟倘若品行不善，則被社會所非議。

　　朝鮮自立朝以來，標榜儒家政治思想，推行孝道，婚喪有定制，祭祀有等
級之分，慎終追遠與崇孝敬老的風俗，正是效法於中國的傳統美德。董越將之
歸功於「皆自箕子而流其風韻」，化夷俗而成為禮義之邦。如同董越〈弔箕子
墓辭〉其二所言：「顧瞻遺墟兮禾黍芃芃，沾丐殊方兮一德同。風流千百世兮
伊誰之功？吁嗟三尺兮封土宜崇。」〔註225〕。當時，同出使朝鮮的副使王敞
（1453～1515）和董越〈弔箕子墓辭〉詩說道：「邾鄢定鼎兮久淪沒，八條垂

〔註221〕《朝鮮賦》，頁 5。
〔註222〕潘暢和：〈古代日本與朝鮮的特殊階層—武士與兩班之比較〉，《日本學刊》第
　　　　5 期（2010 年），頁 118。
〔註223〕潘暢和：〈古代日本與朝鮮的特殊階層—武士與兩班之比較〉，《日本學刊》第
　　　　5 期（2010 年），頁 118。
〔註224〕〔韓〕高麗大學校韓國史研究室著，孫科志譯：《新編韓國史》，（濟南：山東
　　　　大學出版社，2010 年），頁 116～117。
〔註225〕《皇華集》，《域外漢籍珍本文庫》，第五輯，集部，第 14 冊，卷下，頁 37，
　　　　總頁 86。

教兮以迄于今。嗚呼！道脈相延兮，曠百世而同心。」〔註226〕，朝鮮舘伴使許琮則次韻道：「餘澤靡泯兮草木芃芃，民淳而俗朴兮夫子之風。」〔註227〕，明朝與朝鮮因為箕子而產生的聯繫，宗主國與藩屬國間的情誼更顯得親密。

　　除了箕子的功勞，董越還說「亦視中國為之則傚也」，也就是明朝給予朝鮮的禮儀教化，足以成為朝鮮效仿的對象。李東陽（1447～1516）等奉敕編撰的《大明會典》載，洪武年間賜朝鮮國王大統曆；永樂年間給予朝鮮國王樂器及《五經》、《四書》、《春秋會通》、《大學衍義》等書，又給《通鑑綱目》、《列女傳》等書；〔註228〕正統以前，惟朝鮮國每年都給王曆一本、民曆一百本等。〔註229〕明朝將中國文化的精華傳播至朝鮮，使朝鮮得以更加漢化，是以，董越將朝鮮的華化歸功於箕子與大明的聲教之功。《劍橋中國明代史》也提到：「中國書籍也許是對朝鮮產生了最廣泛的影響的物品。朝鮮使者總是帶回有評注的中國經典、論文集、史著，以及所有類型的文學作品。這些都可以在朝鮮重印，並傳播到朝鮮各地。明代早期，書籍還是將中國新的典章制度傳送到朝鮮的工具。例如，早期明朝的法典就被用作1394年公布的第一部朝鮮法典及刑法的範本。」〔註230〕，朝鮮華化之深，足以為證。

三、見證與導正

　　接著，董越對於朝鮮王都及其周圍之景加以描寫：

> 貧壁編篠，練絢以完。其上則覆以茅茨，其空則塞以泥丸。其壁取荊榛之類，直豎而不編，以草繩約之，繩約處如網罟之目，每一目以一泥丸塞之。王都小巷如此，若塗間所見者則全用泥塗。有荊棘反出檐端者，有棟宇僅如困盤者。此比鳳凰雖不足千仞之舉，而視鷦鷯亦可託一枝之安也。富則陶瓦皆甌，而廡序之翼東西者，棟反聳出於南北；塗墍皆土，而堂寢之位前後者，脊反低下於中間。堂寢皆一間，廡序乃反三間。門則皆循東序之棟，設梯以升，必矩步乃可達於堂寢；其門雖皆南向，然不自

〔註226〕《皇華集》，《域外漢籍珍本文庫》，第五輯，集部，第14冊，卷下，頁38，總頁87。

〔註227〕《皇華集》，《域外漢籍珍本文庫》，第五輯，集部，第14冊，卷下，頁39，總頁87。

〔註228〕《大明會典》，卷111，頁1643-2。

〔註229〕《大明會典》，卷223，頁2956-1。

〔註230〕《劍橋中國明代史》（下卷），頁254～255。

中開，皆就東廂之棟南向以開，以基多高，故須梯升。其面東西者亦然。地則皆
畏下濕之沾，鋪板以隔，若趺坐則皆藉以茅舘。俗皆席地而坐，人設一
四方蒲團，以布帛為一大枕，中塞以草，為坐者所依凭。官府則以滿花坐為蒲團。
其制亦方，以綠色紵絲蒙草枕。行則人負以隨。〔註231〕

王都小巷內民間屋舍顯得建築材質較為簡陋。富人的房舍較有規模，有堂寢且
有廡序。與明朝不同的是，朝鮮的屋基挑高，需升梯方得入。一般起居席地而
坐，以四方形蒲團為墊。

所不可曉者，家不豢豕，蔬不設樊。引重則惟見牛馬，用馬馱者為多，
用牛者亦少。芻牧絕不見羊羠。鮮食則蹄荃山海，蔬茹則采掇江灣。自
平安至黃海二道所見皆如此。有至老村民而不一沾豕味者，有偶沾燕賜而
即夢踏菜園者。官府乃有羊豕，鄉飲時或用之。與夫貧則皆葬山椒，貴乃
卜宅郊原。自平安、黃海，一路望山顛如睥睨，列者皆墳也。貴者乃擇形勢，有
華表、石羊之類，然亦不見樹碑。此皆出殊方異俗，而不必深考細論也。
〔註232〕

至於家畜部分，與明朝不同的是，朝鮮民間並不養豬，似乎官府宴客方使用羊
豬食材。朝鮮日常食物取自山獸海鮮，以及江邊蔬菜。墳塋型制，似乎因貧富
而有不同，殊方異俗，毋須深究。

朝鮮漢城交通四通八達，房屋整齊劃一。不論貧窮富貴，每戶人家的房舍
結構大致相同，官署的建築也都相同，差別在於所用材質不盡相同。此外，與
明朝不同的是，朝鮮房屋畏濕，通常都在地上鋪上一層木板。透過細緻的描述
朝鮮建築，董越對於明朝時期朝鮮民宅、官府等的建築外觀、結構、內在裝飾，
有了更直觀的認識。

董越除了觀察朝鮮民間的食、住之外，衣著層面也有不同：

人路總環，以分貴賤。其國總髮之網巾皆結以馬尾，以環定品級。一品玉，二
品金，三品以下銀，庶人則骨、角、銅、蚌之類而已。童留胎髮，不間後先。
有甫孩提而髮已垂肩者，有歲六七而角總丱然者。揆其留固以遺體
當重，欲其露所以戴弁皆前也。民戴草帽，領皆垂珠。頂或圓方，
色皆黑盧。與皂則穿四葉青衫，頂加插羽；庸人則衣數重麻布，步
曳長裾。惡諠譁則銜枚道路，止衝突則曳杖庭除。皂隸四葉之衫，惟平

〔註231〕　《朝鮮賦》，頁12。
〔註232〕　《朝鮮賦》，頁12〜13。

安、黃海二道者如此，京畿則不然。曳杖之人皆選其長身者，亦戴大帽，穿黃色土
布，員領繫絲，但不插羽。〔註233〕

朝鮮人民以束髮的材質來作為貴賤之分，孩童則類似明朝的留髮習俗。本段關
於「人露總環，以分貴賤」、「揆其留固以遺體當重，欲其露所以戴弁皆前也」、
「輿皀則穿四葉青衫，頂加插羽」，以及服飾等的描述，似乎與《隋書‧高麗
傳》所錄：「人皆頭著折風，形如弁，士人加插二鳥羽。貴者，其冠曰蘇骨，
多用紫羅為之，飾以金銀。服大袖衫、大口袴、素皮帶、黃革履。」〔註234〕
相類。另外，「曳杖之人皆選其長身者，亦戴大帽，穿黃色土布」句，亦符應
李昉（925～996）《太平御覽》所述「國人衣褐戴弁」。〔註235〕換言之，從朝
鮮人民穿著的服飾質料、樣式、顏色等，可看出其階層與身分。

屨制以皮，雖泥行亦所不恤；襪縛於袴，縱水涉亦所不拘。衣皆素
白而布縷多粗，裳則離披而襞積亦疏。背有負則且俯且行有如龜曝，
其俗男子皆任在背。尊有命則且蹲且進有若鳧趨。其俗見人以蹲踞為敬，有
召命，亦蹲跪趨進而答之。人必三八乃舉一輿，行不一舍，又易百夫。蓋
於重皆不能以肩任，宜於此皆以手舉扶也。一輿前後通用二十四人，扶翼
者又在外。其輿如華之交椅而足短，左右夾二長杠亦與華制同。就座下設一橫木，
長與座下橫木同。欲舉時，以紅綿布就橫木兩端繞之，人但以布著肩，以手舉扶而
行。又於輿之中間，從後至前，直施長綿布二幅，分著人之兩肩，如馬之駕轅狀，
取其不偏。出其餘令十數人前曳之。〔註236〕

接著，董越談到庶民衣服、屨、襪等，樣式簡樸。庶民沒有牲畜車輿代步的習
慣，多負重物而行，生活亦較為困苦。乘轎輿的話，較於形制與明朝相類，約
需二十四人一起抬轎，一班的輿夫約行十里已是極限，須再換人，顯示朝鮮交
通物力之匱乏。

女髻掩耳，不見佩璫。首戴白圈，直壓眉眶。自開成府至王京，夾道所見
皆如此。富貴者面乃蔽以黑繒，富貴家女婦，首戴一匡如大帽，檐垂黑繒以蔽
其面，雖蔽面亦避人，王京乃有之。貧賤者頸不掩於素裳。有位而尊乃許乘
輿出入，無位雖富止許約馬超驤。二句出許史曹所具〈風俗帖〉中。襪履布

〔註233〕《朝鮮賦》，頁13。
〔註234〕《隋書》，卷81，頁1814。
〔註235〕北宋‧李昉等奉敕編：《太平御覽》（臺北：臺灣商務印書館，1975年），卷
　　　　783，頁3600-2。
〔註236〕《朝鮮賦》，頁13。

韋，足皆縱而不束；履，賤者牛皮，貴者鹿皮。襪多用布。三四通事說皆同。衣
襦布帛，袖則闊而不長。上衣則皆過膝，下裳則皆垂堂。卑見尊亦以
蹲踞為禮，賤有事則以首戴為常。有頂盂水而手不扶匡者，有戴斛米
而步亦趨蹌者。此則自所見而畧陳，其未見則莫得而詳也。〔註237〕

而朝鮮女性部分，亦有貴賤之分，其區別在於，富家女子出門戴帽遮面，不以
面示人；平民女子，則裝扮樸素。即使是富者，亦有地位尊卑的區別，有位而
尊者出門乘輿；無位而富者，出門騎馬，可見馬是財富的象徵。而尊者的衣服
形式，亦與庶民不同。

若夫所謂川浴同男，郵役皆孀。始則甚駭於傳聞，今則乃知已更張。
豈亦以聖化之所沾濡，有如漢廣之不可方也歟？予未使其國時，皆傳其
俗以孀婦供事館驛，予甚惡其瀆。比至，則見凡來供事者皆州縣官吏，婦人則執爨
於驛外之別室。相傳此俗自景泰中其國王珧襲封以後變之。遼東韓副總兵斌所談也。
「川浴事」出舊志，今亦變。〔註238〕

隋唐以來，史籍上關於朝鮮（高麗）習俗，多載其：「父子同川而浴，共室而
寢。婦人淫奔，俗多遊女。有婚嫁者，取男女相悅，然即為之，男家送豬酒而
已，無財聘之禮。」〔註239〕、「父子同川而浴，共室而寢。……風俗尚淫，不
以為愧，俗多游女，夫無常人，夜則男女羣聚而戲，無有貴賤之節。有婚嫁，
取男女相悅即為之。」〔註240〕。董越出使期間，遠接使許琮向董越澄清：「吾
見《大明一統志》，書我國風俗，或云『父子同川而浴』，或云『男女相悅為婚』，
是皆古史之言，今我國絕無此風。」〔註241〕，並詢問董越是否可以修正《大
明一統志》中的錯誤記載？董越當下即表示「如此事改之何難？」，同意協助
更正，並允諾：「當書本國今時風俗，而仍載古史之言不可。本國美風俗，盡
錄與我，則修實錄時，當奏達載之。」〔註242〕

〔註237〕 《朝鮮賦》，頁 13〜14。
〔註238〕 《朝鮮賦》，頁 14。
〔註239〕 《隋書》，卷 81，頁 1814；北宋・王欽若等編：《冊府元龜》（北京：中華書
　　　　 局，1994 年），卷 959，頁 12282-1；明・李賢奉勅脩，明・萬安等纂，〔日〕
　　　　 長澤規矩也、山根幸夫編著：《和刻本大明一統志》（東京：汲古書院，1978
　　　　 年影印京師二條通書林弘章堂山本長兵衛刊中御門天皇正德三癸巳〔1713
　　　　 年〕仲春版），卷 89，頁 2，總頁 1524。
〔註240〕 《北史》，卷 94，頁 3116。
〔註241〕 《朝鮮王朝實錄》（成宗實錄），卷 214，頁 4-1。
〔註242〕 《朝鮮王朝實錄》（成宗實錄），卷 214，頁 4-1。

　　據董越探詢，朝鮮「郵役皆孀」一事，於「其國王琛襲封以後變之」，也就是朝鮮世祖李琛（1417～1468）在位期間已廢除。事實上，《朝鮮王朝實錄》明載，朝鮮成宗三年（明憲宗成化八年，1472），針對此事實施禁令，當時稱「吾東方，自箕子以來，教化大行，男有烈士之風，女有貞正之俗，史稱小中華。比聞淫奔之女，前則只在於陽城縣加川，而今也四方院、館、營、鎮之間，亦多有之。春夏則奔魚梁收稅之場，秋冬則遊山間僧舍，恣行淫亂，污染教化。」，朝鮮君臣為杜絕此風，列冊造目，加以管控：「淫穢之俗，法所痛治。今也，號稱遊女，或稱花娘，淫縱自恣，其禁制之目，具錄于後。」〔註243〕。朝鮮既以「小中華」自居，自為聲教，斷不能容許國家形象仍停留在蠻夷風俗時期，也希望明朝志書能予以改寫。

　　因此，董越與王敞完成頒詔任務，在臨津江上舟中小酌，見成均館書學令後，向遠接使許琮建議：「本國若有美風俗，書付老董先生事，曾已說與，何至今不書來？董先生還朝修先帝實錄時，本國風俗，當奏皇帝，書于史策。先生性直，平生不貳言。吏曹還歸，須將此意，啟于殿下。」〔註244〕。次日，許琮將此意啟奏朝鮮成宗後，成宗傳令：「我朝良法美俗，今錄去，如卿所啟。其以是囑天使。」〔註245〕。

　　於是，董越自注中鉅細靡遺地交待更正資料的出處，部分是使臣親眼目睹；部分則來自朝鮮主動積極地提供資料，以改正古籍中關於朝鮮的鄙俗紀錄。而後，明使臣出使朝鮮時，提供《風俗帖》予明使以匡正風俗似成慣例，如朝鮮仁宗時期（明嘉靖年間）記載：「禮曹啟（奏朝鮮仁宗詢問）曰：『《風俗帖》錄本國風俗，以示天使者。遠接使齎去，不待天使求見，而先出給之，前有其例，此有似誇美。設若天使求見，則姑為遲留，或於中路，或於入京後，斟酌給之，不示預纂之意何如？』傳曰：『可。』〔註246〕」。朝鮮使臣藉此提升自身的文化高度，擺脫蠻夷之國身分，也有助於明使節導正舊有的錯誤認知。最後，董越表達明朝的教化猶如文王之道被之於南國，美化行乎江漢之域，對朝鮮大有助益。

　　朝鮮境內多山麓，河川以大同江、漢江為著。因屬半島地形，三面環海，

〔註243〕　《朝鮮王朝實錄》（成宗實錄），卷20，頁4-2。
〔註244〕　《朝鮮王朝實錄》（成宗實錄），卷214，頁17-2～18-1。
〔註245〕　《朝鮮王朝實錄》（成宗實錄），卷214，頁18-1。
〔註246〕　《朝鮮王朝實錄》（仁宗實錄），卷1，頁57-1。

水產資源多而豐富：

> 五金莫究所產，最多者銅；地產銅最堅而赤。食器匙筯皆以此為之，即華所
> 謂「高麗銅」也。五色各隨所用，所禁者紅。以王服御皆紅，故禁之。五味
> 則醯醬為多，五聲則音韻莫通。其國音有二樣，讀書則平聲似去，如以「星」
> 為「聖」，以「烟」為「燕」之類。常語則多類女直，甚至以一字作三四字呼者，
> 如以「八」為「也得理」，不知類是也。以一字作二字呼者尤多，如以「父」為「阿
> 必」，「母」為「額嫠」之類。〔註247〕

董越再接續介紹五金之中，以銅為聞名；五色之中，則以王者使用的紅色為貴；
五味之中，以醯醬使用最多；五聲則與漢語聲調有所不同。據《朝鮮王朝實錄》
載，朝鮮世宗「親制諺文二十八字，其字倣古篆，分為初中終聲，合之然後乃
成字，凡于文字及本國俚語，皆可得而書，字雖簡要，轉換無窮，是謂《訓民
正音》。」〔註248〕使朝鮮人民易於學習，便於日用，以解決「愚民有所欲言，
而終不得伸其情」，〔註249〕及朝鮮國內方言俚語，不與明朝相同的問題。朝鮮
自認「自檀君與堯竝立以來，家家有封君之樂，世世存事大之體，作別乾坤，
稱『小中華』，然自為聲教者，非徒言語不通，習俗亦異」，〔註259〕因而自訂
五聲，創制正音二十八字，使智者不崇朝而會，愚者可浹旬而學。

其他朝鮮物產，如狼尾筆、麻布、楮紙、果下馬、滿花席等，原中國史籍
方志所載，卻有失真之處者，經過董越實地勘問後，使這些名物得以校正：

> 為志所稱者狼尾之筆，《一統志》載：「所產有狼尾之筆，其管小如箭笴，鬣長
> 寸餘，鋒穎而圓。」詢之，乃黃鼠毫所製，非狼尾也。為武所尚者樺皮之弓。
> 弓比華制稍短，然甚發箭。布織以麻，而以苧名者，蓋出傳聞之誤；紙造
> 以楮，而以繭認者，以其搗練之工。舊皆傳其國所出之紙為繭造，至乃知
> 以楮為之，但製造工耳。予嘗以火試之而知其然。布之精者以細密如縠，紙
> 所貴者在捲束如筒。傅油則可禦雨，其厚紙有以四幅為一張者，有以八幅
> 為一張者，通謂之「油單」。其自視亦不輕。連幅則可障風。隨處皆以白布為障
> 幕，陸行則以馬馱之以隨。〔註251〕

董越修正史志訛誤之處，一是「狼尾筆」係黃鼠毫所製，非狼尾。二是朝鮮的

〔註247〕《朝鮮賦》，頁 15。
〔註248〕《朝鮮王朝實錄》（世宗實錄），卷 102，頁 42-1。
〔註249〕《朝鮮王朝實錄》（世宗實錄），卷 113，頁 36-2。
〔註250〕《朝鮮王朝實錄》（成宗實錄），卷 134，頁 12-2。
〔註251〕《朝鮮賦》，頁 15。

精布細密如縠，非傳聞中所謂為苧布者，而是以麻織造。三是朝鮮之紙，名貴在於捲束如筒，傅油可以禦雨，實則以楮為之，卻被誤認為是蠶繭所製。據李時珍（1518～1593）《本草綱目》載：「楮本作柠，其皮可績為紵故也。楚人呼乳為縠，其木中白汁如乳，故以名之。……楮實生少室山，所在有之。八月、九月采實日乾，四十日成。」李時珍進一步解釋說：「南人剝皮搗煮造紙，亦緝練為布，不堅易朽。」〔註252〕。

> 乃若所謂男子巾幘如唐，今則非昔。果下之馬，亦無三尺。《文獻通考》謂其國人戴折風之巾幘如唐，今男子皆戴大帽，惟王都為王舉輿者戴六角皂絹軟巾。六角皆綴白綿毬，穿紫絹圓領，足躡尖頭皮屨，儼如所畫騎唐馬之奚官，意當時所服必皆如此，故云如唐。又《一統志》謂：「百濟國出『果下馬』，其高三尺，果下可乘。」今百濟國之境正在楊花渡之南岸，去王京不過二三十里，詢之，云久已無產矣。但其國中道路所見駄物之馬，雖不止三尺，然比中國之馬差小。意者其種類也。姑記以候。惟有五葉之葓，滿花之席。五葉葓，即《本草》所謂「新羅人葓」也。滿花席之草，色黃而柔，雖摺不斷，比蘇州者更佳。歲貢闕庭，時供上國。百二十年來，其蒙晉接之駢蕃，雖曰乎聖明之所賜，而亦由其琛贄之絡繹也。〔註253〕

第四，則是傳聞所謂朝鮮男子所戴巾幘形式如唐，董越目睹所見男子皆大帽，惟在王都漢城為朝鮮王舉輿者戴六角皂絹軟巾。五是關於《大明一統志》所載「百濟產果下馬」，百濟故址位於漢城的漢江南岸，經董越查訪而知，早已不產果下馬，而在朝鮮所見之馬，確實較明朝矮小。

即便董越於〈朝鮮賦〉中更正所見，其後嘉隆萬年間葉向高（1559～1627）所著《四夷考》朝鮮部分，仍臚列朝鮮物產有：「產金、銀、鐵、水晶、鹽、紬苧布、白硾紙、狼尾筆、果下馬、長尾雞、貂豽、海豹皮、八梢魚、昆布、秔、黍、麻、榛、松、人參、茯苓」，〔註254〕沿用《大明一統志》舊資料。由此可見，史籍志書不可盡信矣，惟有如董越實地考察，查訪聞問，方得知其真貌，而不受舊有認知的侷限。

在董越的〈朝鮮賦〉中，除了呈現朝鮮君臣「恪勤事大」的態度，提到最

〔註252〕《本草綱目》，卷36，頁2074。
〔註253〕《朝鮮賦》，頁15～16。
〔註254〕明・葉向高著，明・陳繼儒、高承埏校：《四夷考》，《寶顏堂秘笈續集》（中央研究院漢籍電子文獻資料庫影印明萬曆繡水沈氏尚白齋刻本），卷1，頁6-2。

多次的，當為朝鮮受中華歷史文化薰陶的歷程。董越到了平壤、開城以至漢城，必定直陳朝鮮華化的軌跡，找尋他者對自我文化的認同，「文化認同並非趨同或被同化，而是建立在知己知彼基礎上的接受並且贊同，對某種文化認同的過程，亦是自我身份尋找、確認的過程。」〔註255〕，董越大幅著墨這些蹤跡，既是確認明朝的文化優越感，也是贊同朝鮮經歷文化適應（acculturation）和內化過程的成果。此外，透過董越在頒詔典禮的參與觀察（participant-observation）、王室宮殿民宅的直教觀察（direct observation），以及與朝鮮君臣間的深度訪談（depth interview），呈現〈朝鮮賦〉的田野調查（field research）結果，展現出此一時期朝鮮王朝的風采以及地域文化的雅俗面向。

《文心雕龍‧詮賦》有言：「夫京殿苑獵，述行序志，並體國經野，義尚光大。既履端於唱序，亦歸餘於總亂。序以建言，首引情本；亂以理篇，迭致文契。按《那》之卒章，閔馬稱「亂」，故知殷人輯頌，楚人理賦，斯並鴻裁之寰域，雅文之樞轄也。至於草區禽族，庶品雜類，則觸興致情，因變取會，擬諸形容，則言務纖密；像其物宜，則理貴側附；斯又小制之區畛，奇巧之機要也。」〔註256〕，從劉勰的定義上觀之，書寫「京殿、苑獵、述行（行旅）、序志」一類的賦體，需考察國都體制，觀察田野規劃，崇尚意義。這類都邑、紀行賦體需有序言開頭，總論結尾，意即美國學者康達維（David R. Knechtges）在其〈漢賦中的紀行之賦〉一文給予「紀行賦」的三個要項：「首先，旅程行止不限於單一的地點；其次，旅行述錄是真實的而非幻想的；再次，賦的功能更趨向反映個人化的情志。」〔註257〕。

董越〈朝鮮賦〉以親身經歷敘寫出使朝鮮沿途旅程之地理種種，從平壤而開城而漢城，著錄歷來朝鮮王都的真實事蹟與歷史變遷，其中不乏流露個人中華文化意識的優越情志，從體例上而言，符合前述「紀行賦」的要項。而就形式上而言，〈朝鮮賦〉有序言、有結論，內容上敘述其於朝鮮境內所見「山川、風俗、人情、物態」又近似《文心雕龍‧詮賦》所言「都邑賦」的特徵，加之其記載藩屬國所見所聞，又符應「體國經野，義尚光大」的定義，可以說是兼具「紀行賦」的體例與「都邑賦」的內容，董越〈朝鮮賦〉「給人們傳達了對

〔註255〕《明代文臣出使朝鮮與《皇華集》》，頁102。
〔註256〕《文心雕龍譯注》，卷8，頁105。
〔註257〕〔美〕康達維（David R.Knechtges）著，蘇瑞隆譯：《漢代宮廷文學與文化之探微：康達維自選集 Studies of Han Dynasty Court Literature and Culture》（上海：上海譯文出版社，2013年），頁157。

於成宗時期朝鮮人民及官員的正面肯定的印象，成宗朝時中國與朝鮮關係尤其平靜穩定。董越的著述還有助於說明，只要雙方不存疑猜，都願維持基本的宗主關係，中朝關係就可以是真誠友善的。」〔註258〕。

第三節　箕子與金四月：明與朝鮮的共同意識與唱和

「文化流動，是一種分離與趨同的過程。特定歷史點上的文化共同性，會隨著時間的遠去而消逝，兩個相異的文化也可能因為媒體文化產品交流而逐漸趨近。透過文化流動而產生的趨同，會使得人們產生親密的共同意識。」〔註259〕，明朝與朝鮮之間，有著悠久的歷史淵源。《漢書‧地理志》也說：「殷道衰，箕子去之朝鮮，教其民以禮義，田蠶織作。樂浪朝鮮民犯禁八條，……是以其民終不相盜；無門戶之閉，……可貴哉，仁賢之化也！」〔註260〕，箕子之去朝鮮，亦成為明與朝鮮間「文化接近性」（cultural proximity）的媒介。〔註261〕

而所謂的「文化接近性」，即在一樣的歷史背景與社會中的社群，會共享相似的意識形態與價值觀，會有相似的意見與文化。〔註262〕爰此，本節將以明與朝鮮「箕子及漢文化」的共同意識（common conscious），〔註263〕分析土木堡之變後至神宗萬曆年間奉旨赴朝鮮的明使，與朝鮮陪臣間的對話所賦予的特殊意義。

明使節出使朝鮮關於「箕子及漢文化」共同意識唱和之作的研究，前有學者權赫子〈從《皇華集》「箕子題詠」看辭賦的外交功能〉，認為《皇華集》所載題詠箕子詩賦，是融憑弔、紀行、外交為一體的作品，頗顯外交唱和者的現場感與身份意識，其主要著眼於姜日廣〈弔箕子賦〉與朝鮮陪臣張維、金鎏的〈次韻作〉。〔註264〕而新加坡學者衣若芬〈明代中韓「孝女」唱和詩的文化意

〔註258〕《劍橋中國明代史》（下卷），頁257。

〔註259〕張玉佩：〈導讀：文化流動的模式與另類想像〉，《中華傳播學刊》第31期（2017年6月），頁6。

〔註260〕《漢書》，卷28下，頁1658。

〔註261〕Galtung, J. & Ruge, M. H. (1965). The Structure of Foreign News. *Journal of Peace Research*, 2(1), 46-91.

〔註262〕Joseph D. Straubhaar (1991). Beyond Media Imperialism: Assymetrical Interdependence and Cultural Proximity. *Critical Studies in Media Communication*, 8(1), 39-59.

〔註263〕John Tomlinson. 1999. Globalization and Culture. Chacigo:University of Chacigo Press, p.1-2.

〔註264〕權赫子：〈從《皇華集》「箕子題詠」看辭賦的外交功能〉，《東疆學刊》第28

涵〉，探討明與朝鮮兩國使臣歌詠朝鮮孝女金四月的詩篇，作品中反覆運用孝親的典故，對同一個主題進行集體書寫，實踐了先秦以來賦詩外交的傳統，共同營造偏離金四月事蹟的孝親意象。從而將象徵區域性的孝女行為，擴大而為使臣觀察民風的文化景觀，推衍至明朝恩澤降布於朝鮮的德教政績。〔註265〕

　　之後，韓國學者蘇岑〈明使的「金四月」題唱和朝鮮的「斷指療親」風俗〉，描述明使節對於金四月的題詠以及朝鮮「斷指療親」的風俗，並分析「斷指療親」風俗形成的原因，及其與中國割股療親風俗的比較。〔註266〕另外尚有學者孟慶茹與袁棠華聯作〈從《皇華集》看中朝使臣對箕子形象的認知〉，認為明朝使臣通過拜謁箕子祠與墓，並題詠箕子的詩歌文賦的交流，一方面看到朝鮮人對箕子祭祀的重視，肯定並歌頌朝鮮人懂禮，重溫中國文化，另一方面則為朝鮮人才濟濟而感歎和欣喜。〔註267〕

　　一般所謂的「詩賦外交」，係指在外交場合上「賦詩言志」，意即通過賦詩為文，來表達政治立場、傳遞資訊的一種外交話語。「詩賦外交」作為一種政治話語模式，最早源自於春秋時代諸侯國之間的往來。《論語・陽貨》有云：「子曰：『小子何莫學夫《詩》？《詩》可以興、可以觀、可以羣、可以怨。邇之事父，遠之事君，多識於鳥獸草木之名。』〔註268〕」，孔子強調《詩經》的社會實踐作用。近代學者李澤厚則指出：「《詩》在古代的功能遠遠不只是抒發情感，而是有著廣泛的實用價值和用途，特別是學習禮制和辦外交時必須援引以作為依據……不學則寸步難行，不能辦公應事也。」〔註269〕。由昰，《詩經》的社會政治作用，成為「詩賦外交」理論開展的重要依據。「詩賦外交」的實質意義，在於外交活動中能從容應對，游刃有餘。

　　延續「詩賦外交」的基本精神，明與朝鮮之間所創作的《皇華集》不但繼

卷第3期（2011年7月），頁8～11。

〔註265〕衣若芬：〈明代中韓「孝女」唱和詩的文化意涵〉，收錄於石守謙、廖肇亨主編：《東亞文化意象之形塑》（臺北：允晨文化實業股份有限公司，2011年），頁507～537。

〔註266〕蘇岑：〈明使的「金四月」題唱和朝鮮的「斷指療親」風俗〉，《華南師範大學學報（社會科學版）2014年第3期（2014年6月），頁47～54。

〔註267〕孟慶茹、袁棠華：〈從《皇華集》看中朝使臣對箕子形象的認知〉，《北華大學學報（社會科學版）第20卷第2期（2019年3月），頁59～67。

〔註268〕《重栞宋本論語注疏附挍勘記》，《重刊宋本十三經注疏附校勘記》，卷17，頁156-1。

〔註269〕李澤厚：《論語今讀》（北京：三聯書店，2004年），頁479。

承「詩賦外交」的傳統，體現明使節將親身經歷與詩賦創作相互結合，更進一步展現帝國主義的文化霸權。明使節詩歌創作承續先秦兩漢「觀風俗，知厚薄」〔註270〕的思想敘寫，與朝鮮的酬唱更是表現出文本間的互文性（intertextuality）。

一、文化轉移視域下的箕子

明使節出使朝鮮，就其「文化接近性」而言，題詠箕子詩賦，不單單只是憑弔、紀行，更是因彼此的共同意識，而可以達到融外交與文化流動於一體的功能。土木堡之變後，率先出使朝鮮的倪謙，有〈謁箕子廟〉之作：「〈洪範〉敷陳發禹疇，萬年聖學啟宗周。肯因淪喪為臣僕，甘忍佯狂作繫囚。新廟松蘿常鬱鬱，故宮禾黍自油油。我來拜謁頻增感，遺化漸沺遍海陬。」〔註271〕，倪謙的〈謁箕子廟〉序有言：「予與給事司馬先生奉使，道經平壤，獲拜祠下。明日路出城西，復獲展拜丘壟。遂賦詩二章，用伸景仰之意云爾。」〔註272〕，言明作「箕子題詠」的用意，是遊覽先賢勝跡，憑弔古人而作。倪謙的〈謁箕子廟〉雖僅有同行的副使司馬恂作〈拜謁箕子祠下〉一同讚譽箕子「忠義肯同微子去，仁心唯有仲尼知。一篇〈鴻範〉垂經訓，千載朝鮮享舊祠。」〔註273〕，無朝鮮陪臣的唱和，然其內容從彼此的共同意識（common conscious）出發，可視為後來出使朝鮮的明使集體書寫「箕子題詠」的開端，奠定明朝與朝鮮間文化流動的基本論調。

箕子（生卒年不詳），名胥餘。據北宋李昉《太平御覽》引《帝王世紀》說：「帝乙有二妃，正妃生三子：長曰微子啟，中曰微仲行，小曰受。庶妃生箕子，年次啟，皆賢。初，啟母之生啟及行也，尚為妾。及立為后，乃生辛。帝乙以啟賢且長，欲以啟為太子。太史據法爭之，帝乙乃立辛為太子。」〔註274〕，為商朝紂王的王室宗親。紂王淫泆，箕子曾勸諫之，紂王不聽，反而囚禁他。於是，箕子被髮佯狂而為奴，以躲避災禍。〔註275〕之後，武王克殷，訪問箕子請

〔註270〕《漢書》，卷30，頁1756。

〔註271〕《皇華集》，《域外漢籍珍本文庫》，第五輯，集部，第13冊，頁39，總頁458。

〔註272〕《皇華集》，《域外漢籍珍本文庫》，第五輯，集部，第13冊，頁39～40，總頁458。

〔註273〕《皇華集》，《域外漢籍珍本文庫》，第五輯，集部，第13冊，頁40，總頁458。

〔註274〕《太平御覽》，卷83，頁522-1。

〔註275〕《史記》，卷38，頁1609。

教治國之道，箕子告之「初一曰五行；二曰五事；三曰八政；四曰五紀；五曰皇極；六曰三德；七曰稽疑；八曰庶徵；九曰嚮用五福，畏用六極。」〔註276〕鴻範九等，詳載於《尚書・洪範》，〔註277〕武王乃封箕子於朝鮮。〔註278〕

（一）使節眼中的箕子

箕子在朝鮮立下的井田制度，明孝宗時期出使朝鮮頒即位詔的王敞，〔註279〕曾寫下〈過箕子故城有感〉「井田已廢千年後，故壘曾經百戰餘。」〔註280〕句，與朝鮮陪臣許琮次韻詩「千里鶯花三月暮，萬家麰麥八條餘。」〔註281〕及成俔的次韻詩「閭閻撲地田分井，商賈連檣戶有魚。」〔註282〕，呼應《朝鮮王朝實錄》：「是日，天使謁箕子墓，仍往泳歸樓，見路傍井田之制曰：『雖不分明，猶有遺迹也。』〔註283〕」以及「井田之法，盡廢於天下，惟我東平壤，獨有箕子井田之制，今幾湮沒。今此籍田，若倣平壤井田之遺制，則箕子之法，雖廢於彼，而可行於此矣。」〔註284〕的記載，呈現千年前箕子對朝鮮的具體事蹟。

英宗天順八年（1464）出使朝鮮的金湜，有〈謁箕子廟〉作：

> 亡身去國念宗親，誰說佯狂便辱殷。周武封來無棄主，魯儒論後有良臣。山連平壤墳長在，路繞同江廟屢新。奉詔經過春似海，千年文物見東人。〔註285〕

天順八年（1464）二月，明英宗駕崩，憲宗派遣金湜與張珹前往朝鮮國頒即位

〔註276〕《史記》，卷38，頁1611～1620。

〔註277〕《重栞宋本尚書注疏附挍勘記》，《重刊宋本十三經注疏附校勘記》，卷12，頁167-1～179-2。

〔註278〕《尚書孔氏傳》：「武王釋箕子之囚，箕子不忍周之釋，走之朝鮮。武王聞之，因以朝鮮封之箕子。」《重栞宋本尚書注疏附挍勘記》，《重刊宋本十三經注疏附校勘記》，卷12，頁167-1。

〔註279〕《明實錄》（明孝宗實錄），卷8，頁158。

〔註280〕《皇華集》，《域外漢籍珍本文庫》，第五輯，集部，第14冊，卷下，頁7，總頁71。

〔註281〕《皇華集》，《域外漢籍珍本文庫》，第五輯，集部，第14冊，卷下，頁7，總頁71。

〔註282〕《皇華集》，《域外漢籍珍本文庫》，第五輯，集部，第14冊，卷下，頁7，總頁71。

〔註283〕《朝鮮王朝實錄》（中宗實錄），卷84，頁45-1。

〔註284〕《朝鮮王朝實錄》（英組實錄），卷100，頁9-2。

〔註285〕《皇華集》，《域外漢籍珍本文庫》，第五輯，集部，第13冊，頁22，總頁538。

詔，並賜幣帛文錦等物予朝鮮王及王妃，〔註286〕兩人二月二十八、九日發程，四月抵達朝鮮王都。〔註287〕「箕子廟」，位於平壤府城北兔山上，築有亭子、樓閣、石人石羊，皆南向。祠堂在城內義理坊，城東則有大同江流經。〔註288〕商末周初，紂王無道，微子去之，〔註289〕箕子佯狂為奴。〔註290〕後周武王立，箕子東出朝鮮，並作〈洪範〉篇。金湜這首〈謁箕子廟〉，首先點出箕子故事，頸聯介紹箕子廟地理位置，最後言經過箕子廟正是春天時節，從箕子廟緬懷千年前東來的先哲。

　　而與金湜同行的張珹，則有〈謁箕子廟次金太僕韻〉：

　　　　一朝佯狂豈背親，的知天命已違殷。道傳〈洪範〉曾何隱？土胙朝

　　　　鮮竟不臣。立教無前身作古，報功有後禮惟新。當時宗戚知多少，

　　　　今日如公得幾人？〔註291〕

張珹首聯、頷聯均承箕子典故，後言其立教於朝鮮，禮樂教化傳於後世，當時微子去，比干剖心而死，能像箕子流傳千古的又有幾人呢？一方面緬懷箕子，另一方面讚揚其對朝鮮的貢獻。

　　朝鮮陪臣朴元亨亦有〈次韻〉：

　　　　興亡與國義無親，可奈天心已釋殷。却把禹疇聊授聖，竟嫌周粟肯

　　　　為臣！千年古廟檀煙裊，一酹芳尊潤藻新。獨掩陳編吊遺迹，乾坤

　　　　寂寞有三人。〔註292〕

朴元亨（朝鮮太宗11年～朝鮮睿宗元年，1411～1468），朝鮮竹山人。清人朱彝尊（1629～1709）《靜志居詩話》將「朴元亨」作「朴原亨」，載有關於朴元亨的事蹟：「朴原亨，官戶曹判書，調刑曹判曹。天順元年，使朝鮮者，翰林修撰陳鑑緝熙，太常博士會稽高閏居平，三年奉使，則刑科給事中餘姚陳嘉猷

〔註286〕《明實錄》（明憲宗實錄），卷2，頁53。

〔註287〕《朝鮮王朝實錄》（世祖實錄），卷32、33，頁27-2、28-1、17-2。

〔註288〕《朝鮮王朝實錄》（世宗實錄），卷154，頁3-2。

〔註289〕《論語・微子》：「微子去之，箕子為之奴；比干諫而死。孔子曰：『殷有三仁焉！』」《重栞宋本論語注疏附挍勘記》，《重刊宋本十三經注疏附校勘記》，卷18，頁164-1。

〔註290〕《楚辭・惜誓》：「比干忠諫而剖心兮，箕子被髮而佯狂。」《楚辭補注》，卷11，頁230。

〔註291〕《皇華集》，《域外漢籍珍本文庫》，第五輯，集部，第13冊，頁22，總頁538。

〔註292〕《皇華集》，《域外漢籍珍本文庫》，第五輯，集部，第13冊，頁22～23，總頁538。

世用，四年奉使，則禮科給事中海鹽張寧靖之。原亨凡三充館伴，靖之贈詩云：『朝鮮賢臣樸判書，老成文物非凡儒。』蓋其國中魁楚也。」〔註293〕

朴元亨曾任倪謙、張寧、陳鑑、高閏及陳嘉猷等出使朝鮮期間的遠接使及伴送使，倪謙曾作〈贈朝鮮陪臣工曹判書朴元亨還國〉詩贈之。〔註294〕金湜與張珹出使期間復為館伴，又兼遠接使，〔註295〕金湜曾畫素竹屏風，并製詩書於其上，贈與朴元亨。〔註296〕朴元亨這首次韻詩首聯、頷聯亦引箕子典故，後兩聯回到眼前景色，緬懷先聖遺跡。文末「乾坤寂寞有三人」則點出檀君、東明王、箕子三人，既回應明使箕子廟賦作，又不忘自身本源始祖。

憲宗成化年間與祁順一同出使朝鮮的張瑾，有〈謁箕子廟〉：

> 當時忠義忤商王，隱忍為奴社稷亡。白首有封逢聖武，黃泉無面見成湯。高山黑霧迷同水，平壤荒墳對夕陽。千古三仁傳不朽，椒漿奠罷使人傷。〔註297〕

張瑾（1448～1481），字廷玉，直隸蘇州府吳縣人，成化八年（1472）進士，授行人司左司副。張瑾除於成化十一年（1475）與祁順出使朝鮮頒冊立皇太子詔之外，〔註298〕另於成化十四年（1478），與給事中馮義前往占城冊封占城國王。〔註299〕張瑾首聯寫歌詠箕子的忠義品格，頷聯對箕子流落朝鮮的命運加以對照，言箕子身為殷商子民，受周武王封領朝鮮，有愧商湯。頸聯、尾聯從歷史轉為現實，對於箕子身逢易代禍亂，際遇令人感傷。

朝鮮陪臣徐居正與之有〈次韻〉：

> 白魚當日瑞周王，殷土茫茫社已亡；〈洪範〉彝倫明日月，朝鮮茅土有金湯。八條美俗檀君後，九尺遺墳浿水陽；丹荔黃蕉千載祀，空令過客為悲傷。〔註300〕

徐居正（서거정，1420～1488），今韓國大邱人。字剛仲，號四佳亭，諡號文

〔註293〕《靜志居詩話》，卷24，頁17～18。
〔註294〕《朝鮮王朝實錄》（世祖實錄），卷19、33，頁27-1、32-2、34-1、40-1。
〔註295〕《朝鮮王朝實錄》（世祖實錄），卷32，頁24-2。
〔註296〕《朝鮮王朝實錄》（世祖實錄），卷33，頁19-1。
〔註297〕《皇華集》，《域外漢籍珍本文庫》，第五輯，集部，第13冊，卷上，頁35，總頁589。
〔註298〕《明實錄》（明憲宗實錄），卷147，頁2707。
〔註299〕《明史》，卷324，頁8388。
〔註300〕《皇華集》，《域外漢籍珍本文庫》，第五輯，集部，第13冊，卷上，頁35，總頁589。

忠，明英宗正統九年（朝鮮世宗二十六年，1444）文科及第，代宗景泰七年（朝鮮世祖二年，1456）撥英試狀元，歷任集賢殿博士、副修撰、左贊成，並兼任弘文館和藝文館大提學等職，〔註301〕前後接待過陳嘉猷、祁順及張瑾等明朝使臣。〔註302〕清人朱彝尊《靜志居詩話》載道：「徐居正，字剛中（一作仲），議政府左參贊。有〈北征稿〉。成化丙申，祁主事順使朝鮮，居正充遠迎使，既為館伴，因時與倡和，為序其〈北征稿〉。〈北征稿〉者，天順庚辰，居正奉王命入覲而作也。順稱其『博古通經，長篇短章，淵淵乎有本，浩浩乎不窮，與中國之能詩者，殊不相遠』云。」〔註303〕。

首句先使用《尚書》序〔註304〕及《史記‧周本紀》〔註305〕典故作為開頭。「八條美俗檀君後」，則引《朝鮮王朝實錄》所言：「檀君之後，即箕子也。傳至箕準，當漢之時，燕人衛滿逐準代立。箕準亡入馬韓之地，更立國，所都之基，今猶在焉。檀君、箕子、衛滿，謂之三朝鮮。」〔註306〕「九尺遺墳浿水陽」，言平壤城在浿水之陽，〔註307〕而箕子廟又在平壤城內。無論是前首張瑾所作〈謁箕子廟〉，或者這首徐居正的〈次韻〉詩，都表現出對先賢箕子的遭遇寄予同情。更深沉的，是發抒對先聖明君的嚮往與追求。

綜上觀之，無論是天順年間金湜與張珹及朝鮮陪臣朴元亨唱和之作，由金湜先作〈謁箕子廟〉先唱，張珹〈謁箕子廟次金太僕韻〉次之，朴元亨再次韻和之，三首詩韻腳均同為「殷、臣、新、人」，同押平聲真韻。憲宗成化年間與祁順出使朝鮮的張瑾，其〈謁箕子廟〉，及與之次韻的徐居正，兩首詩韻腳均同為「亡、湯、陽、傷」，同押平聲陽韻，彼此音律工整，內容互相呼應，

〔註301〕 李岩，徐建順等著：《朝鮮文學通史》（北京：社會科學文獻出版社，2010年），頁760。
〔註302〕 《朝鮮王朝實錄》（世祖實錄），卷8、15、19、39、46，頁8-1、22-2、43-1、6-1、36-2。
〔註303〕 《靜志居詩話》，卷24，頁19～20。
〔註304〕 《尚書》序：「八百諸侯俱至孟津，白魚入舟。」《重栞宋本尚書注疏附挍勘記》，《重刊宋本十三經注疏附校勘記》，卷1，頁10-1。
〔註305〕 《史記‧周本紀》：「武王渡河，中流，白魚躍入王舟中，武王俯取以祭。既渡，有火自上復于下，至于王屋，流為烏，其色赤，其聲魄云。」劉宋裴駰《集解》引馬融曰：「魚者，介鱗之物，兵象也。白者，殷家之正色，言殷之兵眾與周之象也。」又引鄭玄說：「書說云烏有孝名。武王卒父大業，故烏瑞臻。赤者，周之正色也。」《史記》，卷4，頁120。
〔註306〕 《朝鮮王朝實錄》（成宗實錄），卷214，頁3-1。
〔註307〕 北魏‧酈道元著，陳橋驛著：《水經注校釋》（杭州：杭州大學出版社，1999年），卷14，頁265。

朝鮮文人活用典故，步韻成篇的創作功力，毫不遜於明使臣。

　　而對於箕子的遭遇寄予同情的，還有如英宗天順元年（1457）出使朝鮮的高閏，其〈謁廟辭〉寫「方紂之不辟，肉林酒池，嚴刑侈服，象箸玉杯。……（箕子）佯狂披髮，受辱同危。……喟興亡之係人，長矯首其慕乎忠義。」〔註308〕，批判紂王暴政，並對箕子等人給予無限同情。同與高閏出使朝鮮的陳鑑，其「六月，謁箕子也。周封箕子於朝鮮而不臣之，東人尊之為始祖，而世享其祀焉」，〔註309〕以《詩經》四言體的形式，言「彼君子兮，商之孫子，王之藎臣，其德靡悔。咨爾殷商，斂怨以為德，小大近喪，曷其有極……遂荒大東，萬民是若，順彼長道，俾民稼穡。享祀不忒，匪今斯今。寢成孔安，以慰其心。高山仰止，其詩孔碩。神之聽之，亦不夷懌。」〔註310〕抒發其對箕子的同情與懷念。

　　其餘尚有孝宗弘治五年（1492）出使朝鮮頒立皇太子詔的艾璞（1451～1513），其〈謁箕子廟偶成一律〉：「曾記成童讀《魯論》，每於言外體深仁。佯狂不去心何主，興廢無常理在人。麥秀忽驚殘故國，鷺飛終見作王賓。東來奉使經祠下，一瓣心香默寓神。」〔註311〕，經過箕子廟，捻香一拜，以表敬意。朝鮮陪臣盧公弼則次韻以「千載八條遺範在，至今蕉荔報明神。」〔註312〕，言箕子遺範仍在。

　　憲宗成化二十三年（1487）出使朝鮮的董越與王敞，均有謁箕子廟作。董越作兩首，其一〈平壤城謁箕子廟〉：「象箸當年託意深，臺池那復救荒淫。誰云被髮佯狂態，不是捐軀獻靖心。禹範一篇陳大道，東人千古仰遺音。偶來歇馬瞻祠廟，桂酒椒漿且一斟。」〔註313〕董越以相同的典故，言箕子教化琉布朝鮮。來到箕子廟前，斟一杯酒聊以奠祭。其二則說：「玉馬西周不共朝，冠裳東國儼清標。高風謾說凌三代，遺教猶聞守八條。廟古松枝惟有鶴，林深桑

〔註308〕《皇華集》，《域外漢籍珍本文庫》，第五輯，集部，第 13 冊，頁 14～15，總頁 472-473。

〔註309〕《皇華集》，《域外漢籍珍本文庫》，第五輯，集部，第 13 冊，頁 13，總頁 472。

〔註310〕《皇華集》，《域外漢籍珍本文庫》，第五輯，集部，第 13 冊，頁 13，總頁 472。

〔註311〕《皇華集》，《域外漢籍珍本文庫》，第五輯，集部，第 14 冊，頁 8，總頁 97。

〔註312〕《皇華集》，《域外漢籍珍本文庫》，第五輯，集部，第 14 冊，頁 9，總頁 98。

〔註313〕《皇華集》，《域外漢籍珍本文庫》，第五輯，集部，第 14 冊，卷上，頁 13，總頁 44。

椹已無鶃。驛城旄節三春暮，幾欲臨風賦〈大招〉。」〔註314〕董越寫朝鮮有箕子這樣的明君，顯得如一股清流一般，猶守著千年遺留下來的教化，讓董越幾度想賦〈大招〉為其招魂。

　　朝鮮陪臣許琮也作了兩首詩次韻董越的〈平壤城謁箕子廟〉，其一曰：「瑤琴一曲意何深，可忍君王恣淫淫？麥秀殷墟空慘目，茅分海國肯甘心！書陳八政思傳法，名列三仁遇賞音。日暮空庭山雨下，只將明水喚人斟。」〔註315〕首聯化用《史記》〔註316〕典故，言箕子諫紂王而不被接受，遂隱世而彈瑤琴自悲。頷聯「麥秀殷墟空慘目，茅分海國肯甘心！」言箕子於周朝時期路過殷墟，見而感傷傷作〈麥秀歌〉為之流涕。頸聯及末聯言箕子為政理念在朝鮮得以施展，回到箕子廟前，斟酒聊表敬意。

　　許琮，據清人朱彝尊《靜志居詩話》說：「許琮，字宗卿，安興人。由進士為吏曹判書，積官至參政府議政。有《尚友堂詩集》。孝宗即祚之初，以右春坊右庶子兼翰林院侍講寧都董公越，工科右給事中上元王公敞，頒詔于朝鮮。宗卿時為館伴，繼和之作，綽有唐人風格。句如『春歸飛鳥外，天闊落帆中』，『細雨全沈樹，孤城半帶煙』，『東風瓜蔓水，斜日竹枝歌』，『風急摶羊角，波翻起雁群』，『官橋晴曬網，野渡晚維舟』，俱清婉可誦。董公為作序，稱其『音律諧暢，蕭然出塵』，非虛譽也。……。宗卿祖愭字原德，官奉嘗，有《梅軒集》。」〔註317〕，許琮於董越與王敞出使朝鮮期間擔任館伴使，其詩作頗有唐風。其二則云：「孤忠終不向西朝，盛德長為萬世標。古碣倚牆微有字，寒松溜雨半無條。岡巒斗起傳名兔，草棘叢深不萃鶃。擬作廟中迎送曲，臨風不用楚辭招。」〔註318〕呼應董越的〈平壤城謁箕子廟〉之二，以廟前古碣、字牆、寒松及草木等，箕子墓座落城西兔山上等景緻，寫以郊廟迎送歌曲，代替〈大招〉辭賦。

　　董越與許琮唱和之作，前由董越〈平壤城謁箕子廟〉先唱二首，許琮次韻

〔註314〕《皇華集》，《域外漢籍珍本文庫》，第五輯，集部，第14冊，卷上，頁13，總頁44。

〔註315〕《皇華集》，《域外漢籍珍本文庫》，第五輯，集部，第14冊，卷上，頁13，總頁44。

〔註316〕「紂為淫洗，箕子諫，不聽。……乃被髮詳狂而為奴。遂隱而鼓琴以自悲，故傳之曰箕子操。」《史記》，卷38，頁1609。

〔註317〕《靜志居詩話》，卷24，頁20～21。

〔註318〕《皇華集》，《域外漢籍珍本文庫》，第五輯，集部，第14冊，卷上，頁13～14，總頁44。

和之。四首詩韻腳兩兩相同，分別為「淫、心、音、斟」，同押平聲侵韻，以及「標、條、鴞、招」，同押平聲蕭韻，音律工整，相互應和，內容互為補充，顯見朝鮮文人許琮的作詩功力。

　　箕子作為文化傳播的先驅（orienteur），是當時朝鮮的領導者，在他的帶領下，使朝鮮化夷俗而為「禮義之邦」，功業甚鉅，受朝鮮黎民感念，建置箕子廟祭祀之。董越〈弔箕子墓辭〉曾說：「顧瞻遺墟兮禾黍芃芃，沾丐殊方兮一德同風。」〔註319〕，而副使王敞和詩道：「八條垂教兮以迄于今。嗚呼道脈相延兮，曠百世而同心」，〔註320〕朝鮮陪臣許琮和作曰：「餘澤靡泯兮草木芃芃，民淳而俗樸兮夫子之風。……名與水兮流長，德與山兮俱崇。」〔註321〕。就明朝而言，箕子是中國文化的傳播者，文化流動的媒介；而就朝鮮而言，箕子則是為其帶來文明，使其擺脫蒙昧之邦的功臣。

　　箕子既為東渡的先聖哲人，將中華文化流至朝鮮並加以擴散，其在朝鮮傳播的教化，讓朝鮮人民「頗有箕子之遺風」。〔註322〕世宗嘉靖年間與龔用卿同往朝鮮頒皇子誕詔的吳希孟，其〈吊箕子墓〉云：「九疇有範，八條無窮。變夷為華，伊誰之功。」〔註323〕，稱頌箕子以〈九疇〉及「八條」，「變夷為華」開啟教化之功。因此，《朝鮮王朝實錄》稱：「古書有之。初，佛之排布諸國也，朝鮮幾為中華，以其小故，不得為中華。」〔註324〕。

　　箕子將其治國方針略施於朝鮮，制定頒布「樂浪朝鮮民犯禁八條」。《漢書·地理志》摘其要記，前半四條言：「相殺以當時償殺；相傷以穀償；相盜者男沒入為其家奴，女子為婢，欲自贖者，人五十萬。雖免為民，俗猶羞之，嫁取無所讎，是以其民終不相盜，無門戶之閉，婦人貞信不淫辟。」〔註325〕。《後漢書·東夷列傳》補充後半四條言：「其俗重山川，山川各有部界，不得妄相

〔註319〕《皇華集》，《域外漢籍珍本文庫》，第五輯，集部，第14冊，卷下，頁37，總頁86。

〔註320〕《皇華集》，《域外漢籍珍本文庫》，第五輯，集部，第14冊，卷下，頁38，總頁87。

〔註321〕《皇華集》，《域外漢籍珍本文庫》，第五輯，集部，第14冊，卷下，頁39，總頁87。

〔註322〕《舊唐書》，卷199上，頁5320。

〔註323〕《皇華集》，《域外漢籍珍本文庫》，第五輯，集部，第14冊，卷4，頁8，總頁268。

〔註324〕《朝鮮王朝實錄》（世宗實錄），卷26，頁632。

〔註325〕《漢書》，卷28下，頁1658。

干涉。同姓不婚。多所忌諱，疾病死亡，輒捐棄舊宅，更造新居。」〔註326〕。
從明使的角度而言，朝鮮施行禮儀和法規，黎民百姓受到制約教化，始知羞恥，
謹守規矩，國家社會安定，民風日漸淳樸，箕子之功不可沒，是在自我軸心基
準下，對他者（朝鮮）的好感。

　　憲宗成化年間出使朝鮮的祁順有長篇〈謁箕子廟賦〉，撫今追昔、緬懷先
聖，再點出教化之功：

> 有商之衰兮大道沈淪，女戎煽處兮積粟成塵。荒亡敗度兮虐焰肆氛，
> 藐天威之弗戒兮，遠忠言而莫聞。嗟哉！夫子兮遭時孔疚，義為大
> 臣兮親則諸父。視祖烈其至重兮，敢悉然而安處。方象箸之始造兮，
> 憂末流之莫支。……維朝鮮僻在東土兮，實夫子之封國。祠宇久而
> 彌新兮，儼清風之如昨。服八條之教令兮，安蠶織而耕鑿。信德盛
> 以流光兮，足廉頑而敦薄。吾生數千載之下兮，偶奉使而過茲。相
> 儀形而起敬兮，懷不盡之遐思。《書》有九疇兮《易》有明夷，仲尼
> 有贊兮宗元有碑。斯夫子之道大兮，又奚用贅乎一辭。〔註327〕

開篇以「女戎」為禍，言殷商淪亡之因。〔註328〕後箕子見象箸而知天下之
禍。〔註329〕「維朝鮮僻在東土兮，實夫子之封國。祠宇久而彌新兮，儼清
風之如昨」，呼應英宗天順三年（1459）出使朝鮮的陳嘉猷〈謁箕子廟〉詩
所言：「炮烙煙飛王氣衰，佯狂心事有琴知。言垂千載存〈洪範〉，人到三韓
謁舊祠。地老天荒名不泯，風清月白鶴歸遲。東蕃自是分封國，民俗依然似
昔時。」〔註330〕，由於箕子將華夏文明移植入朝鮮，為朝鮮文明奠定基礎，

〔註326〕《後漢書》，卷85，頁2818。

〔註327〕《皇華集》，《域外漢籍珍本文庫》，第五輯，集部，第13冊，卷上，頁1，
　　　　總頁572。

〔註328〕《國語・晉語》：「飲酒出，史蘇告大夫曰：『有男戎必有女戎。若晉以男戎勝
　　　　戎，而戎亦必以女戎勝晉，其若之何！』里克曰：『何如？』史蘇曰：『昔夏
　　　　桀伐有施，有施人以妹喜女焉，妹喜有寵，於是乎與伊尹比而亡夏。殷辛伐
　　　　有蘇，有蘇氏以妲己女焉，妲己有寵，於是乎與膠鬲比而亡殷。……』」韋昭
　　　　注曰：「戎，兵也。女兵，言其禍由姬也。」《國語》，卷7，頁255。

〔註329〕《韓非子・喻老》：「昔者紂為象箸而箕子怖。以為象箸必不加於土鉶，必將
　　　　犀玉之杯。象箸玉杯必不羹菽藿，則必旄象豹胎。旄象豹胎必不衣短褐而食
　　　　於茅屋之下，則錦衣九重，廣室高臺。吾畏其卒，故怖其始。居五年，紂為
　　　　肉圃，設炮烙，登糟邱，臨酒池，紂遂以亡。」《韓非子》，卷7，頁400。

〔註330〕《皇華集》，《域外漢籍珍本文庫》，第五輯，集部，第13冊，頁14，總頁
　　　　508。

故而箕子雖已離世千年，但朝鮮民俗依舊純樸如昔。

「《書》有九疇兮」，指箕子論鴻範九等治國之道載於《尚書》。當時殷商昏君在上，箕子賢人遭受艱難而不得志。〔註331〕「宗元有碑」，指柳宗元作〈箕子碑〉，美箕子「殷有仁人曰箕子，實具茲道，以立於世。」〔註331〕。祁順從商朝女禍為亂，朝代衰亡，大道沉淪談起，嘆微子、比干，再言箕子忍辱，後在朝鮮立教化，栽桑農耕，盛德流傳千載。

朝鮮陪臣徐居正同作〈謁箕子廟賦〉次韻之：

> ……有截平壤，有嚴其都。我受我封，我東曰徂。八條為教兮，亦何有於為國也。民到今受其賜兮，宛遺風其如昨。家禮讓而俗雍熙兮，以耕以鑿。伊三仁之去就兮，孰重輕而厚薄？人自靖而自獻兮，安所遇其若茲。覩夫子之遺祠兮，起千載之遐思。倘非夫子之在吾東兮，孔聖何以曰居夷？順其志同歸仁兮，吾信夫太白之碑也！狩歟先生之有賦兮，吾將求之黃絹幼婦之辭也。〔註333〕

「有截平壤，有嚴其都。」，是說「平壤，自檀君、箕子建都之後，為西北一方本營，又設土官，號曰西都。名聞中國，使華迎命，亞於京師，人居稠密，為國大藩，千有餘年矣。」〔註334〕。「敷〈洪範〉而錫君民兮」，是指「箕子為武王陳〈洪範〉，在朝鮮作八條，政教盛行，風俗淳美，朝鮮之名聞於天下後世」。〔註335〕「八條為教兮，亦何有於為國也。民到今受其賜兮，宛遺風其如昨」，則是指「是以《九疇》明八條行，民受其賜，萬世景慕」〔註336〕，箕子在朝鮮推行八條之教，黎民百姓均受其恩賜。

徐居正的次韻之作，可說是祁順〈謁箕子廟賦〉的延伸及補充，從某種意義上而言，可視為在地的朝鮮人對箕子文教傳播貢獻的認同。一如徐居正後段所提及的：「覩夫子之遺祠兮，起千載之遐思。倘非夫子之在吾東兮，孔聖何以曰居夷？」，以詰問的語氣，一方面肯定箕子對孔夫子的影響，另一方面藉

〔註331〕《周易‧明夷》：「箕子之明夷，利貞。」《重栞宋本周易注疏附挍勘記》，《重刊宋本十三經注疏附校勘記》，卷4，頁89-1；「明夷，利艱貞。」《重栞宋本周易注疏附挍勘記》，《重刊宋本十三經注疏附校勘記》，卷4，頁88-1。

〔註332〕《全唐文》，卷587，頁5927-1。

〔註333〕《皇華集》，《域外漢籍珍本文庫》，第五輯，集部，第13冊，卷上，頁2～3，總頁573。

〔註334〕《朝鮮王朝實錄》（太宗實錄），卷14，頁34-1。

〔註335〕《朝鮮王朝實錄》（太宗實錄），卷29，頁29-2。

〔註336〕《朝鮮王朝實錄》（太宗實錄），卷15，頁23-2。

以凸顯箕子在朝鮮的地位，彰顯其民族的情感。

對此，明世宗嘉靖二十四年（1545）前往朝鮮弔祭的行人張承憲，其在朝鮮的遠接使申光漢，[註337] 有次韻張承憲〈謁箕子廟〉詩作。其中詩文呼應徐居正的次韻賦，將箕子的文學地位提升為「儒仙」。詩云：「〈明夷〉為《易》〈範〉為《書》，誰指三仁更及予。命自靡常嗟已矣，道堪相授敢藏諸。今來古廟存瞻想，絕勝陳編謾卷舒。東土只今猶祀事，儒仙千載為躑躅。」[註338] 以箕子是《易經》爻辭中唯一明確指出的歷史人物，而〈洪範九疇〉乃《尚書》闡釋政治哲學思想的經訓條文，用以突顯箕子的崇高地位。儒家代表人物孔子，則將箕子視為殷末三哲人之一。頷聯言箕子雖生不逢時，可貴的是能把治國之道傳授予周武王，並且施行於朝鮮。末段寫作者在箕子廟前瞻仰陳跡，為千古儒仙而在廟前徘徊不已。

神宗萬曆年間出使朝鮮的王敬民，亦有長篇〈謁箕子廟賦〉作：

奉朝鮮以示不臣兮，俾東民其咸蘇。撫平壤而光宅兮，盡海表而式孚。惟宗社之永以續兮，儼開域而稱孤。德無陋而人無遠兮，導殊俗而改趨。……

余簡日而謁款箕廟兮，念枌榆而憬然如梧。厥主巍設於正位兮，斯宇實顯敞而寡仇。荷梁覺如飛虹兮，羌居楹而彫瑓。列左城右平之巖以正兮，土木被緹繡而光流。棟雲遠飛接於百嶽兮，繚繞攬澄江之悠悠。基實奠玄菟之奧區兮，階翠柏其長留。功德崇報於千禩兮，典迄今而益周。余歷茲而延佇不能去兮，奠椒漿而薦珍羞。結微情以陳詞兮，穆將愉乎靈魂。願顧余以來格兮，爛昭昭乎如存。夫孰非心之可感兮，孰非諒余之虔。假溢我潛迪兮，庶舊學服而益有悟於經言。亂曰：幸矣哉！夙慕箕城猶萬里違兮，謁祠下而形神依俙兮。余為箕城之後人，知居歆其庶幾兮。[註339]

王敬民（生卒年不詳），字用司，號徽吾，應天府句容縣（今江蘇省鎮江市）人，原籍河南開封府陳州西華縣。隆慶五年（1571）進士，授予東昌府推官之職，後遷至吏科給事中，歷官工科都給事中等。[註340] 萬曆十年（1582）九

[註337] 《朝鮮王朝實錄》（仁宗實錄），卷2，頁34-2。
[註338] 《皇華集》，《域外漢籍珍本文庫》，第五輯，集部，第14冊，頁23，總頁450。
[註339] 《皇華集》，《域外漢籍珍本文庫》，第五輯，集部，第15冊，頁1～3，總頁5-6。
[註340] 《明人傳記資料索引》，頁63。

月，皇太子誕生，明神宗命翰林院編修黃洪憲及工科右給事中王敬民出使朝鮮，頒皇子誕生詔勅，並賜朝鮮國王及王妃錦幣等物。〔註341〕當時，李德馨文名滿朝鮮，黃洪憲與王敬民兩使遊漢江，曾對謂左右說：「聞，朝鮮有李德馨者，願一見之。」德馨辭而不敢應對。王敬民遂以詩贈之，有「願為神交」之語。〔註342〕

王敬民這篇〈謁箕子廟賦〉，前先以序說明著作旨意，乃因王敬民祖籍河南西華，而西華為故箕地。而今奉使朝鮮「躬詣東藩，以播詔勅而獲瞻竚其廟貌，如親見之，謂為氣之相感，而數之不偶非邪？且遺化猶存，其國之君臣率能秉禮惇信，而世為東藩，又余所樂道者。」〔註343〕。

前段鮮敘述箕子的遭遇，及至東出朝鮮，宗社得以永續，「儼開域而稱孤」，在朝鮮施行教化，「德無陋而人無遠兮，導殊俗而改趨」，化用柳宗元〈箕子碑〉「及封朝鮮，推道訓俗，惟德無陋，惟人無遠。用廣殷祀，俾夷為華，化及民也。」〔註344〕，言箕子教化之功。後段轉而將時空背景拉回現實，言明朝皇帝詔諭東國，身為使臣奉敕出使，得瞻仰箕子廟風貌，緬懷先人功業，「謁祠下而形神依俙兮」，道範長昭，是一件幸事。

朝鮮遠接使李珥同步作〈謁箕子廟賦〉次韻之：

> 噫！太師遭此明夷兮，抱艱貞而彌堅。豈不知反覆而熟諫兮，恐我辟之彰愆。豈不知高逝而行遯兮，憫靈脩兮誰憐。肆內明而外晦兮，甘隱忍而為奴。炳丹心兮獻于先王，勖自靖兮之死不渝。如林之眾一散于牧野兮，羌自絕兮云何。吁！覽武烈于湯有光兮，不受法而何圖。諄諄〈洪範〉之既陳兮，前後聖兮一符。夫孰知八百之姬業兮，實肇基於嘉謨。念周德是天所輔兮，民相慶於來蘇。顧余志周為臣僕兮，指九天而為孚。一葦兮汎汎渡海，敢辭夫投荒而迹孤。王乃敬賢而表忠兮，不拂乎夫子之所趨。畫朝鮮而建國兮，夫惟不臣之故也。君子居兮何陋，茌殊域兮不忍舍。个鱗兮易以衣裳，蚩蚩兮繩以法度。政以德兮化遠，罄海隅兮歸附。撫檀君之幅員兮，教八條兮勤諭。煥禮樂兮軼華夏，民至今猶受惠。甚燭龍之照昏兮，

〔註341〕《明實錄》（明神宗實錄），卷128，頁2397。
〔註342〕《朝鮮王朝實錄》（宣祖實錄），卷16，頁9-2。
〔註343〕《皇華集》，《域外漢籍珍本文庫》，第五輯，集部，第15冊，頁1，總頁5。
〔註344〕《全唐文》，卷587，頁5927-1。

倪大寐之得寤。世綿歷兮千祀，德厚流光兮其誰與仇。曰皇華起敬
於祠宇兮，鏘佩鳴兮琳璆。云是箕城之秀士兮，風涵泳兮澤流。西
華平壤不知幾千里兮，想彼此兮思悠悠。神之格兮如水在地，奚必
此道之獨留。遺泯瞻玉節而增惻兮，相排擁乎道周。酌瓊漿兮椒醑，
採蘋蘩兮為羞。靈風至而颯然兮，髣髴兮迎我聖魂。陟降兮煞蒿悽
愴，豈無不亡者猶存。嗟漢使之揭誠兮，導邦人以益虔。永世相傳
而不亡兮，尤有感於敷陳而直言。亂曰：噫！嗟嗟！君子守身之經
兮，樂行憂違。狧歟夫子之達權兮，孰敢望乎依俙。欲鑽仰兮何由，
在極深兮研幾。〔註345〕

李珥（이이，1536～1584），字叔獻、見龍，號栗谷、石潭、愚齋，德水人。
累官至官議政府右贊成，〔註346〕為朝鮮李氏王朝著名的儒學者，朝鮮朱子「主
氣論」學派的代表人物，後世尊稱其為李栗谷或栗谷先生。《朝鮮王朝實錄》
稱其「性稟純謹，聰明絕人。年纔七歲，無書不讀，文章富贍，人目以神童。
及長遨遊山水，嘯詠自得，有遠舉之志。」〔註347〕、「自少時已有文名。早喪
母，執喪有誠。……為人質甚美，無矯飾之態。學知義利，趨向有方，於俗累
湛然無意，中生員壯元，將謁聖，泮中諸生以出家為嫌，不使入廟庭。群論崢
嶸，而怡然不變。文章富贍，若不經意，滔汨不竭。其登第也，通魁三場。」
〔註348〕為學以朱子學說為宗，〔註349〕嘗編輯、註釋《聖學輯要》，內容「以
四書五經為主，而閒以先賢之說，補其不足」。〔註350〕

　　朝鮮宣祖十五年（明萬曆十年，1582），神宗遣黃洪憲與王敬民至朝鮮頒
皇嗣誕生詔，宣祖以李珥擔任遠接使。〔註351〕時黃洪憲與王敬民至箕子廟拜
謁箕子，王敬民對李珥說道：「吾居近箕子故墟，故常紬繹範旨于洪範堂中，
每恨箕子東入實迹未悉。本國如有誌載，願見之。」李珥以所著之《箕子實紀》

〔註345〕　《皇華集》，《域外漢籍珍本文庫》，第五輯，集部，第15冊，頁5～6，總頁7。
〔註346〕　《靜志居詩話》，卷24，頁27。
〔註347〕　《朝鮮王朝實錄》（明宗實錄），卷31，頁101-2。
〔註348〕　《朝鮮王朝實錄》（明宗實錄），卷32，頁39-2。
〔註349〕　洪軍著：《朱熹與栗谷哲學比較研究》（北京：中國社會科學出版社，2003年），頁237～251。
〔註350〕　〔朝鮮〕李珥：《栗谷先生全書》，收錄於《韓國文集叢刊》（首爾：韓國景仁文化社，1990年），第44冊，卷19，頁424。
〔註351〕　《朝鮮王朝實錄》（宣祖實錄），卷16，頁9-1。

贈送王敬民。〔註352〕本篇次韻〈謁箕子廟賦〉前序先以「平壤是箕子故都，立廟妥靈，春秋苾祀。而西華是箕子始封之地，亦有祠揭虔，無間海內外焉。」〔註353〕，說明箕子既為明朝的先賢，亦為朝鮮的明君，聖人之祀，無分海內外。

首段以《詩經·商頌·玄鳥》〔註354〕典故作為開頭，言箕子為殷商後人。後段則言箕子到朝鮮後，易之以服飾，繩之以法度，「撫檀君之幅員兮，教八條兮勤諭，煥禮樂兮軼華夏，民至今尤受惠。」，箕子施德政，教八條，讓朝鮮百姓均蒙其惠。此處，李珥不僅讚美箕子的開化啟蒙之功，還將箕子與朝鮮傳說中的創世先祖檀君聯繫在一起，有以箕子比擬檀君的意味。呼應朝鮮史籍上認為「本國之有箕子，猶中國之有帝堯」，〔註355〕將「（檀君）宜與箕子竝祀一廟」〔註356〕的想法。

再者，李珥認為箕子不僅建立朝鮮，使其成為禮儀之邦，還使得朝鮮的禮樂制度「軼華夏」，在精神層面上以箕子功業來寄託自認「朝鮮禮樂超越華夏」的民族情感。「甚燭龍之照昏兮，倪大寐之得寤」，極言箕子流風如燭龍〔註357〕照耀朝鮮，使蒙昧者得悟。最後，言箕子流風千古，「永世相傳而不亡兮，尤有感於敷陳而直言」，朝鮮感念而不忘。

其餘如武宗正德十六年（1521）出使朝鮮頒即位詔的唐臯（1469～1526），其〈弔箕子詞〉指出：「裂朝鮮以啟封兮，均日月之照臨。蓋為賓而不臣兮，又豈乏毛革之與璆琳。冒東土之有恩兮，潤草木其如霖。宜東人之享祀兮，粉松花而糕山蔘。駕蒼虯以倏降兮，神洋洋其來歆。願福此東之人兮，靖惡氛與妖祲。東人世世守墓祀兮，牛羊勿其來侵。國與皇明相終始兮，賜有篚而共有琛。」〔註358〕，直指箕子對東土朝鮮有恩，宜享東人之祀，並言朝鮮與明朝

〔註352〕《朝鮮王朝實錄》（宣祖實錄），卷16，頁9-2。

〔註353〕《皇華集》，《域外漢籍珍本文庫》，第五輯，集部，第15冊，頁4，總頁6。

〔註354〕《詩經·商頌·玄鳥》：「天命玄鳥，降而生商。宅殷土芒芒，古帝命武湯。」《重栞宋本毛詩注疏附挍勘記》，《重刊宋本十三經注疏附校勘記》，卷20，頁793-2。

〔註355〕《朝鮮王朝實錄》（太宗實錄），卷23，頁38-2。

〔註356〕《朝鮮王朝實錄》（太宗實錄），卷23，頁38-2。

〔註357〕《山海經·大荒北經》：「西北海之外，赤水之北，有章尾山。有神，人面蛇身而赤，直目正乘，其瞑乃晦，其視乃明，不食不寢不息，風雨是謁。是燭九陰，是謂燭龍。」《山海經校注》，卷12，頁438。

〔註358〕《皇華集》，《域外漢籍珍本文庫》，第五輯，集部，第14冊，卷下，頁31～32，總頁157。

彼此是互相終始的關係。朝鮮陪臣李荇次韻則說：「注餘澤於吾東兮，類大旱之甘霖。赫使節之經過兮，奠桂酒兮肴蔘。明神之愈久而不昧兮，尚髣髴其顧歆。百靈儼其護衛兮，祥飈掃其氛祲。視梓木如甘棠兮，又何有乎斧斤之侵。展清辭而三復兮，懿玉人兮國之琛。」〔註359〕一方面應和唐皐讚揚箕子的貢獻，一方面則推崇箕子為國之珍寶。

清人朱彝尊《靜志居詩話》有言：「朝鮮使臣最稱好事，使者軺軒一至，即命館伴遠迎，屬和詩章，連篇累牘。」〔註360〕簡言之，明與朝鮮之間的酬唱，就某種意義而言，朝鮮文人的次韻創作，是明使臣即地創作的得力補充，具有與明使臣詩文創作同等的重要文學價值。

綜觀上述所言，前揭創作大多是明使臣與朝鮮陪臣們的唱和之作，這些作品往往是依明使臣之作步韻成篇，多數以「次韻」命名。朝鮮陪臣的詩賦創作，在形式上不單單毫不遜色於明使臣的創作，在內容上往往還別出新裁。法國哲學家茱莉亞・克莉斯蒂娃（Julia Kristeva，1941～）在其〈Word, Dialogue and Novel〉一文指出：「任何文本都是作為引文的馬賽克被建構的，任何文本都是其他文本的熔鑄與變形。（any text is constructed as a mosaic of quotations；any text is the absorption and transformation of another.）」〔註361〕，任何文本的創作，都承載著作者曾經閱讀過的其他文本，以及作者本身的文化背景。明與朝鮮兩國文臣在以箕子為主題的創作中，彼此之間除了文本的互文性（intertextuality），還有跨文本性（transtextuality），朝鮮陪臣的文本是產生於明使臣文本之上的「二度」結構。此外，朝鮮陪臣表達對華夏禮儀文化的仰慕之時，也委婉地流露出內心的民族意識。箕子對於他們來說，不只是聖人，更是其傳承華夏文明的始祖，透過對箕子的讚美，表達對自己國家的熱愛。

（二）古都裡的文化始祖

自明使節渡過鴨綠江後，即是朝鮮的義州。在朝鮮國內，使節經過須平安道、黃海道、京畿道，以及三個京城，西京平壤府、京畿道開城（개성，留都），最後抵達王都漢城（한성，今韓國首爾鐘路區、中區），平壤、開城古都正是

〔註359〕《皇華集》，《域外漢籍珍本文庫》，第五輯，集部，第 14 冊，卷下，頁 32～33，總頁 158。

〔註360〕《靜志居詩話》，卷 24，頁 23。

〔註361〕Julia Kristeva. Edited by Toril Moi. 1986. *The Kristeva Reader*. New York：Columbia University Press,p.37.

自古中國文化轉移的最佳證明：

> 凡為城郭，皆枕高山；間出岡麓，亦視彎環。大者則聳飛飛之雉堞，小者亦雄屹屹之豹關。蓋自義順而歷宣川，義順，館名，在義州鴨綠江東岸。江即中外界限。宣川，郡名，在義州東。其間雖有龍虎山名，龍川郡鎮山、熊骨山名，鐵山郡鎮山之巉屼，惟郭山更凌乎霄漢；郭山，郡名。其城在山巔。志書名凌漢城。又自新安館名，在定州，前有樓。而渡大定，江名，在博川郡，即古朱蒙南奔至此，魚鱉成橋處。又節博川江。其山雖有天馬山名，定州鎮山、鳳頭之巢窠，鳳頭即嘉山郡鎮山。自鴨綠東行，惟嘉山嶺最高，其嶺有曰「曉星」、曰「望海」，皆為使節所經之處。而安州又倚乎潺湲。安州城下瞰薩水，上有百祥樓，即隋師伐高麗時敗績處，又名清川江。在城內有安興館。郡肅川而邑順安，勢皆不於原野；樓肅寧肅寧館前有樓而館安定館名，屬順安縣，地乃稍就寬閑。惟彼西京，地最夷曠，隨勢命名，是曰平壤。爰自有國，已高築臨水之維城；曾幾何時，又近移北山之疊障也。平壤城最古，箕子初封時已有之。至高句麗，又病其不據險，復就北增築一城。東瞰大同江，北接錦繡山。箕子後傳至漢，有名準者，為燕人衛滿所逐，徙都馬韓之地，今無後焉。〔註362〕

董越首先描述一下朝鮮城郭的特色，大城郭大致在城上有高聳的「雉堞」短墻，小城郭守備如「豹關」一般森嚴。董越到朝鮮王都漢城之前，不忘記錄沿途所經地點，從義州義順館、宣川郡、龍虎山、熊骨山、郭山郡、定州新安館，渡大定江、嘉山郡嘉山嶺、安州牧安興館、百祥樓等，再到肅川府肅寧館、順安縣安定館，至西京平壤。董越沿途考察朝鮮山川的地形、地貌，詳細地作了一番地理實察，這段路線描繪細膩，彷彿與董越一同走過一般。

平壤，因其地勢平坦而得名，為朝鮮三都中建造最早的京城。意即《朝鮮王朝實錄》所謂「檀君之後，即箕子也。傳至箕準，當漢之時，燕人衛滿逐準代立。箕準亡入馬韓之地，更立國，所都之基，今猶在焉。檀君、箕子、衛滿，謂之三朝鮮。」〔註363〕。董越藉由平壤的地名，追溯自古朝鮮與中國間的密切關係。

接著，董越描述西京平壤府的景觀：

> 自餘諸州，壤多燥赤。間有黃壤，亦雜沙石。惟此近郭，土則黏埴。

〔註362〕《朝鮮賦》，頁5。
〔註363〕《朝鮮王朝實錄》（成宗實錄），卷214，頁3-1。

> 形存畎澮溝塗，舊城內，箕子所畫井田，形制尚有存者，如直路之類是也。樹
> 宜禾麻菽麥。厥草乃廡，厥木乃喬至此乃有高柳如中國者。葉有鳴蜩，
> 草有秀葽。錦繡峯遠接龍山之兀兀，龍山，土名九龍山，一名魯陽山，在
> 錦繡山北二十里，山頂有九十九池。浮碧樓下瞰浿水之滔滔大同江即古之浿
> 水。麒麟尚餘乎石窟，麒麟石在浮碧樓下。世傳東明王乘麒麟馬入此窟，從地
> 中出朝天石上昇，今馬跡尚存。駝羊半棄於山腰舊時石馬銅駝皆在荊棘。殿餘
> 故址，松偃危橋。慨往事之莫留，如見睍之聿消。〔註364〕

據董越的描述，定州、安州以外的其他州縣，土壤較為乾燥，呈現淺朱色，
時夾雜沙石。惟獨接近外城的地方，土壤方才較具黏性。「形存畎澮溝塗」，
則是指《朝鮮王朝實錄》所載「路傍井田之制曰：『雖不分明，猶有遺迹也。』
〔註365〕」。舊城中曾經被劃分的井田，至今仍留有遺跡，田地裡種著適宜的
禾麻、菽麥。浿水，在平壤城西南五十里，〔註366〕即今大同江。〔註367〕浮
碧樓下的麒麟石，以及石窟內高麗始祖東明王〔註368〕的馬踏過的痕跡至今
猶存。殘存的麒麟石、銅駝引發董越對世事變遷的感慨，曾是華美的宮殿而
今僅存遺留的軌跡。

除了歷史遺跡之外，董越對於城內孔子的塑像，以及學子服飾穿著、箕子
祠廟等，進行一番觀看與描寫：

> 孔庭設像，皆冕而裳；亦有青衿，濟濟道旁。軟羅巾幘，帶飄且揚；
> 皮草革履，底尖而方。候則鞠躬，進則趨蹌生徒皆戴軟羅巾，垂一帶，
> 青襴衫，足穿尖頭方底皮鞋，有襪。
> 東有箕祠，禮設木主；題曰「朝鮮後代始祖」。蓋尊檀君為其建邦啟
> 土，宜以箕子為其繼世傳緒也。檀君帝堯，甲辰年開國于此，後入九月山，
> 不知所終。國人世立廟祀之者，以其初開國也。今廟在箕子祠東，有木主，題曰朝
> 鮮始祖檀君位。墓在兔山，維城乾隅。箕子墓在城西北隅之兔山，去城不半里，

〔註364〕《朝鮮賦》，頁 5-6。
〔註365〕《朝鮮王朝實錄》（成宗實錄），卷 84，頁 44-1。
〔註366〕〈鳳城瑣錄〉，《遼海叢書》，頁 278-1。
〔註367〕《水經注校釋》，卷 14，頁 265。
〔註368〕據《朝鮮王朝實錄》〈地理志〉載：「（錦繡山頂）旁有永明寺，即東明王九梯
宮，內有養麒麟堀，後人立石誌之。堀南白銀灘有岩，出沒潮水，名曰朝天
石。諺傳東明乘麒麟，從堀中登朝天石，奏事天上。李承休所謂往來天上詣
天政，朝天石上麒麟輕，即謂此也。」《朝鮮王朝實錄》（世宗實錄），卷 154，
頁 3-2、4-1。

> 　　山勢甚高。有兩翁仲，如唐巾裾。點以斑斕之苔蘚，如衣錦繡之文襦。
> 左右列以跪乳之石羊，碑碣馱以昂首之龜趺。為圓亭以設拜位，累
> 亂石以為庭除。此則其報本之意雖隆，而備物之禮亦疏也。〔註369〕

董越所見孔子塑像，皆是戴著禮帽，穿著禮服的形象，由此可見，文化就近東傳，使得朝鮮尊儒敬孔，崇尚儒家禮教。「青衿」、「軟羅巾幘」、「生徒」，即倪謙《朝鮮紀事》所描述的：「館生曰生員，府州郡縣學生曰生徒，皆儒巾藍衫，與華同，但軟羅為之。」〔註370〕，董越藉此描寫朝鮮儒生穿戴服飾「與華同」，彰顯文化移轉的結果。

　　「文化轉移」（英：cultural transfer，法：transfer culturels，德：Kulturtransfer）一詞，係由法國學者艾斯巴涅（Michel Espagne）和德國學者維納爾（Michael Werner）於1985年共同提出。這個概念主要是「一種經由不同媒介群體得以活躍進行的吸收過程（aneignungsprozess），該過程受制於文化承受方（aufnahmekultur）的需要」，意即異域文化和本地文化之間的關係。〔註371〕本段董越書寫平壤一帶井田制度的舊跡、沿途風景「乃有高柳如中國者」，以及城內孔子塑像旁儒生穿著服飾，顯示中國文化轉移的痕跡與朝鮮對儒家文化的文化適應（acculturation）和轉化。

　　孔子廟東邊有箕子祠，據《朝鮮王朝實錄》載，「箕子廟在府城北兔山上，亭子閣石人石羊，皆南向。祠堂在城內義理坊。檀君祠在箕子祠南。」〔註372〕箕子廟祠堂在平壤城內的義理坊。朝鮮王認為「昔武王克殷，封殷太師于我邦，遂其不臣之志也。吾東方文物禮樂，侔擬中國，惟箕子之教是賴。」〔註373〕，因此，每年春秋兩季皆傳香祝祭。而檀君祠在箕子祠南，與高麗始祖東明王合祠。檀君在西，東明在東，皆面南向。每年春秋兩季，均降香祝致祭。

　　董越注意到朝鮮奉祀「始祖」檀君以及「後代始祖」箕子的差別。朝鮮奉祀檀君，代表著朝鮮族群的起源，「漢代以後，這兒的人大多自稱是東明或檀君的後代。於是，在這經濟生態與文化並不造成民族邊界的地方，『族

〔註369〕《朝鮮賦》，頁6。
〔註370〕《朝鮮紀事》，《四庫全書存目叢書》，史部，雜史類，第46冊，頁19～20。
〔註371〕Michel Espagne & Michael Werner (1985). Deutsch-französischer Kulturtransfer im 18. und 19 Jahrhundert: Zu einem neuen interdisziplinären Forschungsprogramm des C.N.R.S., *Francia*, 13, p.502-510.
〔註372〕《朝鮮王朝實錄》（世宗實錄），卷154，頁3-2。
〔註373〕《朝鮮王朝實錄》（世宗實錄），卷154，頁3-2。

源』成為一群人建立族群邊界的主要工具。」〔註374〕。而奉祀來自中國殷商時期的箕子，則表示接受箕子對朝鮮教化的貢獻，即《朝鮮王朝實錄》所言：「朝鮮檀君，東方始受命之主，箕子，始興教化之君，令平壤府以時致祭。」〔註375〕。朝鮮人對於兩者間二元對立（binary opposition）之感性（emotional，代表感性的朝鮮國族始主──檀君）與理性（rational，代表理性的文明教化之君──箕子）的看法，符應法國學者李維斯陀（Claude Lévi-Strauss，1908～2009）的理論。他指出，原始人進行分類的基本原則，就是從「對立」分判開始。〔註376〕也就是說，朝鮮人民存在著雙重的歷史記憶，既認同原始族源，又接受被納入關係中的元素，而這二元對立的結構，正是鞏固朝鮮文明的架構與秩序。

正所謂「十二至十四世紀，是朝鮮半島歷史上一個關鍵變化期。一方面，統一的政治局面漸促進一體的族群認同；在另一方面，高麗知識菁英又傾向以儒學、儒教來強調自身在文化上的優越性──至少部分原因為，以此別於那些以武力威脅朝鮮的遼、金、元等東北亞游牧王朝。在此以及其它因素下，『檀君』被尊奉為始祖，『箕子』則被尊為帶來文明教化的朝鮮後代始祖──前者隱喻著政權、血緣與疆域之源頭，後者隱喻文明禮教之開創。」〔註377〕董越在本段文末說，箕子廟「此則其報本之意雖隆，而備物之禮亦疏也」，顯示董越發現即使箕子受到朝鮮人民的尊崇，即便朝鮮人認同中華文化，與其本源檀君相較，仍有等差區別，是以「其報本之意雖隆，而備物之禮亦疏也」。

二、不以華夷別的孝女金四月

明使臣出使朝鮮，一方面緬懷箕子對朝鮮的貢獻，另一方面周覽諮詢朝鮮民情風物，以漢民族文化的本位思維，去檢視文化流動後朝鮮華化的成效。本小節將分析明使節入境朝鮮後，所見朝鮮華化現象的具體書寫──霸權視角下的郭山孝女，分析說明之。

學者羅伯特·波寇克（Robert Bocock，1940～）在其《文化霸權 *Hegemony*》

〔註374〕《華夏邊緣──歷史記憶與族群認同》，頁301。
〔註375〕《朝鮮王朝實錄》（太祖實錄），卷1，頁51-2。
〔註376〕〔法〕克勞德·李維斯陀（Claude Lévi-Strauss）著，李幼蒸譯：《野性的思維 *The Savage Mind*》（臺北：聯經出版社，1989年），頁167～168。
〔註377〕王明珂：《英雄祖先與弟兄民族──根基歷史的文本與情境》（臺北：允晨文化實業股份有限公司，2006年），頁149。

一書中指出：「文化霸權意味著『道德和哲學的領導權』」〔註378〕，意即處於強勢地位國家對於處於弱勢地位國家的「道德和哲學的領導權」。明正統十四年（1449），土木堡之變後〔註379〕，代宗遣倪謙及司馬恂前往朝鮮頒布即位詔。〔註380〕彼時正是明朝形象重傷之時，亟需重新展現大明的威勢與形象。景泰元年（1450），倪謙路過朝鮮郭山州，偶然得知「孝女金四月斷指療親」故事，這個經過朝鮮國王嘉許的事蹟，成為倪謙構築（formate，或者說「格式化」）「文化霸權」（Hegemony）的媒介。

倪謙〈孝女金四月〉斷指療親的題詩，影響近兩百年來明使臣「郭山孝女金四月」題詩：

> 朝鮮郭山州，有女金四月。少小性純誠，孝奉雙親悅。一朝母嬰患，
> 風痹氣累絕。皇皇女心憂，悲痛恆哽咽。醫云用人肉，食之病良瘳。
> 女聞親可延，寧計體虧折。揮刀入中閨，斷指流鮮血。燒灰進湯劑，
> 一飲真消雪。至孝通神明，感致何昭晰。始知帝降衷，不以華夷別。
> 藩王表宅里，豈必施棹楔。千年永不磨，刻石名高揭。滄江殞曹娥，
> 生死同一轍。嗟彼梟獍徒，欲燼天理滅。我來觀民風，過此忻駐節。
> 載採人歌咏，庶足傳賢烈。〔註381〕

本詩開頭先敘述名叫金四月的女孩斷指療親的始末。「揮刀入中閨，斷指流鮮血。燒灰進湯劑，一飲真消雪」一段，倪謙以類似白描手法，彷彿重現金四月斷指的過程，加深聽到這段事蹟後對倪謙的震撼性。接著，倪謙以明朝的角度而觀之，如此夷蠻要服的異域，竟有這樣竭忠盡孝的女子，「益知我朝列聖教化之漸被者遠矣。」〔註382〕，認為是明朝教化遠播朝鮮的表現，「始知帝降衷，不以華夷別」。接著，以朝鮮王為金四月表彰一事，將其比喻為東漢孝女曹娥，受後人立碑紀念，〔註383〕並希望金四月故事「載採人歌咏，庶足傳賢烈」，也就是倪謙的小序提到的「足以成東方之美也」。〔註384〕

〔註378〕羅伯特·波寇克（Robert Bocock）著，田心喻譯：《文化霸權 Hegemony》（臺北：遠流出版事業股份有限公司，1991年），頁13。

〔註379〕《明史紀事本末》，卷32，〈土木之變〉，頁332。

〔註380〕《明實錄》（明英宗實錄），卷185，頁3705。

〔註381〕明·倪謙輯：《奉使朝鮮倡和集》，《叢書集成續編》（臺北：新文豐出版社，1989年影印玉簡齋叢書本），文學類，第114冊，頁9～10。

〔註382〕《奉使朝鮮倡和集》，《叢書集成續編》，文學類，第114冊，頁9。

〔註383〕《後漢書》，卷84，頁2479。

〔註384〕《奉使朝鮮倡和集》，《叢書集成續編》，文學類，第114冊，頁9。

　　文化霸權（Hegemony）的基本意義，是「一國對其他國家的支配權和領導權」，〔註385〕或者說是「一國家、組織對其他國家等的支配、控制」〔註386〕。美國學者伊曼紐爾‧沃勒斯坦（Immanuel Wallerstein，1930～2019）將文化霸權（Hegemony）界定為：「一國能在很大程度上，將自己的規則以及自己願望，至少是以有效的否決權的方式，施加於經濟、政治、軍事、外交，甚至文化領域中去。」〔註387〕他清楚地指出一個國家能將自己的規則及願望，施加於經濟、政治、軍事、外交或者文化領域中。由此，倪謙的〈孝女金四月〉詩看似讚揚金四月斷指療親的事例，實際上隱藏著傳統聖賢的教化，沒有夷夏之分，在朝鮮得以認同並加以實現，大明皇朝即使因土木堡之變而形象受損，然在文化上仍取得實質的領導權。

　　而朝鮮這方，陪臣申叔舟的〈伏次郭山孝女詩韻奉呈丙翰大人文几〉寫道：

> 使節忽西回，正當春孟月。物華已駘蕩，遇興載欣悦。行經郭山道，
> 孝女行畯絕。短表豎道周，有水繞鳴咽。高軒為之駐，歎賞久未輟。
> 高義動耳目，行人亦磬折。王祥冰躍魚，壽昌書刺血。閨中豈知此，
> 天資皎冰雪。吾王重孝理，有善必昭晰。褒美示後人，勒石以旌別。
> 垂範各適宜，椀園與居楔。所以此孝女，芳名常揭揭。幸是一片石，
> 乃復當還轍。伯樂偶一顧，益使名不滅。況為世道計，作詩樹風節。
> 三韓億萬世，清風吹凜烈。〔註388〕

前段寫倪謙偶遇孝女金四月故蹟的經過，接著援引《晉書》王祥臥冰求鯉〔註389〕

〔註385〕英國培生教育出版亞洲有限公司：《朗文當代高級英語辭典》（北京：外語教學與研究出版社，2009 年），頁 914。

〔註386〕〔英〕斯蒂爾編：《牛津中階英漢雙解詞典：第 3 版》（北京：商務印書館，2001 年），頁 563。

〔註387〕Immanuel Wallerstein.1984. *The Politics of the World-Economy: The States, the Movements and the Civilisations* Cambridge：Cambridge University Press,p.38.

〔註388〕《奉使朝鮮倡和集》，《叢書集成續編》，文學類，第 114 冊，頁 10。

〔註389〕《晉書‧王祥列傳》：「王祥字休徵，琅邪臨沂人，漢諫議大夫吉之後也。祖仁，青州刺史。父融，公府辟不就。祥性至孝。早喪親，繼母朱氏不慈，數譖之，由是失愛於父。每使掃除牛下，祥愈恭謹。父母有疾，衣不解帶，湯藥必親嘗。母常欲生魚時，天寒冰凍，祥解衣將剖冰求之，冰忽自解，雙鯉躍出，持之而歸。母又思黃雀炙，復有黃雀數十飛入其幕，復以供母。鄉里驚歎，以為孝感所致焉。有丹柰結實，母命守之，每風雨，祥輒抱樹而泣。其篤孝純至如此。」《晉書》，卷 33，頁 987。

以及《宋史》朱壽昌刺血書佛經〔註390〕等典故，以朝鮮文人身分，認同金四月雖不懂中國典範，亦知孝道之舉，與明朝之孝子事蹟無異。而其中一句「伯樂偶一顧，益使名不滅」，似乎預示著金四月因倪謙的題詩，而使其孝行事蹟受後來的使節傳頌了百年。

　　倪謙之後的明使臣，大致遵循這樣的話語脈絡。如英宗天順元年（1457）至朝鮮頒復登寶位詔的陳鑑（1415～卒年不詳），其路過郭山金四月石碣時，也題了一首詩，詩前附的小序點出作詩動機：「郭山郡道旁，有石表題曰『孝女四月之門』，乃郡之民金氏女，斷指以療母疾，藩王樹之，以旌其孝者也。予憐其志，抒之以辭。雖不能如高愍女之碑之必傳，然讀斯文者，亦足以知孝女之心矣。」〔註391〕陳鑑將金四月比做唐代著名的孝女高愍女，〔註392〕顯然將之本土化（localization）了。

　　之後憲宗成化二十三年（1487）與董越一同出使朝鮮的王敞，其〈題孝女金四月詩〉有言：

　　　　郭山有孝女，弱質真淑柔。厥親遘奇疾，良藥空見投。屬纊恐不免，
　　　　悵然懷百憂。斷指作肉糜，情知拙無謀。皇天如鑑臨，親疾或可瘳。
　　　　倏然諧所願，奇功一時收。孝感理則然，不愧庾黔婁。嘉明表里閭，
　　　　耿耿垂千秋。我時過郭山，短碣樹道周。不覺重嘆息，斯人今在不？
　　　　純樸散已久，兒女多儕鶹。皇風被東藩，孝女出海陬。題詩上馬去，
　　　　落日風颼颼。〔註393〕

〔註390〕《宋史‧孝義列傳》：「壽昌母劉氏，巽妾也。巽守京兆，劉氏方娠而出。壽昌生數歲始歸父家，母子不相聞五十年。行四方求之不置，飲食罕御酒肉，言輒流涕。用浮屠法灼背燒頂，刺血書佛經，力所可致，無不為者。熙寧初，與家人辭訣，棄官入秦，曰：『不見母，吾不反矣。』遂得之於同州。劉時年七十餘矣，嫁党氏有數子，悉迎以歸。京兆錢明逸以其事聞，詔還就官，由是以孝聞天下。」《宋史》，卷456，頁13404～13405。

〔註391〕《奉使朝鮮倡和集》，《叢書集成續編》，文學類，第114冊，頁10。

〔註392〕《新唐書‧列女列傳》：「高愍女名妹妹，父彥昭事李正己。及納拒命，質其妻子，使守濮陽。建中二年，挈城歸河南都統劉玄佐，納屠其家。時女七歲，母李憐其幼，請免死為婢，許之。女不肯，曰：『母兄皆不免，何賴而生？』母兄將被刑，徧拜四方。女問故，答曰：『神可祈也。』女曰：『我家以忠義誅，神尚何知而拜之！』問父在所，西嚮哭，再拜就死。德宗駭歎，詔太常諡曰愍。諸儒爭為之誄。」《新唐書》，卷205，頁5825。

〔註393〕《皇華集》，《域外漢籍珍本文庫》，第五輯，集部，第14冊，卷下，頁13～14，總頁74～75。

前段寫金四月一個弱質女子，孝感動天，以致「奇功一時收」。再把郭山孝女比作南北朝嘗糞憂心的孝子庾黔婁，〔註394〕最後王敞把金四月孝行能傳千秋，乃因「皇風被東藩，孝女出海陬」，是大明皇風廣被東藩所致。王敞此言，引得龔用卿的共鳴，其〈郭山孝女〉也說「皇風自是式九圍，澤被東藩乃如此」。〔註395〕

其後，世宗嘉靖十八年（1539）與華察同使朝鮮的薛廷寵（1498～卒年不詳），其〈郭山孝女〉詩將孝女金四月比擬為漢文帝時期的緹縈，「從前緹縈感漢皇，未有此女行奇絕」，〔註396〕並認為兩相比較之下，她的孝行似乎超越了緹縈。薛廷寵接著說「江魚竹笋俱有聲，丈夫之行猶可說。綽約蘭房閨女流，孝心天地為昭灼」，〔註397〕再舉漢、晉時期王祥臥冰求鯉、孟宗哭竹生筍〔註398〕的典故，言其孝行亦超越男子。而這些都是因為「吁嗟東方教化邦，一統文明況旁燭」，〔註399〕受到前聖先人的教化所致。朝鮮陪臣蘇世讓次韻薛廷寵的詩作，則說「曹娥千載可同流，大書碑字龍騰躍。皇華一顧採民風，萬古文章同海岳。東方孝理著自古，況今聖明調玉燭」，〔註400〕回歸倪謙的用典，將金四月類比為曹娥受人立碑敬重，並言是因為自古教化

〔註394〕《梁書・孝行列傳》：「庾黔婁字子貞，新野人也。父易，司徒主簿，徵不至，有高名。黔婁少好學，多講誦孝經，未嘗失色於人，南陽高士劉虬、宗測並歎異之。起家本州主簿，遷平西行參軍。出為編令，治有異績。先是，縣境多虎暴，黔婁至，虎皆渡往臨沮界，當時以為仁化所感。齊永元初，除孱陵令，到縣未旬，易在家遘疾，黔婁忽然心驚，舉身流汗，即日棄官歸家，家人悉驚其忽至。時易疾始二日，醫云：『欲知差劇，但嘗糞甜苦。』易泄痢，黔婁輒取嘗之，味轉甜滑，心逾憂苦。至夕，每稽顙北辰，求以身代。俄聞空中有聲曰：『徵君壽命盡，不復可延，汝誠禱既至，止得申至月末。』及晦而易亡，黔婁居喪過禮，廬于冢側。」《梁書》，卷47，頁650～651。

〔註395〕《皇華集》，《域外漢籍珍本文庫》，第五輯，集部，第14冊，卷1，頁8，總頁187。

〔註396〕《皇華集》，《域外漢籍珍本文庫》，第五輯，集部，第14冊，卷1，頁18，總頁323。

〔註397〕《皇華集》，《域外漢籍珍本文庫》，第五輯，集部，第14冊，卷1，頁18，總頁323。

〔註398〕李邊編著，朴在淵校點：《訓世評話》（韓國忠南牙山市：鮮文大學校翻譯文獻研究所，1997年），卷上，頁26。

〔註399〕《皇華集》，《域外漢籍珍本文庫》，第五輯，集部，第14冊，卷1，頁18～19，總頁323。

〔註400〕《皇華集》，《域外漢籍珍本文庫》，第五輯，集部，第14冊，卷1，頁19，總頁323。

以及當今太平盛世的德澤。最後，則說「倘得諮詢徧東國，豈唯郭山有遺躅」，
〔註401〕表示明使倘能廣為諮詢，會發現朝鮮到處都有類似郭山孝女的遺蹟。

神宗萬曆三十三年（1605）出使朝鮮頒詔的朱之蕃，其〈金孝女故閭〉則
說：

> 剛方本坤德，篤孝自天常。孝女依慈母，相親為存亡。母病身何有，
> 徬徨叩穹蒼。涕淚眼欲枯，寸寸摧肝腸。揮刃落纖指，杯羹起仆僵。
> 把刃欲揮時，志秉百鍊鋼。神鬼應嘆咤，體魄仍安康。母年藉以延，
> 失指庸何傷？誠感護神應，回生豈禁方。經今幾何年，頌德盈道傍。
> 與母骨同朽，不朽留英芳。碑受蒼蘚蝕，名爭日月光。聖朝孝治廣，
> 箕封古教長。勉旃敦倫紀，庶不愧冠裳。〔註402〕

朱之蕃以女德孝道入詩，讚賞金四月「與母骨同朽，不朽留英芳。碑受蒼蘚
蝕，名爭日月光」。最後談到「聖朝孝治廣，箕封古教長」，把朝鮮出孝女歸
功於明朝推行孝道，箕子教化的成效。同使朝鮮的梁有年〈金孝女故閭〉也
稱「從知聖化無中外，萬古綱常到處存」，〔註403〕是因為聖賢的教化無夷夏
之分，方使孝道綱常能廣被四方。朝鮮陪臣柳根次韻朱之蕃詩，以「聖代敦
孝理，海東流化長」〔註404〕等句回應。柳根詩句是以朝鮮文人立場，認同
金四月之舉是明朝古聖賢教化所致。而其回應梁有年的次韻詩則說，「天賦
由來無厚薄，女中誠孝幾人存」，〔註405〕抒發孝道乃人之天性，敘述顯得較
為中規中矩。

綜上可知，明使的「金四月」詩的創作內容相差無幾，一方面以自身的孝
道故事襯托對金四月的孝行，另一方面，免不了將金四月的孝行歸根於聖朝教
化普及東邦，從「他者形象」反觀文化霸權的實踐。某種程度上來說，明使肯
定朝鮮「內在化」（internalization）明朝既有的道德價值觀，可以說是這樣的教
化在朝鮮贏得價值共識的證明。就明朝而言，將普世的儒家價值向其他朝貢國

〔註401〕《皇華集》，《域外漢籍珍本文庫》，第五輯，集部，第 14 冊，卷 1，頁 19，
　　　　總頁 323。
〔註402〕《奉使朝鮮稿》，《四庫全書存目叢書》，集部，別集類，第 176 冊，頁 24～
　　　　25。
〔註403〕《皇華集》，《域外漢籍珍本文庫》，第五輯，集部，第 15 冊，卷 1，頁 39，
　　　　總頁 86。
〔註404〕《奉使朝鮮稿》，《四庫全書存目叢書》，集部，別集類，第 176 冊，頁 95。
〔註405〕《皇華集》，《域外漢籍珍本文庫》，第五輯，集部，第 15 冊，卷 1，頁 39，
　　　　總頁 86。

家進行文化的滲透或擴張，使周遭鄰近國家接受其價值觀，這樣的過程即是霸權行為的表現，也是古時「修其教，不易其俗；齊其政，不易其宜」〔註406〕五服觀念的展現。

換言之，明使讚揚金四月的孝行，就是強化朝鮮對中華禮樂教化的認同，意即朝鮮陪臣李荇次韻明使史道的〈郭山孝女〉詩所說的「〈蓼莪〉已絕響，天彝久不振。那知一女子，獨取於諮詢。我聞孔氏說，惟德必有隣。小邦雖異土，亦是皇家民。斯民各盡性，益知王化淳。從此播佳什，愈久還如新。」〔註407〕。

本章就明使節出使朝鮮地景書寫而言，同樣的空間路徑，距離京師的遠近，促使使臣在書寫上，有意無意地環繞著帝都的一切。而其奉使任務的沉重與否及時空背景的複雜程度，在在影響使節書寫的張弛力度。使臣離京遠赴山海關的路途上，皇權、皇命成為書寫的重要象徵。而到了山海關，邊關內外的景象，帶給使臣構築出思歸還鄉、邊塞征伐意象，或有延續思鄉情懷，或有吟誦邊防戍守狀況，亦有接近目的地的竊喜之情。到了明與朝鮮的邊境——鴨綠江畔，總體而言，集體式的情感方向大抵一致，形成不同時期的共同書寫。某些使節特定路段書寫的個殊性，與其他路段的書寫，又可在共通面上串接形成共同性。因而在渡過鴨綠江時，則又重回皇恩教化的書寫。

而董越的〈朝鮮賦〉從地理位置探究到西京平壤府、京畿道開城，以及王都漢城，將各個王城歷史變遷、古蹟遺址一一爬梳整理，至於人情風物、訛風異俗，都加以澄清改正，就形式上而言，是一篇標準的行旅論述。再細究其內容，寫朝鮮宮殿「宮室之制，與華亦同」，飲宴準備「間穀羞以糉食，亦能為華之米糕、蓼花之類」，車輿代步「如華之交椅而足短，左右夾二長杠亦與華制同」，禮儀部分「雖音聲之不可通，而禮儀亦在所取。禮一準於華」，甚至連朝鮮君王「素聞王讀書好禮，今得見果然。」舉凡朝鮮的人、事、物無處不參雜中華禮儀文化，最後總結認為「此皆自箕子而流其風韻，而亦視中國為之則倣也」。

而在朝鮮陪臣次韻唱和部分，無論歌頌箕子或者書寫金四月孝行事蹟，皆為明與朝鮮的共同話語，以認同中華文化禮制，建立彼此臣屬關係，說明東國

〔註406〕《重栞宋本禮記注疏附挍勘記》，《重刊宋本十三經注疏附校勘記》，卷12，頁247-2。

〔註407〕《皇華集》，《域外漢籍珍本文庫》，第五輯，集部，第14冊，卷上，頁2，總頁102。

雖異土，亦是皇明教化邦。總而言之，大抵環繞著皇恩教化的書寫，與明士人普遍認為朝鮮地理上、文化上皆是明朝（中華傳統文化）的延續或分支，不無關係。

第四章　殊方同俗：明使節出使琉球的域外探奇與訪俗

　　明初琉球三山時代前，至中山王尚巴志統一琉球，宣宗遣使至琉球國，賜琉球王「尚」姓，並賜國號「琉球」。從此，中山王國更名為琉球國，歸於一統。[註1] 明與琉球幾乎年年遣使不絕，雙方互有往來，然而，琉球對明使節而言，仍是陌生之境，須歷經千辛萬苦，造船航海，方可到達。由明使節出使琉球情形（如附表 2-1 及 2-2）觀之，自太祖洪武五年（1372）使臣楊載奉使前往琉球頒即位詔，到憲宗成化十六年（1480）董旻、張祥出使琉球，期間僅零星作品如仁宗洪熙元年（1425）柴山作〈大安禪寺碑記〉、〈千佛靈閣碑記〉及英宗天順六年（1462）潘榮作〈中山八景記〉，其餘無《使錄》一類之著作。

　　直到世宗嘉靖十一年（1532），冊封使陳侃與高澄始作《使琉球錄》，將出使所行經之航線、親歷的地方、山川等記錄下來，讓世人窺見出使情形及琉球風土面貌。其後，陸續有嘉靖三十七年（1558），使臣郭汝霖的《使琉球錄》、萬曆四年（1576）蕭崇業與謝杰的《使琉球錄》，以及萬曆三十三年（1605）夏子陽的《使琉球錄》等著作問世。這些作品記錄下造舟航海的艱辛與琉球國的人情風物、宗教信仰。海上航行的艱辛，非其他兩個朝貢國家使節可以比擬，所謂「安南、朝鮮固陸路可通矣，若占城及琉球則海邦也」，[註2] 陳侃等使節

〔註1〕《球陽》，卷 2，頁 170。
〔註2〕《使琉球錄》，《紀錄彙編》，頁 36-2。

唯一支持他的動力，只有朝廷給予的「恩榮」。〔註3〕

近人對於上述使節所著之《使琉球錄》的研究，多個別探討使節的生平事蹟、出使琉球的艱辛，鮮少綜合探討使臣自開洋出發後，航海經歷的內在感知，以及入琉球境內後的所見所聞所感。爰此，本章在既有的研究基礎上，分析土木堡之變後至萬曆年間使節出使琉球之域外行旅與感知書寫，從而探討使節在移動過程中，對於海上與域外經驗的描述、感受及其產生的意義。內容分為三節進行探究，第一節目睹與親歷：海洋視域的開展與閱歷，第二節風俗采集與觀察，第三節天妃崇拜與節慶：明與琉球的共同信仰與習俗。

第一節　目睹與親歷：海洋視域的開展與閱歷

有關明朝使節出使琉球之考察，前有王菡〈明清冊封使別集中琉球史料舉隅〉，多集中於探討明清冊封使別集介紹（明代僅郭汝霖《石泉山房文集》）及冊封使別集中所見中國文化（儒學、佛教、紙與印刷三事）對琉球之影響。〔註4〕廖肇亨〈知海則知聖人：明代琉球冊封使海洋書寫義蘊探詮〉，透過琉球冊封使的書寫，檢視晚明儒者的海洋觀與海洋詩學的精神境界與世界觀，提供中國文學新的觀看角度與理論話語。並且，從使節的文化書寫當中，認識當時東亞知識社群的世界圖像。〔註5〕陳占彪〈論郭汝霖「使琉」及其《重編使琉球錄》〉，探討郭汝霖受命往封琉球的生平事功、郭汝霖代替吳時來使琉風波，以及明朝拒絕琉球領封請求等問題，展示時人對換使的多元看法，同時對比郭汝霖的《重編使琉球錄》和陳侃的《使琉球錄》。〔註6〕汪泩〈《使琉球錄》的價值探識〉，則集中在陳侃《使琉球錄》一書上。藉由史料價值、文學價值等面向，逐一詳列《使琉球錄》駁正中土文獻關於琉球國記載的不實記錄、真實再現明朝與琉球國的宗藩關係、保留了四五百年前造船技術以及遠洋航行

〔註3〕 「我朝封錫藩王之制，如安南、朝鮮則遣編修、給事中等官為使，占城、琉球則遣給事中、行人等官為使，各給以麒麟、白澤公侯伯駙馬之服，恩榮極矣，故感激圖報之下往往有人。」《使琉球錄》，《紀錄彙編》，頁 36-2。

〔註4〕 王菡：〈明清冊封使別集中琉球史料舉隅〉，《臺灣東亞文明研究學刊》第 3 卷 2 期（2006 年 12 月），頁 111～129。

〔註5〕 廖肇亨：〈知海則知聖人：明代琉球冊封使海洋書寫義蘊探詮〉，《臺灣古典文學研究集刊》第 2 期（2009 年 12 月），頁 5～33。

〔註6〕 陳占彪：〈論郭汝霖「使琉「及其《重編使琉球錄》〉，《海交史研究》，第 2 期（2016 年 12 月），頁 69～80。

的珍貴史料價值，以及描寫航海出使琉球的艱辛等文學價值。〔註7〕各篇雖著眼不同，目前仍無文獻針對出使路線、沿途記錄作專章或專題探討。

　　現存明使節著作中，以世宗嘉靖四十年（1561）冊封琉球的使臣郭汝霖於其《石泉山房文集》所記出使路線及過程較為完整而詳實。〔註8〕神宗萬曆四年（1576）與蕭崇業一同出使琉球的謝杰，其《楛萼北曠嗑草》亦有部分記載。〔註9〕爰此本節以郭汝霖記行詩文作為主要研究文本，謝杰作品為輔，旁及其他使臣記載，分析說明之。

一、明與琉球的交通路線

　　據《明史》載，明朝與琉球自從確立封貢關係後，在福州與琉球那霸之間建立一條海道，因此多於福建布政司進行朝貢貿易，〔註10〕使節出航造船亦在福建進行。關於明朝冊封使到琉球的航線，主要路線為：

　　據陳侃《使琉球錄》載，陳侃與高澄於廣石（福建福州府長樂縣廣石）出海，望見小琉球，順流而下，過平嘉山→釣魚嶼→黃毛嶼→赤嶼→古米山，中途遇風向轉北，相持十四天，俟北風停息，方抵達那霸港。〔註11〕海上之凶險，如陳侃所言，「風濤之險，日驚于心，得保殘喘以終王事，嗚呼艱哉！」〔註12〕，因而有感而發道：「使琉球與使他國不同，安南、朝鮮之使，開讀詔敕之後，使事畢矣，陸路可行，已事遄返，不過信宿。琉球在海外，候北風而後可歸，非可以人力勝者。日久不免會多，會多不無情斁，勢所必至也。踽踽涼涼，豈能　口安耶！」〔註13〕。相較之下，使臣出使陸路國家，往返路線前人多有經驗，可以參酌，然而出使琉球，航行海上，多有不測之險，不能計日而到。

　　嘉靖後期出使琉球的郭汝霖與李際春，係從長樂梅花所（福建福州府長樂

〔註7〕　汪洰：〈《使琉球錄》的價值探識〉，《長沙大學學報》第 31 卷第 1 期（2017 年1 月），頁 110～113。

〔註8〕　《石泉山房文集》，《四庫全書存目叢書》，集部，別集類，第 129 冊，卷 7，頁 1-10，總頁 129-478～129-482。

〔註9〕　明・謝杰撰：《楛萼北曠嗑草》（國家圖書館古籍與特藏文獻資料庫影印明萬曆間〔1573～1620〕刊本），卷 1、4、6、7、10，頁 1-4、13-17、3-4、20-23、1。

〔註10〕　《明史》，卷 211，頁 8364～8365；《明實錄》（明英宗實錄），卷 58，頁 1114。

〔註11〕　《使琉球錄》，《臺灣文獻史料叢刊》，第 287 種，頁 8、10、11、14。

〔註12〕　《使琉球錄》，《臺灣文獻史料叢刊》，第 287 種，頁 14。

〔註13〕　《使琉球錄》，《臺灣文獻史料叢刊》，第 287 種，頁 17。

縣廣石梅花所）開航，過東湧、小琉球，過黃茅→釣嶼→赤嶼→姑米山→土納己山→小姑米山→熱璧山，抵達那霸港。〔註14〕海上航行的驚險，郭汝霖於踏上明疆土後，發出如此的感嘆：「追想前迹、為之惻然。凡士夫相會、真同再世。」〔註15〕。

　　若依萬曆年間出使琉球的蕭崇業於《使琉球錄》所附之〈琉球過海圖〉所示（如附圖 2），明朝至琉球的航線大致為：梅花所→小琉球（東墻山、平佳山、雞籠嶼、花瓶嶼）、彭佳山、釣魚嶼、黃尾嶼、赤嶼、（琉球）姑米山、（琉球）馬齒山、（琉球）那霸港。〔註16〕

　　萬曆末年出使的夏子陽所行路線大抵與前人同：從梅花所開洋，過東沙山、雞籠嶼、小琉球、平佳山、花瓶嶼、釣魚嶼、黃尾嶼、土那奇山，抵達那霸港。〔註17〕

　　由上可知，航線大致相同，途經東湧、小琉球（東墻（沙）山、平佳［嘉］山、雞籠嶼、花瓶嶼）、彭佳山、釣魚嶼、黃尾（毛/茅）嶼、赤嶼、（琉球）姑（古）米山、（琉球）土納己（那奇）山、（琉球）小姑米山、（琉球）熱璧山、（琉球）馬齒山，抵達琉球那霸港。

二、初次航海：驚惶交集

　　對於土木堡之變後出使琉球的使節而言，既無明初鄭和下西洋的龐大艦隊護衛，亦無充足的資源協助造艦，因而海外出使過程讓使臣們驚懼不定，惶惶不安。以下就出使前的準備及出使過程的心境加以說明之。

（一）受命往封

　　明世宗嘉靖三十四年（1555）六月，琉球尚氏王朝尚清王薨。嘉靖三十七年（1558）正月，琉球王世子尚元遣使到京師，請乞襲封王爵。〔註18〕世宗於

〔註14〕明・郭世霖撰：《重編使琉球錄》，《四庫全書存目叢書》（濟南：齊魯書社，1996 年影印中央民族大學圖書館藏明鈔本），史部，雜史類，第 49 冊，卷上，頁 15～16，總頁史 49-667。

〔註15〕《重編使琉球錄》，《四庫全書存目叢書》，史部，雜史類，第 49 冊，卷上，頁 19，總頁史 49-669。

〔註16〕〈琉球過海圖〉，《使琉球錄》，《臺灣文獻史料叢刊》，第 287 種，頁 55～61。

〔註17〕〈使事紀〉，《使琉球錄》，《臺灣文獻史料叢刊》《臺灣文獻史料叢刊》，第 287 種，頁 222～223。

〔註18〕《重編使琉球錄》，《四庫全書存目叢書》，史部，雜史類，第 49 冊，卷上，頁 10，總頁 49-664。

同年四月，命郭汝霖、李際春持節冊封尚清王世子尚元為中山王。〔註19〕郭汝霖（1510～1580）（一作世霖），字時望，號一崖，江西永豐（今江西永豐縣石馬鎮）人。嘉靖三十二年（1553）進士，世宗授予吏科給事中一職。郭汝霖曾上書〈平倭十事〉，獻朝廷平定倭寇的十條良策。〔註20〕後奉使冊封琉球國王，饋金不受。累官至南京太常卿，穆宗隆慶元年（1567）致仕，神宗萬曆八年（1580）卒。著有《使琉球錄》、《石泉山房集》等。〔註21〕

　　郭汝霖受命後，於嘉靖三十七年（1558）四月十五日於潞河開船，〔註22〕經運河一路南下，六月至淮安（今江蘇中部）。七月初抵達江西，汝霖辭別母親，〔註23〕九月至福建監督造舟，卻遇阻風而未行。之後又受阻於倭寇（嘉靖三十九年琉球世子遣貢使轉達海中風濤叵測，倭寇出沒無時，不煩天使遠臨。）〔註24〕，遲至嘉靖四十年（1561）五月二十八日，方得順利出航。行至該年閏五月初三到赤嶼，閏五月初九抵達琉球那霸港。〔註25〕（郭汝霖使琉球路線圖詳見附圖2）

　　郭汝霖於潞河驛作〈奉使琉球潞河解纜〉，作為此行的開端：

　　　　風靜波恬曉放舟，夾堤垂柳隱鳴鳩。晴雲漸隔長安望，彩鷁新貪天漢流。杳裊岍（岸）花開遠樹，英明使節起輕鷗。人生蹤跡真難擬，咲向滄溟萬里浮。〔註26〕

潞河驛，在今北京通州東關附近，既是陸路驛站，也是明朝外國使節走水路進出京師的重要據點。潞河驛又名通州驛，據《明史·河渠志》載，「通濟河源出塞地，經密雲縣霧靈山，為潮河川。……南流經通州，合通惠及榆、渾諸河，亦名潞河。」、「大通河者，元郭守敬所鑿。由大通橋東下，抵通州高麗莊，與

〔註19〕　《明實錄》（明世宗實錄），卷458，頁7743。

〔註20〕　《石泉山房文集》，《四庫全書存目叢書》，集部，別集類，第129冊，卷7，頁1-10，總頁129-478～129-482。

〔註21〕　《明人傳記資料索引》，頁493。

〔註22〕　〈重刻使琉球錄敘〉，《使琉球錄》，《臺灣文獻史料叢刊》《臺灣文獻史料叢刊》，第287種，頁141。

〔註23〕　〈使事小紀〉，《石泉山房文集》，《四庫全書存目叢書》，集部，別集類，第129冊，卷9，頁8～11，總頁129-514～129-515。

〔註24〕　《明史》，卷323，頁8367。

〔註25〕　《石泉山房文集》，《四庫全書存目叢書》，集部，別集類，第129冊，卷7，頁13，總頁129-484。

〔註26〕　《石泉山房文集》，《四庫全書存目叢書》，集部，別集類，第129冊，卷4，頁12，總頁129-418。

白河合，至直沽，會衛河入海，長百六十里有奇。十里一閘，蓄水濟運，名曰通惠。又以白河、榆河、渾河合流，亦名潞河。」，也就是說，潞河驛原為元代運河交會點，是水陸兩用驛站。永樂四年（1406）起至成化、嘉靖年間，幾任皇帝陸續命軍民整治河道，自此漕艘直達京師，迄於明末。〔註27〕

作者先以眼前潞河景色風平浪靜，波瀾不驚作為詩作的開端，在這樣看似平靜無波的清晨，乘舟出發。潞河沿岸的楊柳隱隱發出聲響，透露離開京城出使之際內心的騷動不安，以外在的風靜波恬，襯托內心的不安；以外在的輕舟萬里浮，襯托內心的沉重，發抒奉使琉球的際遇難料的心情。

同樣的受命往封，蕭崇業以〈航海賦〉長篇書寫表達接受奉使任務的決定。採正、反兩方的論辯：

> 句町癡人奉命中山之役，戒艘於閩。有鏡機子儼然造曰：「蓋聞甯俞竭力事主，艱險不避，人謂之愚；汲黯數好直諫，難惑以非，史稱其戇。吾觀若貌愉而和、行通而慤，匪愚匪戇，何故名癡？豈有說耶？」

> 癡人良久不言，乃莞爾而笑曰：「僕鄙野之人，僻陋無心；胡敢當二賢也！顧即之時事、驗乎物情，名亦有自來矣。且夫乘人鬥捷，智者相傾；而任理直前，則愚之所以優於械也。隨俗脂韋，諛者相和；而秉德持閑，則戇之所以不為佞也。茲者，徽寵靈以航異域，其孰敢違！彼忲忲者，避猶桎梏；萌萌者，坦若康莊。詭蔓飾隙，遠脫冥翔；見幾之作，我則未遑！是以觀者訝其辨之不早，眾故譏其癡而無量耳。〔註28〕

蕭崇業（生年不詳～1588），字允修，號養乾，雲南建水人。隆慶五年（1571）進士，授兵科給事中，歷戶科、工科左、右給事中，兵科都給事中。萬曆四年（1576）以正使奉使冊封琉球國世子尚永為中山王。是年六月渡海，抵其國，十月還閩。〔註29〕及還，記其山川風俗，為《使琉球錄》。累官至南京右僉都御史，以養母告歸卒。〔註30〕

〈航海賦〉沿襲漢代散體大賦「主客問答」形式，設定以「句町癡人」與

〔註27〕《明史》，卷86，頁2109～2112。
〔註28〕《使琉球錄》，《續修四庫全書》，史部，地理類，第742冊，卷下，頁605。
〔註29〕《四庫全書總目提要》，卷54，頁1187。
〔註30〕《明人傳記資料索引》，頁907。

「鏡機子」二人一問一答的問對方式，由「句町癡人」為主，接受出使任務，「句町」即臨安府東南之建水縣，在漢代為句町縣。〔註31〕蕭崇業是雲南建水人，故「句町癡人」代表蕭崇業本人。「鏡機子」為客，源自曹植（192～232）〈七啟八首并序〉：「於是鏡機子聞而將往說焉。鏡機，鏡照機微也。」〔註32〕，代表一般大眾的想法而對整個出使歷程提出質疑，再由「句町癡人」加以辯解。雙方在對立的觀點展開問答，形成蕭崇業的個人主張，也就是徐師曾（生卒年不詳）在其《詩體明辨》中所說的：「問對者，文人假設之詞也……反復縱橫，真可以舒憤鬱而通意慮，蓋文之不可闕者也。」〔註33〕。蕭崇業以假設的「句町癡人」與「鏡機子」兩個人物對話，實際上意在表達其「舒憤鬱而通意慮」。意即藉「句町癡人」與「鏡機子」兩者的對話，抒發出使琉球內心的憤鬱，並藉此與內心理性對話「通意慮」──「為什麼要出使琉球」的想法。

　　「句町癡人」奉命出使中山國（琉球），於閩地造舟。「鏡機子」引春秋時期「邦有道則知，邦無道則愚」的甯俞、〔註34〕西漢時期「好直諫，數犯主之顏色」的汲黯之戇〔註35〕二人典故，認為奉使琉球風險極大，嘲諷「句町癡人」接受奉使任務果真癡人也？而蕭崇業藉者「句町癡人」予以辯解，認為「徼寵靈以航異域，其孰敢違」，既不能違，更應該以憨愚的精神「任理直前」，不

〔註31〕 清‧何炳著：《輿覽》，《小方壺齋輿地叢鈔正編》（中央研究院漢籍電子文獻資料庫影印清光緒丁丑〔三〕年〔1877〕至丁酉〔二十三〕年〔1897〕上海著易堂排印本），輿覽46-1，頁123-1。

〔註32〕 曹植：〈七啟八首并序〉，收錄於《文選》，卷34，頁1577。

〔註33〕 《詩體明辨》，頁145。

〔註34〕 《論語‧公冶長》：「子曰：『甯武子邦有道則知，邦無道則愚。其知可及也，其愚不可及也。』」，宋人邢昺（932～1010）疏曰：「若遇邦國有道，則顯其知謀；若遇無道，則韜藏其知而佯愚。」《重梓宋本論語注疏附挍勘記》，《重刊宋本十三經注疏附校勘記》，卷5，頁45-2。宋人朱熹解釋道：「按春秋傳，武子仕衛，當文公、成公之時。文公有道，而武子無事可見，此其知之可及也。成公無道，至於失國，而武子周旋其間，盡心竭力，不避艱險。凡其所處，皆智巧之士所深避而不肯為者，而能卒保其身以濟其君，此其愚之不可及也。程子曰：『邦無道能沈晦以免患，故曰不可及也。亦有不當愚者，比干是也。』」。南宋‧朱熹撰：《點校四書章句集注》（北京：中華書局，1983年），卷3，頁81。

〔註35〕 《史記‧汲黯列傳》：「當是時，太后弟武安侯蚡為丞相，中二千石來拜謁，蚡不為禮。然黯見蚡未嘗拜，常揖之。天子方招文學儒者，上曰吾欲云云，黯對曰：『陛下內多欲而外施仁義，奈何欲效唐虞之治乎！』上默然，怒，變色而罷朝。公卿皆為黯懼。上退，謂左右曰：『甚矣，汲黯之戇也！』」《史記》，卷120，頁3106。

負使命。且「秉德持閑」，不應隨俗趨利避難，推辭使命，並自我肯定恪盡使節之責的抉擇。

接著，郭汝霖進入南直隸，作〈南畿道中〉：

> 雲白山青風日好，皇華旌節度南谿。鳳陵松桂浮空迥，鐘寺樓臺入望低。隊隊繁香穿蛺蝶，溶溶野水浴鳧鷖。遍看耕稼民安業，愁說東吳有鼓鼙。〔註36〕

明代以應天府為南京留都，稱之為根本重地，〔註37〕因而「南畿」特指南京。「愁說東吳有鼓鼙」，指擔心戰事發生之意。嘉靖三十六年（1557）六月，南京應天府發生倭寇攻掠揚州、高郵一事，當時南京科道劉堯誨上書言「淮揚為運道要衝，則當為國家血脈之慮，留都係陵寢所在」，〔註38〕請嘉靖帝派兵剿滅倭寇，經過多年苦戰，終於在嘉靖四十五年（1566）徹底肅清。郭汝霖持節行至南京應天府，見白雲清風，景色明媚宜人，百姓安居樂業，在一片繁榮的景象中忽然談起了倭寇之亂，為百姓的生活平添一絲憂愁。表面上看似平靜歡樂，其實隱含著為出使琉球之行恐去不成而擔憂不已。

來到福建境內，郭汝霖作〈八閩道中〉，記沿途景象：

> 萬山稠疊古閩中，竟日攀緣路未窮。絕壁亂雲盤鳥逕，小溪流水渡鳴淙。孤危樓閣多依竹，杳裊風烟半入松。童叟焚香迎道左，傳呼嘖嘖羨王封。〔註39〕

八閩，為福建省的別稱。福建，古稱閩地，最初稱為「七閩」〔註40〕。至宋代設置福建路，下轄六州、二軍，宋室南渡之後，將建州升格為府，〔註41〕稱為八路，亦稱「八閩」。明萬曆年間出版的《皇明詔制》有「八閩之地，利盡南海，勢控諸番。」〔註42〕記載。

〔註36〕《石泉山房文集》，《四庫全書存目叢書》，集部，別集類，第 129 冊，卷 4，頁 4，總頁 129-414

〔註37〕《四庫全書總目提要》，卷 74，頁 1569。

〔註38〕《明實錄》（明憲宗實錄），卷 448，頁 7627。

〔註39〕《石泉山房文集》，《四庫全書存目叢書》，集部，別集類，第 129 冊，卷 4，頁 13，總頁 129-418。

〔註40〕《周禮·夏官·職方氏》：「辨其邦國、都、鄙、四夷、八蠻、七閩、九貉、五戎、六狄之人民。」《重栞宋本周禮注疏附挍勘記》，《重刊宋本十三經注疏附校勘記》，卷 33，頁 498-1。

〔註41〕《宋史》，卷 89，頁 2207。

〔註42〕明·孔貞運編：《皇明詔制》（美國哈佛大學燕京圖書館中文善本古籍數位電子文獻資料庫 *Harvard-Yenching Library Chinese rare book Digitization Project* 影

八閩古道萬山疊翠，無窮無盡，山崖絕壁，白雲掩映，其中微露羊腸小徑，伴著潺湲的溪水聲，亭臺樓閣，修竹依傍，風煙入松，作者寫在美如仙境的景象中，以「絕」、「亂」、「孤危」暗藏即將出使絕域，因戰亂而恐無法成行，內心紛亂，孤苦無依的真實心情。再以「路未窮」、「流水鳴淙」、「風烟入松」等正向美麗的景象，以及寫接受閩人夾道歡迎備受欽羨的情形，自我增強此趟使事風光美好，增添出使的信心。

過了閩道，行至福建樂邑，作〈九月樂邑道中〉：

> 小徑迂途曲曲廻，山行惟覺鳥聲催。寒雲細逐岩花落，甘橘遙依野
> 水開。海外恩光勞使節，人間愁思付離杯。鄉園咫尺頻翹首，旅鴈
> 一聲天際來。〔註43〕

樂邑，在今福建長樂縣，距離造舟、取水行舟之地不遠矣。郭汝霖在其《重編使琉球錄・使事紀》寫道：「霖意海警連年，事須巧速。因一面差人至福建布政司，令作速委官伐木造船。」〔註44〕當時東南沿海一帶有倭亂，汝霖認為倭亂是此次奉使之行的變數，因而，在詩中除寫沿路景色外，更以迂廻、鳥催等外在景物反襯內心的焦急，同時，抒發離鄉奉使的哀愁。

抵達福建南臺，汝霖作〈南臺歌〉表達離情依依：

> 南臺上，日微微。曉臨臺，雲依依。孤橫一曲陽春歌，日光雲色相
> 映輝，嗟哉子期今何歸。〔註45〕

南臺，在今福建福州市南閩江中，為福建閩江流域第一大島嶼。陳侃《使琉球錄》形容南臺時，說道：「南臺距海百餘里，大舟畏淺，必潮平而後行，日行數里。」〔註46〕。據郭汝霖《重編使琉球錄・使事紀》載：「五月十九日，船至長樂取水。予與李君二十五日起行，撫、按、三司，餞於南臺；府、縣別於新港。」〔註47〕。福建的地方官員於南臺為郭汝霖一行餞行，作者寫下〈南臺

印明崇禎間〔1628～1644〕刊本），卷1，頁68-1。

〔註43〕 《石泉山房文集》，《四庫全書存目叢書》，集部，別集類，第129冊，卷4，頁13，總頁129-418。

〔註44〕 《重編使琉球錄》，《四庫全書存目叢書》，史部，雜史類，第49冊，卷上，頁11，總頁史49-665。

〔註45〕 《石泉山房文集》，《四庫全書存目叢書》，集部，別集類，第129冊，卷1，頁15，總頁129-384。

〔註46〕 《使琉球錄》，《臺灣文獻史料叢刊》，第287種，頁10。

〔註47〕 《重編使琉球錄》，《四庫全書存目叢書》，史部，雜史類，第49冊，卷上，頁14，總頁史49-666。

歌〉表達離情依依，不知何時可歸。

這一路走來，因著沿海一帶倭亂之故，郭汝霖的詩歌帶有惶惴不安的心情，認為倭亂是此次奉使之行的變數，也許不能成行。好在即使一路發出憂愁，都能以正向思考的方式面對不可知的未來。郭汝霖離開南臺後，到梅花所掛帆開航，作〈掛帆〉及〈開洋〉二詩：

> 暑月馳王命，南風五兩輕。帆從閩海掛，人以碧天行。噴浪鼉聲泡，排山鰲足崢。少年舟楫興，此際獨含情。（〈掛帆〉）〔註48〕

> 摐金伐鼓出梅花，煥日調風送海槎。變幻棲臺何處接，支離雲樹望中遮。魚龍濤浪驚旌節，島嶼烽煙急暮笳。自是皇仁能遠被，使臣嘟命到天涯。（〈開洋〉）〔註49〕

作者寫掛帆開洋出航後，帶著乘風破浪的心情，期待有所為的豪情壯志，航行於浩瀚無涯的海上。當冊封船漸行漸遠，陸地景物若隱若顯，開始對海浪波濤洶湧充滿驚懼之情，唯獨只能自我安慰式的更相信皇恩遠被，自己必能平安奉命出使琉球。

同樣於梅花所開海，另一位使臣謝杰其著眼點不盡相同：

> 仙崎渡口水飛樓，十丈清蓮太乙舟。風笛數聲江閣暮，梅花五月海門秋。天高北極星辰轉，地坼南溟日夜浮。此去若過烏鵲渚，好將消息問牽牛。（〈梅花開洋〉）〔註50〕

謝杰（1536～1604），字漢甫，號繹梅，福州長樂人。冊封琉球，卻其餽。其使入謝，仍以金餽。萬曆二十五年（1597）春，謝杰以萬曆皇帝荒於政事，上疏陳十規，直言萬曆帝久不理朝政所產生的弊端，「是陛下孝親、尊祖、好學、勤政、敬天、愛民、節用、聽言、親親、賢賢，皆不克如初矣。」〔註51〕言詞

〔註48〕《石泉山房文集》，《四庫全書存目叢書》，集部，別集類，第129冊，卷3，頁13，總頁129-409。

〔註49〕《石泉山房文集》，《四庫全書存目叢書》，集部，別集類，第129冊，卷4，頁21，總頁129-422。

〔註50〕《楝蕓北隝嗑草》，卷7，頁20。

〔註51〕「前此經筵臨御，聖學日勤，今則講官徒設，講席久虛。前此披星視朝，今則高拱深居，累年不出。前此歲旱步禱郊壇，今則圜丘大報，久缺齋居；宸宮告災，亦忘修省。前此四方旱潦，多發帑金，今則採礦榷稅。前此用財有節，今則歲進月輪；而江右之磁，江南之紵，西蜀之扇，關中之絨，率取之逾額。前此樂聞讜言，今則封事甫陳，嚴綸隨降，但經廢棄，永不賜環。前此撫卹宗室，恩義有加，今則楚藩見誣，中璫旋出，以市井奸宄間骨肉懿親。前此官盛任

甚為懇切。杰為行人時，偕蕭崇業同使琉球，撰《使琉球錄》、《棣萼北窗吟稿》
（即《棣萼北牕唫草》）等。〔註52〕

　　仙崎，在今福建長樂市東南仙岐。謝杰這首〈梅花開洋〉由仙崎渡口出發
寫起，藉「仙崎」地名的神仙傳說，將冊封舟美化為仙人的太一蓮舟，〔註53〕
乘舟在海上載浮載沉的奉使生活中，從滿布的星空裡，看著自己的船隻距離故
鄉越來越遙遠。

　　而蕭崇業的〈梅花開洋〉，寫出開洋後航行海上的夜景：

> 月吐青山倚艦樓，為馳王事渡仙舟。槎隨博望從今日，雨罷扶桑定
> 晚秋。艙外雲飛星欲動，洋中濤起地俱浮。遙知天路行應遠，記得
> 君平說斗牛。〔註54〕

蕭崇業為了奉使琉球航行於海上，秋天雨後的夜裡，碧空如洗，星宿歷歷，海
上波動，引發船動雲飛星俱動的景象。最後回歸現實層面，即便使事路行遙遠，
仍不忘苦中作樂，乘槎浮海至天河，神往與嚴君平〔註55〕聊說斗牛星。

　　同樣是由梅花出航，郭汝霖以「驚」、「急」顯得膽戰心驚，惶惴不安；而
謝杰以「飛」、「太乙舟」用詞，似乎使途只不過是一趟出遊，還有閒情逸致欣
賞星空，找尋星宿。蕭崇業則表達就算天路行遠，仍舊自得其樂，在苦差事中
找尋其中的樂趣。

使，下無曠鰥，今則大僚屢虛，庶官不補。是陛下孝親、尊祖、好學、勤政、
敬天、愛民、節用、聽言、親親、賢賢，皆不克如初矣。」《明史》，卷227，
頁5967～5968。

〔註52〕萬曆二年（1574）進士，除行人，累遷右副都御史。人以為名言，進南刑部右
侍郎。此外，謝杰因當時各地災害頻傳，建議減免稅賦，獲神宗採納。萬曆三
十二年（1604），卒於戶部尚書任內。又著有《天靈山人集》、《棣萼北窗吟稿》
（即《棣萼北牕唫草》）、《白雲編》等。《明人傳記資料索引》，頁885。

〔註53〕「太一」諸本作「泰一」按『太一』、『太乙』、『泰一』皆同。元·元好問著，
姚奠中主編：《元好問全集》（太原：山西人民出版社，1990年），卷12，頁
383。

〔註54〕明·蕭崇業撰：《使琉球錄》（國家圖書館古籍與特藏文獻資料庫影印明萬曆間
〔1573～1620〕原刊本），附錄，頁1。

〔註55〕《藝文類聚·水部上》：「《博物志》曰：『舊說，天河與海通。近世有居海渚者，
年年八月，有浮槎來過，甚大，往反不失期。此人乃多齎糧，乘槎去，忽忽不
覺晝夜。奄至一處，有城郭屋舍，望室中，多見織婦，見一丈夫，牽牛渚次飲
之。此人問此為何處？答曰：〔問嚴君平。〕此人還，問君平，君平曰：〔某年
某月，有客星犯牛斗，即此人到天河也。』《唐·歐陽詢撰，汪紹楹校：《藝
文類聚》（上海：上海古籍出版社，1999年），卷8，頁105～151。

（二）建造封舟

據〈航海賦〉的記載，使節出航前必須完成建造封船：

> 閱彼閩山礧硠，黝儵蒿蓁輪囷。連抱蓛蠹夭蟜，閜砢蔚若鄧林。彌
> 皐櫺皐，蔭谷蟠岑。攢郁叢駢，朗晝旰暝。樽磊磊其上覆，森落落
> 而刺雲爾。其考制掄材，淩巒超壑。移兵走檄，滌藪摧壑。松樟采
> 於劍之津，鐵力貿於嶺之表。巨不厭修，細罔遺小。是斷是遷，載
> 堅載好。〔註56〕

自宋代起，由於內河運輸及海上貿易的繁榮，造船業亦得到空前的發展。宋代造船業從技術條件而言，使用最先進的船模，能建造多層船板、高強的水密隔艙、可倒桅杆、堅固的桅座等。此外，船有載重量大、穩固、抗風浪打擊等優點，這些造船技術在規模和製作在當時處於世界領先地位，並一直影響著元明時期的造船業。〔註57〕在明代，以實際造舟而言，陳侃〈使事紀略〉說：「造船之制，訪於耆民，得之大小廣狹，惟其制價計二千五百兩有奇。予等初欲各具一艘，見其費之廣也，而遂不敢無益於國而侈其費財之蠹也。」〔註58〕，工程浩大，所費不貲。

再者，就造舟選材方面，木材各有其用，〔註59〕尤須慎重。蕭崇業以白描手法鋪陳，極言閩地山上林木茂盛，所需之杉、鐵力、松樹等，均採自山間上等佳木，備極艱辛。〔註60〕幸而，副使謝杰是閩中人士，熟稔相關事務，造舟一事大都由謝杰指揮完成。〔註61〕

> 凡既備矣，大工斯肇。於是覽《易》爻，思象旨。儀工倕，法虞姁。

〔註56〕《使琉球錄》，《續修四庫全書》，史部，地理類，第742冊，卷下，頁605～606。

〔註57〕林唐歐：〈從「南海I號」沉船看宋代的時代特徵及航海精神〉，《客家文博》第2期（2020年6月），頁12～19。

〔註58〕《使琉球錄》，《續修四庫全書》，史部，地理類，第742冊，頁503。

〔註59〕〈造舟〉：「桅用杉木，取其理直而輕；舵用鐵力木，取其堅勁；槳用松木，取其沈實，能久漬也。」《使琉球錄》，《續修四庫全書》，史部，地理類，第742冊，卷上，頁563。

〔註60〕〈使事紀〉：「閩中比年求巨木造戰舟，餘復斬為高名之麗，美材略盡；而中間有中繩斧者，往往產於岐岩邅壑之側，致之甚艱。」《使琉球錄》，《續修四庫全書》，史部，地理類，第742冊，卷上，頁555。

〔註61〕「謝君為閩中人、素曉暢其事。乃一一環條其大小詔余不然者、輒奉三尺隨其後。於是舟之庇也，大都多謝君指畫焉。」《使琉球錄》，《續修四庫全書》，史部，地理類，第742冊，卷上，頁555。

考日力之程，較費務之紀。問軏事于故游，鳩黎人以經始。離朱督
繩，班輸削墨。殊裁潤之時宜，概度稽於往牒。定豐約以執中，酌
文質以立則。雕土豈効之務相，寱木用擴乎古哲。為梁遠陋夫絳襜，
涉川無取於瑤栭。扛驪參桅，交箍合羉。穴牖梯艙，副舵重底。飛
盧翟室，望之如宇。其上則有彤宮鏤像，藻櫨華榱。旋函綺櫝，睿
制瓊章。〔註62〕

封舟的材料既已備齊，需估計每日工程時間，計算所需預算。接著還要卜卦
擇日，於良辰吉時出行以求順利。封舟的大小、船圍廣狹，皆須向當地耆民
探訪而得之，建造中注意改善前人造舟的缺失，務求「為梁遠陋夫絳襜，涉
川無取於瑤栭」。蕭崇業完成建造封舟，其船身特殊，〔註63〕結構上可讓封
舟船平穩可行。而封船中最重要的屋室，「上設香火，奉海神、天妃尊之，且
從俗也」〔註64〕，天妃是明代航海行人最重要的信仰，即便是乘巨艦下西洋
的鄭和船隊，因「其隨行軍士或以舟漂沒異國，有十餘年始得還者，什不存
一二云」，〔註65〕對航海的畏懼，依然設香火，尊海神、天妃。陳侃、高澄出
使琉球的封舟也描述道：「舟後作黃屋二層，上安詔敕，尊君命也，中供天妃，
順民心也。」〔註66〕〈航海賦〉中，則用以浪漫的筆調渲染屋室外形、顏色、
藻飾、紋彩等。

若乃弘舸巨艦，非常可模。抗指南之暐曄，崇五樓之崢嶸。運貨狹
共鼓之巧，使盡變化乎其中。是故外闊內虛，大人度也。陽行陰翕，
方壺境也。畫艑琢雲？等威異也。虯蟠螭蜿，橈櫓擊也。〔註67〕

接著，描寫封舟巨艦，相當有規模。船行中則使用指南針指引航線，南宋趙汝
适（1170～1231）《諸蕃志》對海域的危險性與指南針的使用曾有一段描述：

〔註62〕《使琉球錄》，《續修四庫全書》，史部，地理類，第742冊，卷下，頁606。

〔註63〕「艙口低阨，上覆平板為戰棚，列軍器焉。即官艙亦僅高四、五尺，俯僂身
入，下上以梯；面雖啟牖，若穴陳然。蓋恐太高則衝風，故稍卑之耳」《使
琉球錄》，《續修四庫全書》，史部，地理類，第742冊，卷上，頁563。

〔註64〕《使琉球錄·造舟》：「舟後故作黃屋二層，中安詔敕；上設香火，奉海神、
天妃尊之，且從俗也」《使琉球錄》，《續修四庫全書》，史部，地理類，第742
冊，卷上，頁563。

〔註65〕印鸞章，李介人修訂：《明鑒》（北京：中國書店，1985年），頁89。

〔註66〕《使琉球錄》，《臺灣文獻史料叢刊》，第287種，頁20。

〔註67〕《使琉球錄》，《續修四庫全書》，史部，地理類，第742冊，卷下，頁
606。

「渺茫無際，天水一色，舟舶來往，惟以指南針為則，晝夜守視唯謹，毫釐之差，生死繫焉。」〔註68〕。《四庫全書總目提要》認為「是書所記，皆得諸見聞，親為詢訪，宜其敘述詳核，為史家之所依據矣。」〔註69〕可知，趙汝適雖詳述指南針使用原則，並無親歷琉球之實。元代周達觀（約1266～1346）《真臘風土記》，首見航海針路的使用紀錄。〔註70〕

其他周邊結構部分，相當壯觀。〔註71〕船約五層樓高，造船技藝精湛，發揮得淋漓盡致。船首則雕鏤以雲彩，螭龍盤屈其上。蕭崇業打造的，不僅是一個實體封船，他同時打造了一個「大明皇朝」的意象空間。封船的巍巍然，正是明朝的大國形象；封船中安放詔敕，表示明朝皇帝的威權，舉凡能彰顯大明皇朝的文明與力量，無一不具備。封船所透露的內在意義，讓蕭崇業說出「青翰三翼之名，方斯蔑矣」之語，過往小船簡直微不足道。

蕭崇業接著寫封船準備出航的情形：

> 鷹瞵梟瞷，力士從也。嶠崒峰攢，桨戟列也。鳶翔鶻逸，麾蓋張也。蔽天翳日，帆揚而縵移也。流霞掣電，銀黃飾而赭漆光也。震霆轟輦，鉦音革響也。舞鷥律鸞，韻鳥部蛙。鈞天角抵，繽紛錯集者。殊俪薄伎，散襟期也。若乃推驗天文，審測風日。星醫卜算，羽祝庖丁。匠氏縫工，調人司救。象胥掌訝，篆鏤丹青。與夫吳歈蔡謳，阮嘯孫唫。曹詩劉飲，秋奕嵆琴。陶泓毛穎，陳玄楮生。儼然數客，述古刪今。以至解難之丸，杯肘之射。棘猿之術，雕龍之英。靡不廣詢博取，競爽擴能爾。

> 其大雖謝于馳馬，制寔邁於采菱。庶幾禦長風以利往，責千里於寸陰。乃若梁麗晉舶，越䑴蜀舲。沙棠木蘭之稱，青翰三翼之名，方斯蔑矣。〔註72〕

封船出航時，隊伍雄壯，威儀肅穆，揚帆蔽天，聲音隆隆。船上物資，一應俱

〔註68〕南宋‧趙汝適著，楊博文校釋：《諸蕃志校釋》（北京：中華書局，1996年），頁216。

〔註69〕《四庫全書總目提要》，卷71，頁1542。

〔註70〕《真臘風土記校注》，頁23。

〔註71〕「桅竪五、大者長八丈、根圍九尺、餘以次而短。舵長三丈一尺、圍三尺七寸。艪長五丈二尺、圍九尺。」《使琉球錄》，《續修四庫全書》，史部，地理類，第742冊，卷上，頁563。

〔註72〕《使琉球錄》，《續修四庫全書》，史部，地理類，第742冊，卷下，頁606～607。

全。有推驗天文、審測氣候者，還有觀星、醫卜算、巫師、翻譯人員、〔註73〕
廚師、工匠之類的人，以保此行安全、健康無虞。此外，並攜帶文房四寶，以
便作詩自娛娛人。

　　蕭崇業遠涉異域，必須賴以封船方得完成任務。封船得以建造完工，並且
諸事安排妥當，順利成行，誠屬不易，令蕭崇業感到驕傲，認為古時晉、越、
蜀的舟船僅航行於江河之中，與封舟相比，簡直不足為觀也。

　　封船建造完畢，各項事物已備妥，接著準備開舟出塢：

> 於是遴長年，齊三老。命先期以諏辰，輒開舟而出塢。士庶佇眙，
> 觀者如堵。冠裳雜遝，紛餞于祖。導魚須，負矢弩。會候亭，循舊
> 矩。割鱎鱻，羞燔脯。酌醴酬觴，鳴金伐鼓。揮絲競肉，移宮換羽。
> 歡溢廂輿，禮殷客主。僕馬輻湊，譬風行雨。散燹嬌于南臺之滸爾。
> 乃揖讓辭筵，慷慨升車。祀天妃於廣石，初縱葦于梅花。〔註74〕

據蕭崇業《使琉球錄》載：「於是卜以己卯年五月初六日，封舟先發旺崎。余
等初十日啟行，撫、按、三司祖道南臺，重王命也。次日，抵長樂。十五日，
广石廟行諭祭禮，守、巡亦在焉。忽傳封舟出閩安鎮，引港民船，有司弗夙戒，
乃迷道閣淺發漏。人言嘖嘖甚危。撫、按風聞，輒夜走使留督造官爭出長策為
處。巳而裂者復合，稍稍修葺，無大損毀。故又銳然有行志。二十二日，從梅
花所開洋。」〔註75〕。蕭宗業等一行，造舟完畢後，擇日出航。出航前於冊封
琉球必經之路上的長樂廣石廟，祭祀海神天妃，祈禱一路平安。

　　據〈廣石廟碑記〉載：「廣石廟，廟海神天妃者也。天妃生自五代，含真
蘊化，歿為明神。歷宋、元迄我明，顯靈巨海，禦災捍患，拯溺扶危，每風濤
緊急間，現光明身、著幹旋力。《禮》所謂『有功於民，報崇祀典』。而廣石屬
長樂濱海地，登舟開洋，必此始，廟之宜，舊傳自永樂內監下西洋創焉。……」
〔註76〕福建撫、按、三司等在南臺（福建閩江流域港口間）設宴為冊封使餞
行，送別場面浩大熱鬧。之後，冊封船便由梅花所啟程出洋。

〔註73〕《周禮·秋官·象胥》：「掌蠻、夷、閩、貉、戎、狄之國使，掌傳王之言而諭
　　　　說焉，以和親之。」《重栞宋本周禮注疏附挍勘記》，《重刊宋本十三經注疏附
　　　　校勘記》，卷38，頁581-2。
〔註74〕《使琉球錄》，《續修四庫全書》，史部，地理類，第742冊，卷下，頁607。
〔註75〕《使琉球錄》，《續修四庫全書》，史部，地理類，第742冊，卷上，頁555～
　　　　556。
〔註76〕《殊域周咨錄》，卷4，頁68。

三、海象奇景・怖畏懷鄉

蕭崇業在〈航海賦〉中書寫海象及航行的恐懼：

> 臨萬頃之瀁瀇，杳莫窺其津涯。覘五兩以為表，指六合而為家。仗皇威之遠庇，託靈胥而自誇。遂竦節而結旅，忽輕舉以征遐。高宇澹乎其若寂，大塊恬然其不譁。映流光以霽色，照落景而俱嘉。窮區沒渚而不見，萬里藏岸其何遮。泓澳信難測之於蠡，淼茫無足語之於蠹爾。乃順颸鼓帆，凌波驟舳。不行而罔不至，不疾而靡不速。同然若翔雲絕嶺之翼，倏乎如馳隙遺風之足。陋登仙以矜榮，儗乘槎而彷彿。此非海外之壯遊，人世之奇矚也耶。〔註77〕

寫奉命出使琉球出航後，凌萬頃之茫然，浩浩乎而不知其涯，僅能依靠五兩〔註78〕觀測風向，仰仗皇威庇護，倚賴伍子胥神靈護佑。〔註79〕蕭崇業體驗海上之不可預測性，驚滔駭浪，瞬息萬變，彷彿「登仙乘槎」般，感嘆「此非海外之壯遊，人世之奇矚也」。

事實上，據蕭崇業《使琉球錄》載：「（開洋後）二十四日，東風益劇，水與舟相吞搏，有嘈吰鏜鞳之聲；而猗側簸揚，舟中瓶甕、門椅皆仆，人人惴恐。於是有食而嘔者、步而蹶者、暈而臥者；問之，舌舉而不下者；答之，口咶而不合者。風既相左，針路遂舛誤，悵莫知所之。」〔註80〕歸國時，又巧遇暴風，〔註81〕出航及歸帆的海上經驗令人「惴恐」，主要來自眾人因風浪引起的頭目眩迷、顛躓嘔暈。

〔註77〕《使琉球錄》，《續修四庫全書》，史部，地理類，第742冊，卷下，頁607。

〔註78〕晉人郭璞〈江賦〉：「覘五兩之動靜。」，李善注曰：「兵書曰：『凡候風法，以雞羽重八兩，建五丈旗，取羽繫其巔，立軍營中。』，許慎《淮南子》注曰：『綄，候風也，楚人謂之五兩也。』」晉・郭璞〈江賦〉收錄於《文選》，卷12，頁569～570。

〔註79〕左思〈吳都賦〉：「習御長風，狎翫靈胥。」李善注曰：「靈胥，伍子胥神也。昔吳王殺子胥於江，沈其尸於江，後為神，江海之間莫不尊畏子胥。」晉・左思〈吳都賦〉收錄於《文選》，卷5，頁227。

〔註80〕《使琉球錄》，《續修四庫全書》，史部，地理類，第742冊，卷上，頁556。

〔註81〕「然北又多暴，舟迅而蕩甚，欹側簸揚。時戛軋為裂帛響，頹然若屋宇將傾之狀。人如磨上行，四方易位，頭目眩迷。顛躓嘔暈，避匿艙內不出，咄咄自嗟者，前十人而五，今十人而九已。此皆屝夫不習水，且漫不知降伏其心，故稍涉驚危可愕之事，神竟為所奪耳。漳州長年極力捄柁，堅與風為敵。棍牙數數折傷，柁葉亦為巨濤擊去，獨柁以鐵力木得存。更再易之，人人愈益惴恐。」《使琉球錄》，《續修四庫全書》，史部，地理類，第742冊，卷上，頁557～558。

　　為了破除眾人對海象的恐懼，蕭崇業藉大明皇威及神靈的庇護，鋪陳風平浪靜時的「大塊恬然」之美，驚滔駭浪時的「若翔雲絕嶺」、「如馳隙遺風」的暢快之感。如此，也回應其在《使琉球錄‧序》所言：「余特著人臣奉使之役，在理當勇以赴之，且海上無甚險，以傳信於後之忠義者云。」〔註82〕。「忠」與「義」二字在先秦典籍中各有不同的意義。「忠義」一詞的連用，最早出現於《二程語錄》，程頤（1033～1107）曾就宰予之死評論道：「《史記》載宰予被殺，孔子羞之。嘗疑田氏不敗，無緣被殺。若為齊君而死，是乃忠義。孔子何羞之有？」〔註83〕程頤提到宰予為君而死，實乃忠義之舉。朱熹〈乞潭州譙王等廟額狀〉則說：「此五人者，皆以忠節沒於王事，而從前未有廟貌，無可修葺，無以仰稱聖朝褒顯忠義之意。」〔註84〕為國家王朝捨身成義，是「顯忠」的行為。維護帝王的統治，成為當時的主流思想，籠罩整個宋王朝，也成為後來《三國演義》的中心思想。明朝延續宋代維護皇權，彰顯皇威的模式，強調「忠義」與帝王的關係，因而蕭崇業寫下仰仗皇威之庇護，勇於任事，顯現自己的「忠義」。

　　接著，極寫波瀾壯闊的海象：

> 若乃陽侯磅礴以跳沫，天吳激礚而鼓濤。飛潦淅泗以相溷，洪瀾匒合而互淯。轉天輪而頹庢，回地軸而爭撓。駊我乎嵩衡抗嵯，坱錯乎雷澍叫號。急急浤浤，則星河似覆。瀺瀺濘濘，則日月如搖。篙工於是乎謹舵，楫師於是乎弛綃。〔註85〕

「陽侯」，即傳說中的波濤之神，〔註86〕「天吳」亦為水神。〔註87〕「轉天輪而頹庢，回地軸而爭撓」等句，化用晉人木華（生卒年不詳）〈海賦〉「於是鼓

〔註82〕　《使琉球錄》，《續修四庫全書》，史部，地理類，第742冊，序，頁537。

〔註83〕　清‧張伯行訂：《二程語錄》，《正誼堂全書》（中央研究院漢籍電子文獻資料庫影印清康熙張伯行編同治左宗棠增刊本），卷14，頁3-1。

〔註84〕　宋‧朱熹撰，陳俊民校編：《朱子文集》（臺北：德富文教基金會出版，2000年），卷19，頁687。

〔註85〕　《使琉球錄》，《續修四庫全書》，史部，地理類，第742冊，卷下，頁607。

〔註86〕　《戰國策‧韓策》：「塞漏舟而輕陽侯之波，則舟覆矣。」注本說：「陽侯多矣。今按《四八目》，伏羲六佐，一曰『陽侯』，為江海。蓋因此為波神歟？」西漢‧劉向集錄：《戰國策》（上海：上海古籍出版社），1978年，卷27，頁980。

〔註87〕　《山海經‧海外東經》：「朝陽之谷，神曰天吳，是為水伯。」袁珂校注：《山海經校注》，卷4，頁256；《山海經‧大荒東經》則言：「有神人，八首人面，虎身十尾，名曰天吳。」《山海經校注》，卷9，頁348。

怒，溢浪揚浮，更相觸搏，飛沫起濤。狀如天輪，膠戾而激轉；又似地軸，挺拔而爭回。」〔註88〕句，極言所見巨大而近似囊括宇宙的海中漩渦。蕭崇業以神話傳說來展現海洋帶給他的震撼，以及海洋所顯現的壯闊雄偉。相較於大海的巨大無邊，自我生命顯得如此渺小不可掌控，因而最後歸結到「篙工於是乎謹舵，楫師於是乎弛緒」，封舟隨著海浪騰湧、擺盪，必須戒慎恐懼地小心持舵，因為海象的壯闊一不小心將危及生命。

> 當此之際，末可如何。雖憑虛以御風兮，境非赤壁。縱遺世而獨立兮，心異東坡。有時乎竦慴戰怖，無日乎爽曠婆娑。怳千態以萬狀，怵談笑而起戈。須臾久於年歲，瞬息慮乎風波。有車馬行，公無渡河。〔註89〕

此時的蕭崇業，在孤立無援的海上，憑虛御風，自比蘇軾〈赤壁賦〉〔註90〕的境界。可是，作者縱然遺世而獨立，身不在赤壁，心境也異於東坡的灑脫自在。當海浪捲起千姿萬態，惟有驚心動魄之感，怖畏於瞬息萬變的海象，終至發出感嘆：若有車馬可行，公毋須渡河啊！

> 繇斯以譚，則知郭景純之所賦者。特泊泊之見，未習夫江漢之委輸也。木玄虛之所云者，乃想像之言，猶未觀夫灝漾之實際也。故嘗嗟徐衍之負石，怪精衛之塞溟。壯荊飛擒蛟而成氣，賢夏禹視龍其弗驚。若乃陳茂拔劍，事偶然耳。海童邀路，其誰忘情。夫是以仰舟中主敬之程子，悟遇風思過之管寧。坐而待旦，動與懼并行，無轍迹止。無所憑鬱鬱墨墨兮，眾心愒愒搖搖悝悝兮，我頭岑岑。〔註91〕

蕭崇業所經歷的是一個真實而動態的海洋，如此難得的親身經歷，再回頭看前人郭璞的〈江賦〉與木華的〈海賦〉。兩篇江海經典，不禁評論道，郭璞〈江賦〉、木華〈海賦〉也只不過是想像之辭而已，沒有真正目睹過真實大海的汪洋無邊。親身經歷航海之行，帶來驚心動魄的轉折變化，記憶的深刻，要比看著或聽說別人遭受，所感受到的強烈得多。冊封之行讓蕭崇業眼界大開，真實

〔註88〕晉・木華〈海賦〉收錄於《文選》，卷12，頁545。

〔註89〕《使琉球錄》，《續修四庫全書》，史部，地理類，第742冊，卷下，頁607。

〔註90〕蘇軾〈赤壁賦〉：「縱一葦之所如，凌萬頃之茫然。浩浩乎如馮虛御風，而不知其所止；飄飄乎如遺世獨立，羽化而登仙。」《經進東坡文集事略》，《四部叢刊初編》（上海：上海商務印書館，1965年影印上海商務印書館縮印烏程張氏南海潘氏合藏宋刊本），集部，第205冊，卷1，頁11～12。

〔註91〕《使琉球錄》，《續修四庫全書》，史部，地理類，第742冊，卷下，頁607。

感受到海洋的寬廣無垠，同時，也佩服起徐衍〔註92〕與精衛〔註93〕的負石填海之舉，夏禹擒蛟抗龍的勇氣。那麼他如何面對萬變驚險的海洋呢？崇業認為應秉持程頤舟中主敬、管寧遇風思過的態度，心懷畏懼，戒慎恭謹。程頤認為：「所謂敬者，主一之謂敬；所謂一者，無適之謂一。」〔註94〕「敬」通過「主一」而自然生發，「一」則是「無適」，程頤解釋為內心專注於一處，而沒有二心。蕭崇業引「程頤主敬」，也就是以全然專注的態度對待海洋。而「管寧思過」，則引《藝文類聚》「管寧避地遼東，經海遇風，船人危懼，皆叩頭悔過，寧思響，念向曾如廁不冠，即便稽首，風亦尋靜。」〔註95〕，蕭崇業以管寧遇風則思己過的態度與修養，來表達戒懼謹慎的精神。

　　《明史·外國列傳》形容琉球「居東南大海中，自古不通中國。元世祖遣官招諭之，不能達。」〔註96〕明代起，方互通往來，惟琉球海外，奉使艱難，海上之景，更是許多文士一生所未見。郭汝霖〈洋中〉，寫今昔之感，亦寫出臨受命時的心情：

> 昔聞滄海闊，此日擬舟仙。縱目惟鄰水，推蓬直對天。潮來晨雪捲，
> 波靜夜珠然。忽憶臨淵戒，吾生亦可憐。〔註97〕

首聯、領聯先寫過去對大海只是聽聞，「以往未之歷也」，〔註98〕而今卻奉命航行於浩渺無際的海上。海浪規律地起落，顯得平靜。末聯回想起當時奉使辭別宰相嚴嵩的情景，心懷戒慎恐懼，感嘆起自己的命運多舛：

> 辭元宰嚴公，公曰：「遠行相累，昨見聞命踴躍之疏，甚喜。」余曰：
> 「義不避難，臣之職也；死生有命，聞之素也；豈必海上能死人哉！」
> 公又顧李曰：「有此男子，君無慮矣。」蓋李初承命，浪傳其流涕惶

〔註92〕《史記·鄒陽列傳》：「是以申徒狄自沈於河，徐衍負石入海。不容於世，義不苟取，比周於朝，以移主上之心。」《史記》，卷83，頁2473。

〔註93〕《山海經·北山經》：「又北二百里，曰發鳩之山，其上多柘木。有鳥焉，其狀如烏，文首、白喙、赤足，名曰精衛，其鳴自詨。是炎帝之少女名曰女娃，女娃游于東海，溺而不返，故為精衛，常銜西山之木石，以堙于東海。」《山海經校注》，卷3，頁92。

〔註94〕《二程語錄》，《正誼堂全書》，卷9，頁26-1。

〔註95〕《藝文類聚》，卷8，頁151。

〔註96〕《明史》，卷323，頁8361。

〔註97〕《石泉山房文集》，《四庫全書存目叢書》，集部，別集類，第129冊，卷3，頁13，總頁129-409。

〔註98〕《重編使琉球錄》，《四庫全書存目叢書》，史部，雜史類，第49冊，卷上，頁39，總頁史49-679。

佈，公故慰之。〔註99〕

嚴公即嚴嵩。嚴嵩（1480～1565）字惟中，號介谿，分宜（今江西新余市分宜縣）人。世宗嘉靖年間累官至太子太師，後居內閣首輔要職。〔註100〕李即李際春（1536～1583），字應元，號槐亭，河南杞縣（今河南開封市杞縣）人。嘉靖三十五年（1556）進士，帝授予行人一職，〔註101〕與郭汝霖一同奉使琉球。〔註102〕郭汝霖在其〈使事小紀〉，寫初辭別嚴嵩時，嚴嵩說使途遠行勞累，見郭汝霖豪情壯志，勇於任事，甚是欣慰。郭汝霖回答說，遇事不回避，迎難而上，早已置生死於度外。嚴嵩回頭又寬慰李際春幾句，為他們送別。此情此景，一如陳侃〈使事紀略〉所言：「君父之命，無所逃於天地之間，況我生各有命在天，豈必海外能死人哉？領封之說，出於他人之口則為公議，出於予等之口則為私情，何以辭為？」〔註103〕。然而，真正親歷航海之險，仍令郭汝霖不免有些後怕。

　　經歷海上航行的種種體驗之後，即將來到琉球海域。郭汝霖《重編使琉球錄·使事紀》載：「閏五月初一日，過釣嶼。初三日，至赤嶼焉。赤嶼者，界琉球地方山也。再一日之風，即可望姑米山矣。」〔註104〕舟行三日內經釣嶼與赤嶼，已經來到琉球地界了。郭汝霖寫下〈釣嶼〉及〈赤嶼〉兩詩以為記：

> 天畔一舟橫，長風萬里行。黃擊浮浪遠，釣嶼蘸波明。蜃氣山將結，
> 濤聲笛共清。倚檣時浩嘯，奇覽慰生平。（〈釣嶼〉）〔註105〕

釣嶼，即今釣魚臺，又稱為釣魚嶼、釣魚山、釣嶼、釣臺或釣魚台島，面積約4.38平方公里。〔註106〕關於釣嶼的記載，最早見於陳侃《使琉球錄》：「過平嘉

〔註99〕 《石泉山房文集》，《四庫全書存目叢書》，集部，別集類，第129冊，卷9，頁7，總頁129-515。

〔註100〕 《明人傳記資料索引》，頁947。

〔註101〕 《明人傳記資料索引》，頁219。

〔註102〕 《明史》，卷323，頁8367。

〔註103〕 《使琉球錄》，《臺灣文獻史料叢刊》，第287種，頁7。

〔註104〕 《重編使琉球錄》，《四庫全書存目叢書》，史部，雜史類，第49冊，卷上，頁15，總頁史49-667。

〔註105〕 《石泉山房文集》，《四庫全書存目叢書》，集部，別集類，第129冊，卷3，頁13，總頁129-409。

〔註106〕 內政部地政司「釣魚臺列嶼簡介」線上資料 https://web.archive.org/web/20120614114615/http://maritimeinfo.moi.gov.tw/marineweb/layout_C10.aspx（2021年3月13日）。

山，過釣魚嶼，通黃毛嶼，過赤嶼，目不暇接，一晝夜兼三日之路。」〔註107〕。作者航行海上，見遠方的「釣嶼」因風浪大的關係，從視覺的角度觀看島嶼在海上隨浪波動的輕盈，彷彿「蘸」在海浪上，也點出浩瀚海寰宇下的渺小一封舟。另一方面，風靜波明的釣嶼，初見海上海市蜃樓景觀，伴著濤笛和鳴，以及倚船檣而歌之人的雀躍之情。

來到赤嶼已進入琉球疆界，郭汝霖寫下〈赤嶼〉：

　　赤嶼盤盤立，不風舟動搖。中孚敢自信，餘事瓦虛飄。幽贊歸神貺，

　　安全荷聖朝。海邦忽伊邇，早晚聽夷謠。〔註108〕

赤嶼，即今赤尾嶼，又稱為赤坎嶼、赤嶼或赤礁，為釣魚臺列嶼之一，面積約0.06平方公里。〔註109〕赤尾嶼因周邊尚有小島礁環繞，〔註110〕因而郭汝霖首句形容「赤嶼盤盤立」。接著寫航行中受到神靈的幫助，到了琉球將普施明朝恩澤，不會虛以委蛇應對，最終能平安回到明朝。作者指出過了赤嶼，進入琉球不遠矣。

郭汝霖到了琉球國後，在那霸港登岸。作〈琉球那霸港〉：

　　孤槎萬里黿黿國，落日飄飄那霸陰，雪浪排空時數級，雲花到眼霎

　　千尋。稜稜鷹隼窺魚出，蕭蕭征鴻帶雨吟；泊岸帆檣一矯首，煙波

　　迢遞故園心。〔註111〕

使船到了琉球之後，已經是傍晚時分，天候陰暗，濁浪排空，鷹隼徘徊，等待魚出水面，伺機而動。在風雨飄搖浩渺的海面上，思念起遙遠的故國。

由郭汝霖較完備的奉使路線書寫及蕭崇業《使琉球錄》記載觀之，明代出使琉球，大約於京師奉命出使後，沿運河及驛路南下，至福建造舟、祭海登舟。船行速度、安全性，視出航時間而定，倘遇順風，不日可達；〔註112〕如風向

〔註107〕《使琉球錄》，《臺灣文獻史料叢刊》，第287種，頁11。

〔註108〕《石泉山房文集》，《四庫全書存目叢書》，集部，別集類，第129冊，卷3，頁13～14，總頁129-409～129-410。

〔註109〕內政部地政司「釣魚臺列嶼簡介」線上資料 https://web.archive.org/web/201206 14114615/http://maritimeinfo.moi.gov.tw/marineweb/layout_C10.aspx（2021年3月13日）。

〔註110〕赤尾嶼因周邊尚有望赤島、小赤尾島、赤背北島、赤背東島、赤背西島、赤背南島、赤頭島、赤冠島、赤鼻島及赤嘴島等小島礁環繞。

〔註111〕《石泉山房文集》，《四庫全書存目叢書》，集部，別集類，第129冊，卷4，頁21，總頁129-422。

〔註112〕陳侃〈使事紀略〉：「計廣石登舟，至此幾一月矣。」收錄於《國朝典故》，卷120，頁2005。

轉變，則耽擱幾日亦可達。〔註113〕船行當中，使臣平生首見海洋勝景，可愛亦可佈，益發覺得皇恩被澤、神靈護佑之可貴。

第二節　風俗采集與觀察

明使節奉旨赴琉球的路線只有海路，「琉球在海外，候北風而後可歸，非可以人力勝者。日久不免會多，會多不無情褻，勢所必至也。踽踽凉凉，豈能一日安耶！」〔註114〕。進入琉球國境後，書寫作品屈指可數，惟蕭崇業明萬曆刻本《使琉球錄》所錄之〈航海賦〉〔註115〕較能完整呈現海上航行及登陸後的冊封、采風的心路歷程，具有研究價值。關於蕭崇業〈航海賦〉的研究，僅和麗娟〈淺談蕭崇業《航海賦》〉單篇論文，從蕭崇業個人生平，談及〈航海賦〉開篇明志、造舟之精良與琉球地區獨特風物，展示明代封贈大典，開拓讀者視野。〔註116〕惟其文多介紹蕭崇業〈航海賦〉內容，較少深入分析，爰此，本節將以蕭崇業〈航海賦〉為主要文本，參考其他相關資料，並旁及其他時期奉使琉球的使節作品，探討蕭崇業〈航海賦〉書寫形式的獨特之處為何？以及這樣的書寫，在呈現明朝使節出使琉球的過程中，賦予了甚麼樣的意義？同時，旁及與其同使琉球的謝杰、郭汝霖作品，據以分析之。

一、冊封實況：盛大莊嚴

蕭崇業登陸後，受到熱列盛大的款待，寫下琉球盛大迎接明朝冊封使的陣仗：

> 逶巡數日，乃始達於其境。於是世子遣文武之臣，駕彤輅，驂騮驪。坐組甲，建旗常。扈烏號，翹干將。羽騎飛萊，金戈耀鋩。離結左言之渠，鏤膚鑽髮之行。矗矗驚捷，舞蹈趨蹌。前驅騂路，盱眄自旁。覩漢官之上儀，咸釃咍以振踴。慶千載之嘉會，愈色澤而神竦。亦有靡聞不來，無見而拱。周環羅列，盤辟舉踵。〔註117〕

〔註113〕陳侃〈使事紀略〉：「兼以風濤之險，日驚于心，得保殘喘以終王事，嗚呼艱哉！」收錄於《國朝典故》，卷120，頁2005。

〔註114〕《使琉球錄》，《臺灣文獻史料叢刊》，第287種，頁17。

〔註115〕《使琉球錄》，《續修四庫全書》，史部，地理類，第742冊，卷下，頁605～610。

〔註116〕和麗娟：〈淺談蕭崇業《航海賦》〉，《鴨綠江（下半月版）》，第5期（2014年5月），頁27～28。

〔註117〕《使琉球錄》，《續修四庫全書》，史部，地理類，第742冊，卷下，頁607～608。

據《使琉球錄》載：「連行七餘日，而窽濶宵窅山嶼。但唯孤燕飛繞於前後、一細蜻蜓入神舍不去、眾咸異焉。」〔註 118〕，船行七日有餘，還不見琉球本島。「又聽習於巫者諠金鼓降箕，已又俯伏神前求珓。窮祈祀事，一無所吝。當是時，舟人望山之切，真不啻朝饑之勺粱穀，又如弱孺思慈嫗而弗得親也。三十日，余令夷稍上桅以覘。輒欣然白曰：『雲間隆隆起者，非古米，即葉壁山也。去此可五六百里許，當無慮已』。於是舟中人無不拍手大歡，各排愁破慮，舉觴相慰勞、稱『見山酒』云。」〔註 119〕，經過一番祈求祝禱後，經過葉壁山，終於看到琉球了。

從下封舟上岸到受琉球世子接待，又過了兩天了。琉球人民夾道迎接，一睹使節的風采，熱烈歡迎明使節的到來：「六月初一日，過葉壁山前，有小舠駕八、九人，破巨浪來。遠睨封舟婆娑，胡盧笑。至則持二螺獻，少賞之。於是隨舟夷總管附去，薄山下，先騎報世子。由此陸路入國，猶兩日程也。」〔註 120〕

《明史．琉球列傳》：「萬曆元年冬，其國世子尚永遣使告父喪，請襲爵。章下禮部，行福建守臣覈奏。明年遣使賀登極。三年入貢。四年春，再貢。七月命戶科給事中蕭崇業、行人謝杰齎敕及皮弁冠服、玉珪，封尚永為中山王。」〔註 121〕蕭崇業與謝杰此番任務，除冊封尚永為中山王外，另祭弔已故琉球王。蕭崇業與謝杰分別作〈祭王漫賦〉，蕭崇業稱「皇仁浩蕩包藩服，獨此冠裳擬漢唐。」〔註 122〕，與謝杰一同稱頌琉球尊崇明朝教化。〔註 123〕

〔註 118〕《使琉球錄》，《續修四庫全書》，史部，地理類，第 742 冊，卷上，頁 556。

〔註 119〕《使琉球錄》，《續修四庫全書》，史部，地理類，第 742 冊，卷上，頁 556。

〔註 120〕《使琉球錄》，《續修四庫全書》，史部，地理類，第 742 冊，卷上，頁 556。

〔註 121〕《明史》，卷 323，頁 8368。

〔註 122〕蕭崇業〈祭王漫賦〉：「二使遙臨草色芳，晴雲繞繞閣穹蒼。殊方召對聞天語，緋服新披接御香。露灑扶桑情漫切，槎登瀛海路偏長。控津四望流千頃，環郭羣峰水一方。壓渚樓臺高欲墮，夾堤松竹鬱成行。干旌迓日榮東土，鼓角凌空入大荒。節惠貽名恩自渥，悼先有典禮宜莊。片言感悟從輿論，五拜雍容伏道旁。鴛鷺鳴珂迎鳳輦，貔貅拂劍護龍章。牲牢奠處悲風起，楮幣焚時白晝黃。祠廟陰深人已去，弓裘業紹世彌昌。鴻基遠鎮鯨波國，麟彩光搖薜荔墻。闕望北辰儀肅肅，嵩呼三壽舞蹡蹡。小部笙鏞陳不作，外庭客主酌初嘗。飛花落席銀題暗，晚照當軒羽騎茫。半下祚烏樓暝樹，左言夷稗擁歸繮。皇仁浩蕩包藩服，獨此冠裳擬漢唐。」《使琉球錄》，附錄，頁 6～7。

〔註 123〕謝杰〈祭王漫賦〉：「誰灑扶桑露，相將到薜蘿。西原分氣色，東海沐恩波。鶴久乘雲去，龍初捧日過。玉堂太史筆，金馬使臣珂。典出尚方異，儀同藩邸邁。二牢崇漢祀，三爵醉周醝。楮幣方相燎，鉦鐃鼓吹歌。賚詞非聚訟，

　　冊封典禮開始，蕭崇業與謝杰又分別作〈封王篇〉，其引言曰：「天使舘，離王城十餘里。襲封之日，始得入焉。因以周覽邑里，咨訪民風，非漫遊也。」〔註124〕再寫冊封典禮的進行：

> 於是盛禮與樂，供帳設乎皇華之庭。夙戒具而贊典，紛呼嵩以祝齡。
> 傑侏兜離，於焉俱集。四夷迭奏，昭德之馨爾。其尚之以金章，加
> 之以元服。戴纚垂纓，拖綬鳴玉。變左衽之陋風，襲中華之芳躅。
> 御篡組於公庭，告先公於祠屋。追養之禮殫，受終之儀肅。齊虎拜
> 於部夷，稱霞觴於宗族。然後捧綸章，留琳牘。奎翰輝煌，寶書雲
> 煜爾。乃稽首頓首颺言曰，「明明天子，萬壽無疆者也」。〔註125〕

蕭崇業援引班固〈兩都賦〉、張衡〈兩京賦〉這類都邑賦對禮儀的描寫，將場景由中國王都轉移至域外冊封典禮。以《尚書·禹貢》「東漸于海，西被于流沙，朔南暨聲教，訖于四海。」四裔皆聞天子威聲文教，時來朝見，〔註126〕以及《史記·樂書》歌詩「天馬來兮從西極，經萬里兮歸有德。承靈威兮降外國，涉流沙兮四夷服。」〔註127〕，極言明朝天子聖德而聲教遠播，形成萬邦來朝的盛況。

　　琉球王接詔受封後，口稱「明明天子，萬壽無疆」。蕭崇業以「鸞詔新頒世襲芳，卿雲團蓋護穹蒼。夷王不作侏儷語，萬歲聲聲祝聖唐。」〔註128〕而謝杰以「殿中旗影動魚須，珮玉鏘鏘向陛趨。自是堯天多壽祉，侏儷猶解作嵩呼。」〔註129〕記錄琉球王以華語謝恩的經過。

　　接著，蕭崇業授予琉球王明朝天子所賜的「金章紫綬」及「皮弁冠服」。冊封典禮，場面盛大，儀式莊嚴，氣氛肅穆，顯示明朝宗主國的威嚴。

> 於是命膳夫以大饗，爰致敬於使臣。滌濯孔嘉，禮儀振振。載之以
> 醪醴，設之以豆登。豐之以饔餼，介之以芳芬。館舍之所問候，緝

　　　故事定傳詭。咫尺瞻天近，尋常如禮何。一言能轉悟，五拜不須訶。義可
　　　因心起，詩奚徒誦多。主威與臣節，九鼎重峨峨。」《使琉球錄》，附錄，
　　　頁7。
〔註124〕《使琉球錄》，附錄，頁8。
〔註125〕《使琉球錄》，《續修四庫全書》，史部，地理類，第742冊，卷下，頁608。
〔註126〕《重栞宋本尚書注疏附挍勘記》，《重刊宋本十三經注疏附校勘記》，卷6，頁
　　　93-2。
〔註127〕《史記》，卷24，頁1178。
〔註128〕《使琉球錄》，附錄，頁10。
〔註129〕《使琉球錄》，附錄，頁10。

御之所頻仍。佳勝之所賞玩，筐篚之所錯陳。淹藻景於二時，篤隣

好而常新。卻裹賮之厚饋，堅不辱於遠人爾。〔註130〕

禮成後，琉球君臣熱情款待，蕭崇業二人仍堅持「王子餽問賮餞，每每不失禮。
而禮有過腆者，輒卻去不受。」〔註131〕，拒絕接受饋賮，展現明朝天使風範。
蕭崇業與謝杰分別作〈述志兼諭夷中君長〉表達拒受贈金的心意：「一時舉動
萬年規，暮夜辭金適所宜。欲吐經綸酬主願，豈將溫飽負心期。明經私淑三千
教，壯志輕驅十萬師。義利欲嚴儒者事，清風何必使人知。（蕭崇業）」〔註132〕
及「岐路何須嘆嶮巇，齊門竽瑟未深悲。天如有意生山甫，世豈無人是子期。
鯤鬚自應晞碣石，鳳毛終不飲塘陂。尉陀莫致兼金贈，暮夜猶當畏四知。（謝
杰）」〔註133〕。此外，兩人另分別作了詩歌〈卻金行〉，其中，蕭崇業以李白
〈將進酒〉句式，寫出「余誠不能比德於數者，區區竊慕古人之芳躅」，〔註134〕
表達卻金的堅定意志。

二、采集琉球民情風物

「古者輶軒之使，必紀土風、志物宜，所以重其俗也；況於萬里之外，蠻
夷海島之中乎！」〔註135〕明使節出使各方，除完成皇命任務之外，採集當地

〔註130〕 《使琉球錄》，《續修四庫全書》，史部，地理類，第 742 冊，卷下，頁 608。
〔註131〕 《使琉球錄》，《續修四庫全書》，史部，地理類，第 742 冊，卷上，頁 557。
〔註132〕 《使琉球錄》，《續修四庫全書》，史部，地理類，第 742 冊，卷下，頁 621。
〔註133〕 《使琉球錄》，《續修四庫全書》，史部，地理類，第 742 冊，卷下，頁 621。
〔註134〕 「宴罷中山贈數金，居夷那變四知心。義利源頭須慎獨，豈緣故事輒相尋。金
函開詔使殊方，韡韡皇華眾所望。蕙茷恐招犀玉謗，賂金媿入陸生裝。帝子重
色貯金屋，我易麟趾貿書讀。但願明經勝滿籯，可憐豪富悲金谷。白晝攖金何
太迷，黃金絡馬遭傾覆。金丸最惡韓嫣侈，婦賢且解遺金辱。君不見燕王好客
築金臺，高士掉首去不回。天生李材必有用，期散千金還復來。又不見鮑叔讓
金交誼篤，仲翁問金樂宗族。不疑償金同舍子，幼安鋤金如草木。祖榮一錢猶
為多，清獻琴鶴良自足。趙軌飲水范甑塵，羊續懸魚苗留犢。余誠不能比德於
數者，區區竊慕古人之芳躅。（蕭崇業）」《使琉球錄》，《續修四庫全書》，史
部，地理類，第 742 冊，卷下，頁 621。謝杰〈卻金行〉：「夷中一宴一酬金，
使君不改初來心。還君酬金盡君爵，為君翻作卻金吟。丈夫書中金為屋，少小
賣金買書讀。一朝通籍入金閨，姓名時附泥金牘。金函捧詔來扶桑，並趨金殿
辭君王。腰間白玉金魚佩，袍上蒼麟金縷光。歸裝何用金為賂，有金不售長門
賦。此身自許雙南金，懷金豈為貪泉屋。秋風回首上金臺，臺下千金買駿回。
都門他日還疏廣，猶賜兼金歸去來。」《棣萼北牕啐草》，卷 4，頁 16。
〔註135〕 清・汪中著：《中山傳信錄》，《臺灣文獻史料叢刊》（臺北：大通書局，1974
年），第九輯，頁 1。

民情，亦為分內之事。蕭崇業身為軺軒使者，訪查琉球風物，上報君王而知藩國諸事，亦屬職責範圍。因此，對於琉球提出一番觀察：

> 其苑囿，則儻峰幽嶼，秀起特出。嵯峨降屈，中州所慕。
>
> 其草木，則石帆，鳳尾，紫絳綸組。抗莖敷蕚，布濩皋丘。
>
> 其魚，則有吞舟吐浪，擁劍琵琶。蜂目豺口，狸斑雄軀。奇形殊類，胡可勝圖。
>
> 其蟲獸，則雄螭屬鼇，王珧海月。繡螺綺貝，土肉石華。詭筴出錄，瓌異無書。
>
> 其禽鳥，則爰居避風，大鵬垂天。英睟縹翠，瀑濆灑珠。往來喧聒，集若霞鋪。
>
> 其宮室，則木無彫鏤，土僅白塗。重闈連闥，去泰去甚。〔註136〕

經過蕭崇業使事之餘，遍覽琉球山海形勢，觀風問俗，親自勘察，「土有常產，俗有舊風，方以類聚，物以群分」，〔註137〕將琉球風物一一分類，一覽無遺。琉球島國，物產止於魚、蟲獸、禽鳥。其後出使琉球的夏子陽，其《使琉球錄》補充道：「我眾十月西歸，身猶衣葛；由氣候之煖也。天無霜雪，或數年而一見。產無鵝、鴨，即雞、豚亦不堪所產。硫黃最多，值且甚賤；從人多竊販以歸。」〔註138〕，而郭汝霖則稱琉球：「多沙石，山亦崆峒，土薄瘠，物產牛羊雞豚之類多瘦削而不堪用。」〔註139〕，可見琉球氣候溫暖，十月猶穿夏服，物產不豐，惟硫黃最為常見。乃至於周煌《琉球國志略》所言：「東瀛之島，如暹羅、蘇門、滿喇加、高句麗、爪哇、日本、交趾、占城等國凡十數，而琉球最貧」〔註140〕。

接著，蕭崇業敘寫琉球各項制度如土地、曆法、刑罰、宗教信仰等：

> 歡會作門，漏刻聽政。殿曰奉神，名義斯正。乃設官僚，授之以柄。
>
> 察度司刑，耳目司問。王親是崇，亦有賜姓。通事長史，爰以將命。
>
> 茫茫羣醜，此焉則勝。海濱之風，茲亦等競。是故賦仿井田，曆遵

〔註136〕 《使琉球錄》，《續修四庫全書》，史部，地理類，第742冊，卷下，頁609。

〔註137〕 晉·皇甫謐〈三都賦序〉收錄於《文選》，卷45，頁2039。

〔註138〕 〈國俗〉，《使琉球錄》，《臺灣文獻史料叢刊》《臺灣文獻史料叢刊》，第287種，頁278。

〔註139〕 明·郭汝霖：《重編使琉球錄》，收錄於殷夢霞、賈貴榮主編：《國家圖書館藏琉球資料續編》（北京：北京圖書館，2002年），頁147。

〔註140〕 《琉球國志略》，卷10，頁1-1。

正朔。橫盜無斬關之慘，墨吏免椎膚之虐。攘雞何有於軒書，捕蛇
不聞於柳說。則閭閻樂業，有餘嬉也。醇釀馴致，憲度漸陳。教亦
崇乎釋氏，詩頗效乎唐人。羨聲名而遣學，精奕數而絕倫。歲時無
須於視草，觸髏豈聚於王城。則傳志綿邈，自覆瓿也。〔註141〕

據蕭崇業《使琉球錄》引證《大明一統志》所言：「王宮建於山巔，國門榜曰
『歡會』，府門榜曰『漏刻』，殿門榜曰『奉神』，並不名其居曰『波羅檀洞』，
而圍堞亦弗聚髏。」〔註142〕。「中山王遣子姪及其陪臣子弟入國學，上喜，禮
遇獨優，賜閩人三十六姓。」〔註143〕一事，即引證《大明一統志》所謂「我
皇祖統馭區宇，無動眾、遣使之勞，首効歸順。故特賜閩人三十六姓，令與俱
焉。其意遠矣。」〔註144〕另，蕭崇業引證《大明一統志》所言：「君臣上下之
分，各有節級，王親雖尊，不預政理。武職則設法司官、察度官以司刑名，遏
闥官、那霸港官以司錢穀，耳目官以司訪問。文職則設大夫、長史、都通事等
官，以專司朝貢之事」，〔註145〕琉球君臣之間，分際嚴明，各司其職。

　　曆法方面，自太祖洪武五年，「帝喜，賜大統曆及文綺、紗羅有差。」〔註146〕，
琉球奉明正朔，惟蕭崇業澄清道：「琉球自奉正朔以來，其漸濡風軌，歷年滋多。
如（《大明一統志》）云『視月盈虧以知時，視草榮枯以計歲』，則陋亦甚矣。大
抵《水經》、《輿譜》得之流聞為多，故其所載逞逞非翔實也。」〔註147〕，琉球
奉明正朔以來，已無《水經》、《輿譜》所謂「視月盈虧以知時，視草榮枯以計歲」
的歲時計算方式。

　　土地制度方面，「至於賦斂，稍寓古人井田之遺法。上下各食其土，絕無
暴橫之虞。」〔註148〕則效法中國井田舊制。刑法方面，蕭崇業引用《孟子》、
柳宗元〈捕蛇者說〉，「尋常尤重犯法，有盜竊者輒加開腹，劓荆之刑。夷人即
蠢悍無知，敢不懼而好標掠耶。」〔註149〕，敘寫琉球吏治清明，百姓安居樂
業，民風純樸。

〔註141〕《使琉球錄》，《續修四庫全書》，史部，地理類，第 742 冊，卷下，頁 609。
〔註142〕《使琉球錄》，《續修四庫全書》，史部，地理類，第 742 冊，卷下，頁 578。
〔註143〕《明萬曆續文獻通考》，卷 235，頁 13964～13965。
〔註144〕《使琉球錄》，《續修四庫全書》，史部，地理類，第 742 冊，卷下，頁 577。
〔註145〕《使琉球錄》，《續修四庫全書》，史部，地理類，第 742 冊，卷下，頁 578。
〔註146〕《明史》，卷 323，頁 8361。
〔註147〕《使琉球錄》，《續修四庫全書》，史部，地理類，第 742 冊，卷下，頁 579。
〔註148〕《使琉球錄》，《續修四庫全書》，史部，地理類，第 742 冊，卷下，頁 579。
〔註149〕《使琉球錄》，《續修四庫全書》，史部，地理類，第 742 冊，卷下，頁 578。

　　宗教信仰方面，據蕭崇業觀察，「左有寺曰圓覺，又由崎磴紆出正衢西，有寺曰天界，二寺弘壯，亞於王宮，各藏梵經數千卷。」〔註150〕可知琉球信仰佛教。文教方面，據蕭崇業《使琉球錄》引證《星槎勝覽》所言：「陪臣子弟與凡民之俊秀，則請致仕大夫教之。俾誦讀孔氏書，以儲他日長史、通事之用。遇十六、七歲該貢之年，仍過閩河口地方，從師習齊人語。餘顓蒙不慧者，第宗倭僧學書番字而已。至於作詩，譬落落辰星，僅知弄文墨、曉聲律爾矣。而許以『效唐體』，吾誠不知其可也。」〔註151〕也就是蕭崇業〈封王篇〉所言：「閭里詩書南冑人，傳家禮樂自天來。矯首不違顏尺咫，制詔及今褒太史。」〔註152〕崇尚儒學。

　　至於其他物產，則如蕭崇業《使琉球錄》引證《大明會典》所言：「每二年朝貢一次，每船一百人，多不過百五十人。其貢：馬、硫黃、蘇木、胡椒、螺殼、海巴、生紅銅、牛皮、櫂子、扇、刀、錫、瑪瑙、磨刀石、烏木、降香、木香。」〔註153〕琉球對明朝的恭順，陳侃曾於《使琉球錄·奏摺》向嘉靖帝報告道：「聞欽命，奔迎於海曲；見龍亭，匍匐於道周。非但不敢如緬甸之倨傲無禮，而亦不敢如尉佗之較量勝負也。」〔註154〕而蕭崇業對琉球的看法，與陳侃相同。

三、回望與體道

　　琉球經明朝文教薰陶，蕭崇業認為是明朝「用夏變夷」〔註155〕的結果：

> 邇者東鯷即序，西傾順軌。交南懷化，漠北跂指。織路駢衢，梯山桴水。獻名琛於殊鄰，出瓌琰於冥壘。糞積壤崇，麕赴坌舉。而稱臣入侍之輩，相與充斥乎槁街之邸。天子於是弘王者之無外，撫胡越之一家。命鞮鞻以掌音，設鞅任之舞曲。以娛五戎之君，以睦八荒之狄。〔註156〕

明朝即使成為天下共主，各藩屬國依然保有各自完整的國家體制，不受明朝干

〔註150〕《使琉球錄》，《續修四庫全書》，史部，地理類，第742冊，卷上，頁561。
〔註151〕《使琉球錄》，《續修四庫全書》，史部，地理類，第742冊，卷下，頁580～581。
〔註152〕《使琉球錄》，附錄，頁8。
〔註153〕《使琉球錄》，《續修四庫全書》，史部，地理類，第742冊，卷下，頁585。
〔註154〕《使琉球錄》，《續修四庫全書》，史部，地理類，第742冊，頁4，總頁528。
〔註155〕《使琉球錄》，《續修四庫全書》，史部，地理類，第742冊，卷下，頁577。
〔註156〕《使琉球錄》，《續修四庫全書》，史部，地理類，第742冊，卷下，頁609～610。

預，且接受明朝的文化及貿易交流。而明朝「輶軒所掌之音，昧昧任禁之曲。以娛四夷之君，以睦八荒之俗。」〔註157〕，與藩屬國來往的禮制，形成國際秩序，遠播優越文化，遠被道德教化，強化四方鄰國對大明的向心力，提高明朝的國際地位，擴大漢字文化圈，進而落實天下共主之名。四夷的恭順，更顯大明之體益尊，進一步彰顯明皇帝的聖明，最後，蕭崇業將琉球夷人的丕變，歸因於天子皇恩聖明在宥，威德及於琉球之成效所致。

> 駕長策於昒爽，廣博施於疏遠。常武輯嘽嘽之旅，小戎埋轔轔之跡。
> 三五為之跨蹻，八九為之韜軼。禎符之所偉兆，鴻巨之所焉奕，合
> 在於此矣。然則琉球雖遠，豈其得而棄之。四牡雖勞，又惡可以已
> 之。且夫相容並包者，英辟之宏略也。布德宣譽者，臣子之急務也。
> 故漢皇馳域外之議，博望不辭勤於月氏。隋帝采殊方之俗，朱寬久
> 銜使于海國。〔註158〕

蕭崇業引「始皇駕長策而威勢四海」〔註159〕及「司馬相如博恩廣施」〔註160〕二典故，言明朝施恩化而廣被於四方。接著，引《詩經・大雅・常武》，〔註161〕將琉球國比喻為徐方（國／土），推崇大明天子有如周宣王般，徐方既來，徐方既同，皆乃天子之功，並引張衡〈東京賦〉，〔註162〕言自己執行王事，責任重大。再化用王融（467～493）〈三月三日曲水詩序〉〔註163〕，歌頌明朝皇帝之德，超越前聖先王。

　　回到自己的任務，蕭崇業引用《南史》〔註164〕，以及班固（32～92）

〔註157〕 晉・左思〈魏都賦〉收錄於《文選》，卷6，頁285。
〔註158〕 《使琉球錄》，《續修四庫全書》，史部，地理類，第742冊，卷下，頁610。
〔註159〕 《史記・陳涉世家》：「及至始皇，奮六世之餘烈，振長策而御宇內，吞二周而亡諸侯，履至尊而制六合，執敲朴以鞭笞天下，威振四海。」《史記》，卷48，頁1963。
〔註160〕 司馬相如〈子虛賦〉：「將博恩廣施，遠撫長駕，使疏遠不閉，阻深闇昧得耀乎光明，以偃甲兵於此，而息誅伐於彼。」《史記》，卷117，頁3051。
〔註161〕 《詩經・大雅・常武》：「王猶允塞，徐方既來。徐方既同，天子之功。」《重栞宋本毛詩注疏附校勘記》，《重刊宋本十三經注疏附校勘記》，卷18，頁693-2。
〔註162〕 〈東京賦〉：「乃御小戎，撫輕軒。中畋四牡，既佶且閑。戈矛若林，牙旗繽紛。」東漢・張衡〈東京賦〉收錄於《文選》，卷3，頁121。
〔註163〕 〈三月三日曲水詩序〉：「跨掩昌姬，韜軼炎漢。」南朝齊・王融〈三月三日曲水詩序〉收錄於《文選》，卷46，頁2056。
〔註164〕 《南史》：「徐羨之、傅亮等以禎符所集，備法駕奉迎，入奉皇統。」唐・李延壽撰，楊家駱主編：《南史》（北京：中華書局，1981年影印元大德本），卷2，頁37。

〈典引〉〔註165〕，訴說奉使琉球是一件榮耀。最後，自比為張騫（生年不詳～前114）奉漢皇之命通西域〔註166〕，以及朱寬（生卒年）入海求訪異俗〔註167〕，極言「布德宣譽」乃是他應盡的職責，不以出使琉球為辛勞。蕭崇業本著賦家的精神，書寫琉球，頌美帝政，將使事記錄，如實呈現，展現蕭崇業個人的心理感知及環境體驗，體現傳統使臣勇於任事、勤謹盡責的士大夫風貌。

> 其鉅典既畢，涉冬始歸。瀇滉浮空，旋亦如之。傷心極目，裹望焉拘。風帷兮寒削，月帳兮凄嚴。驀玄英兮換節，迅金素兮迎年。狂瀾迴兮漸以遠，駕飛舵兮俄還。安危值於所遇，變幻殊乎目前。而出坎履順，殆有鼓歡聲而振天者矣。緬惟鄉之所謂神藥形茹，股弁背芒，惴惴然而莫知所營者，果虛邪、實邪。抑虛者，舟邪。實者，我邪。誰虛誰實，誰我誰舟。蓋譬猶空中之態，夢中之境，物物皆遊，物物皆觀耳。彼有認水為海，認陸為岸，乃至認我為我，卒相角遂而不已者，得無障乎。〔註168〕

冊封典禮結束後，蕭崇業等人準備歸國。其〈封王篇〉寫道：「禮成大典使星回，負弩呼燎喧似雷。髫兒攜手紛馳驚，蠻婦倉皇採薪路。君不見漢官威儀驚野老，中國聲名外國慕。」〔註169〕琉球人民夾道歡送。七月二十九日舉行冊封典禮，「因旬內雨頻，風又東西忽易，無可準。」〔註170〕因此選擇十月十三日，大約是冬季歸國。在回航的船上，「回盼琉球，若有、若無，而葉璧、馬齒等山，眇猶覆盂。時雖冬乎，然氣候朗肅，都無纖翳。望之霽宇澄徹，塊噫潛噓。」〔註171〕，眼見琉球越來越遠，所見到的海上景象「乃至闌夕淒清之際，月舍參井間，空明虛白，可別淄素。露下天高，尤非塵境。星漢流光，雲霞隱曜。微風細浪，交激成聲，其鳴乍急、乍徐、乍大、乍小、居然有笙簧金石之韻。正昔人所謂『如天上坐』也。」〔註172〕，很快地，或經歷風平浪靜，

〔註165〕〈典引〉：「發祥流慶，對越天地者，烏奕乎千載。」東漢·班固〈典引〉收錄於《文選》，卷48，頁2162。
〔註166〕《史記》，卷61，頁2687～2698。
〔註167〕《隋書》，卷81，頁1825。
〔註168〕《使琉球錄》，《續修四庫全書》，史部，地理類，第742冊，卷下，頁608。
〔註169〕《使琉球錄》，附錄，頁8～9。
〔註170〕《使琉球錄》，《續修四庫全書》，史部，地理類，第742冊，卷上，頁557。
〔註171〕《使琉球錄》，《續修四庫全書》，史部，地理類，第742冊，卷上，頁557。
〔註172〕《使琉球錄》，《續修四庫全書》，史部，地理類，第742冊，卷上，頁557。

或經歷狂風暴雨，終於「二十九日晚，見台州山。於是無不讙呼舞蹈，闃然色咲焉。」〔註173〕看到明朝的領土，即將回歸故鄉了。

觀看自己這段海外冊封經歷，蕭崇業不禁發出「果虛邪、實邪。抑虛者，舟邪。實者，我邪。誰虛誰實，誰我誰舟」的感嘆。《莊子・齊物論》有言：「天地與我並生，而萬物與我為一。」〔註174〕，冊封舟（也就是大明皇權的象徵）與蕭崇業之間，「物」、「我」之間的關係，恍若空中夢境，已超越了有形的實體，圓融於一體，猶如《齊物論》所說「昔者莊周夢為胡蝶，栩栩然胡蝶也，自喻適志與！不知周也。俄然覺，則蘧蘧然周也。不知周之夢為胡蝶與，胡蝶之夢為周與？周與胡蝶，則必有分矣。此之謂物化。」〔註175〕。莊子所追求的「物化」，正是逍遙無拘、精神無待、物我合一的境界，換言之，蕭崇業從這趟冊封之旅中，體會到觀道、體道，進而與道化冥合，與大自然間合而為一的境地。

總而言之，蕭崇業與謝杰此次冊封任務，經過兩人同心協力，通力合作，堪稱圓滿完成。謝杰推崇蕭崇業道：「諫議公以名進士起家，讀中秘書，擢居諫省。銜命而東，展采錯事，不顏違於咫尺，無色變於風濤；正禮卻金，變夷之夏。」〔註176〕展現蕭崇業的為人。

就〈航海賦〉賦體結構而言，其主體架構於虛構人物「鏡機子」引出主體「句町癡人」鋪陳指事類情，以時間發展為經，空間結構為緯。在時間上，從建造冊封舟起筆，至完成使命歸國；而空間上，則從福建開洋過海，到異國那霸登岸，行冊封禮、至琉球采風等，層層推演，交織而為琉球自然與人文地理景觀，進而構築成一篇大賦，充分展現漢大賦「鋪彩摛文，體物寫志」、「極聲貌以窮文」〔註177〕的特色。如同司馬相如（約前179～前117）論賦：「合纂組以成文，列錦繡而為質，一經一緯，一宮一商，此賦之跡也。賦家必包括宇宙，總覽人物。斯乃得之於內，不可得而博覽。」〔註178〕。由此可知，蕭崇

〔註173〕《使琉球錄》，《續修四庫全書》，史部，地理類，第742冊，卷上，頁558。
〔註174〕清・郭慶藩撰，王孝魚點校：《莊子集釋》，《新編諸子集成》（北京：中華書局，1995年），第一輯，卷1下，頁79。
〔註175〕《莊子集釋》，《新編諸子集成》，卷1下，頁112。
〔註176〕〈灑露堂記〉，《使琉球錄》，《續修四庫全書》，史部，地理類，第742冊，卷下，頁603。
〔註177〕清・劉熙載著：《藝概》（北京：中華書局，2009年），頁87。
〔註178〕漢・劉歆著：《西京雜記》，收入清・王謨輯《增訂漢魏叢書》（臺北：大化書局，1983年影印清乾隆五十六年金溪王氏刻八十六種），卷2，頁1076-2。

業〈航海賦〉乃藉虛擬對話，暢言渡海冊封心聲，文中人物、故事為虛，論辯議事為真，充分展現明辨是非，以求服眾的賦體特色。

在航海經歷的描寫部分，與前朝類似的賦作，如班彪〈覽海賦〉「覽滄海之茫茫，悟仲尼之乘桴」〔註179〕直觀描寫或木華〈海賦〉「海童邀路，馬銜當蹊」〔註180〕突顯想像色彩相比，由於親身經歷，蕭崇業充分描寫自身感受，填補了前朝海洋書寫缺乏實際經歷，流於玄虛的不足之處。蕭崇業真切的書寫航海經歷，既寫出海洋「高宇澹乎其若寂，大塊恬然其不嘩」的雄渾壯闊，又富「映流光以霽色，照落景而俱嘉」斑爛之美；既有「海外之壯游，人世之奇矚」的航海平順之時，又歷「轉天輪而頹戾，回地軸而爭撓」總總幾近天翻地覆的艱辛，脫離了前人對海洋的美好幻想，亦開拓了海洋書寫賦作的境界。

第三節　天妃崇拜與節慶：明與琉球的共同信仰與習俗

《大明會典》琉球國卷載：「祖訓、大琉球國朝貢不時。王子及陪臣之子，皆入太學讀書，禮待甚厚。……洪武初……以其國往來朝貢，賜閩人三十六姓善操舟者。」〔註181〕近人張紫晨指出，「洪熙元年（1452）明仁宗朱高熾曾賜三十六姓人至琉球，教化三十六島子孫，學習中國語言文字及中國文化。此三十六姓人均為閩人，不僅傳播了中國文化，而且繁衍了華裔子孫。」〔註182〕閩人三十六姓移居琉球後，同時將漢人的天妃信仰傳入琉球，建造天妃宮。自此，天妃信仰在琉球國傳播開來，成為明人與琉球人民的共同信仰。

關於明使節「天妃信仰」的書寫記錄，前有明嘉靖刻本陳侃《使琉球錄》中的〈天妃靈應記〉、〔註183〕與陳侃同使琉球的高澄所作之〈天妃顯異記〉，〔註184〕以及明代史籍彙刊影印抄本夏子陽《使琉球錄》的〈敬神〉篇〔註185〕等。

〔註179〕《藝文類聚》，卷8，頁152。
〔註180〕〈海賦〉收錄於《文選》，卷12，頁547。
〔註181〕《大明會典》，卷105，頁1587-2。
〔註182〕張紫晨：〈日本沖繩與中國南方若干習俗的比較〉，收錄於賈蕙萱，沈仁安編：《中日民俗的異同和交流》（北京：北京大學出版社1993年），頁185～196。
〔註183〕《使琉球錄》，《臺灣文獻史料叢刊》，第287種，頁35～36。
〔註184〕《使琉球錄》，《臺灣文獻史料叢刊》，第287種，頁103～104。
〔註185〕〈敬神〉，《使琉球錄》，《臺灣文獻史料叢刊》《臺灣文獻史料叢刊》，第287種，頁277～278。

爰此，本節以陳侃〈天妃靈應記〉、高澄〈天妃顯異記〉及夏子陽《使琉球錄》〈敬神〉篇、蕭崇業與謝杰〈皇華唱和詩〉為研究文本，旁及其他《使琉球錄》中相關史料，據以分析明與琉球間共同的天妃信仰與琉球在中華文化影響下後所產生的共同習俗。

一、天妃崇拜的傳播

關於天妃的生平，最早記載於南宋廖鵬飛（生卒年不詳，約活動於南宋高宗時期）〈聖墩祖廟重建順濟廟記〉：「姓林氏，湄州均人。初以巫祝為事，能預知人禍福。既歿，眾為立廟於本嶼。」〔註186〕到了南宋嘉定年間，據莆田人李俊甫（生卒年不詳）《莆陽比事》記載，「湄洲神女林氏，生而靈異……給事中路公允迪使高麗，道東海。值風浪震盪，舳艫相沖者八，而覆溺者七，獨公所乘舟，有女神登檣竿，為旋舞狀，俄獲安濟。……時同事者保義郎李振，素奉聖鐵之神，具道其詳，還奏諸朝，詔認『順濟』為廟額。」〔註187〕因路允迪出使高麗遇海難事件，天妃庇護有功，〔註188〕賜「順濟」廟區，此為天妃首次受到朝廷的褒揚，自此從民間信仰轉而成為受到國家承認的神祇。

元朝因航運發達，朝廷對天妃的褒封有進一步提高，從宋代最高封號「妃」，晉升為「天妃」。〔註189〕到了明代，從洪武五年（1372）到崇禎年間，天妃封號由最初的「靈惠夫人」，到後來的「青賢、普化、慈慶、碧霞元君」等〔註190〕。雖官方對天妃的褒封不多，但因天妃可助平定海寇，解救海難，因此致祭天妃的記載頗多。

〔註186〕 汪梅田：〈論媽祖民間傳說、民間信仰之形成〉，《民間文學論壇》第 1 期（1996年 2 月），頁 10。

〔註187〕 鄭麗航、蔣維錟主編：《媽祖文獻資料彙編》（散文卷）（北京：中國檔案出版社，2007 年），第一輯，頁 3。

〔註188〕 「宣和五年，給事中路允迪以入舟使高麗，凡溺其七，獨允迪舟見神女降于牆而免。」元・王元恭修，王厚孫、徐亮纂，中華書局編輯部編：《宋元方志叢刊》，《至正四明續志》（北京：中華書局，1990 年），卷 9，頁 6566-1。

〔註189〕 元大德三年（1299），天妃第二次受封。程端學〈靈妃廟記〉載：「大德三年以漕運效靈，封護國庇民，明著天妃。」《媽祖文獻資料彙編》（散文卷），第一輯，頁 41。

〔註190〕 「明太祖洪武五年封昭孝純正孚濟感應聖妃，成祖永樂七年封護國庇民妙靈昭應弘仁普濟天妃。自後遣官致祭歲以為常，莊烈帝封天仙聖母青靈普化碧霞元君，又加青賢普化慈應碧霞元君，明封聖妃一改封天妃，一改封元君，二凡四封。」《琉球國志略》，卷 7，頁 6-2。

世宗嘉靖十一年（1532）出使琉球的陳侃，其〈天妃靈應記〉寫道：

神怪之事，聖賢不語，非忽之也，懼民之惑於神而遺人道也。……
迺者琉球國請封，上命侃暨行人高君澄往將事，飛航萬里，風濤巨
測，璽書鄭重，一行數百人之生，厥繫匪輕。爰順輿情，申閩人故
事，禱於天妃之神，且官舫上方為祠事之，舟中人朝夕拜禮，必虔
真若懸命於神者。靈貺果昭，將至其國，逆風蕩舟，漏不可禦，羣
譟乞神，風定塞衃，乃得達。及成禮還解纜，越一日，中夜風大作，
檣折舵毀，羣譟如初。須臾紅光若燭龍自空來，舟皆喜曰：「神降矣，
無恐。」顧風未已。又明日，黑雲四起，議易舵未決，卜玦於神，許
之。易之時，風恬浪靜，若在沼沚，舵舉甚便，若插籌然，人心舉
安，允荷神助。……已而，颶風夜作，人力罔攸施，眾謂胥及溺矣。
予二人朝服正冠坐祝曰：「我等貞臣，恪共朝命，神亦聰明正直而一
者，庶幾顯其靈。」語畢，風漸柔，黎明達閫。神之精英炬赫，能捍
大患如此，謂非皇上懷柔百神致茲效職哉！然非身遇之，安敢誣也。
揆之祭法，廟而事之允宜。在宋元時已有封號廟額，國朝洪武、永
樂中屢加崇焉，予二人縮廩附造舟餘直新之，廣石望崎行祠則從行
者斂錢以修。行當聞之朝，用彰神貺，因紀其槩。」〔註191〕

陳侃（1507～卒年不詳）字應和，號思齋，浙江鄞縣人。嘉靖五年（1526）進
士，授行人，嘉靖八年（1529）任刑科給事中。〔註192〕嘉靖十一年（1532），
琉球國王尚真薨，世子尚清請求冊封。嘉靖帝以陳侃為正使、行人司行人高澄
為副使，前往琉球冊封尚清為琉球國中山王。〔註193〕

由於明朝出使琉球路途遙遠，海難事故的頻傳，使臣將這種內心的恐懼寄
託在神靈身上，於是，天妃成為使臣們往封琉球的航海守護神。起航前，使節
團成員必定到天妃廟前請願，於冊封船上設祭天妃。安全返航後，必再次前往
天妃廟拜謝。這裡，陳侃特別寫道：「中夜風大作，檣折舵毀，羣譟如初。須
臾紅光若燭龍自空來，舟皆喜曰：『神降矣，無恐。』顧風未已。又明日，黑
雲四起，議易舵未決，卜玦於神，許之。易之時，風恬浪靜，若在沼沚，舵舉
甚便，若插籌然，人心舉安，允荷神助。」某日夜風大作，檣傾楫摧，突然紅

〔註191〕《使琉球錄》，《臺灣文獻史料叢刊》，第 287 種，頁 35～36。
〔註192〕《明人傳記資料索引》，頁 582。
〔註193〕《明實錄》（明世宗實錄），卷 138，頁 3245～3246。

光若燭龍自半空而降，是天妃神蹟顯現，令眾人不再恐懼。又過一日，黑雲四起，眾人惶惑不安之際，向天妃擲筊請示，不久，風平浪靜。如此神蹟，非親眼所見而不知其靈驗也，因此陳侃開篇提到「神怪之事，聖賢之語，非忽之也」。

與陳侃同使琉球的高澄，另作〈天妃顯異記〉記天妃庇護，轉災為祥、易危為安的事蹟：

> 逾年，余被使琉球之命，朝縉紳以此地險不可行、往不可返為余憂懼。余則坦然，付命於天，知素定也；迺以癸巳歲夏六月至閩，一應事宜，其難其慎。有司請余禱於天妃曰：『神司大川，可以呵禁不祥也』！余從之，凡修祀行香，必誠必敬，罔敢怠忽。故自始而製舟、迄終而成禮，神之陰相默助者，可勝言哉！如甫至閩臺，而妖狐之就戮；既定船穩，而瑞鶴之來翔；纔越廟限，而梁板之忽墜；方折桅舵，而異香之即聞。與夫雀蝶之報風、燈光之示救、臨水之守護、巫女之避趨，卒之轉災為祥、易危為安者，何往而非神之相助哉！籤詩後意，似乎為余發也。然余陋劣，豈能致此！良由聖明在上，百神效靈；故皇恩得以覃下國，而微軀得以返中原也。敢不仗忠義而為上為德、為下為民，以答神貺於萬一哉！〔註194〕

夏子陽〈敬神〉篇則說：

> 頃者，余從海上行，初時人猶凜凜；及過花瓶嶼，無風而浪，一禱輒安。風起天末，七晝夜即至其國，人視涉滄溟猶涉江耳；蓋不知其為神之庇也。歸舟，且稍懈矣。乃中洋斷舵索者四，失舵者三，合木大桅亦震撼損裂；人始日夜呼救於天妃，備極誠懇。然而撈舵索，則水面現燈；示颶徵，則異雀再集，東風助順，而一瞬千里；昏夜迷山，而火光燭之；其應也如響，神果在人心外哉！嗚呼！曷其奈何弗敬！〔註195〕

明朝與琉球的交往，一般多從福建福州出發，途經雞籠山、花瓶嶼、彭加嶼、釣魚島、黃尾嶼到達琉球，這條航線海浪兇險，不可預測，船隊經常遇難。但凡從福州出發的船隻，皆會事先祭拜海神，並把神像供奉於船上，以求庇佑。而福州地區信奉最多、最為靈驗的海神莫過於天妃，或立顯神蹟，或異香即聞，或一禱輒安。明冊封使經常將海上航行能夠遇難化險為夷，或平安抵達的功績，

〔註194〕《使琉球錄》，《臺灣文獻史料叢刊》，第287種，頁103～104。
〔註195〕〈敬神〉，《使琉球錄》，《臺灣文獻史料叢刊》，第287種，頁249。

歸於天妃的護佑。因此，天妃媽祖便隨著冊封船舶傳入琉球。

　　而到明朝進貢的琉球使節團，操舟者皆為閩人後裔（洪武二次各遣十八姓，多閩之河口人，合之凡三十六姓。或有一說，在琉球實際高達四十一個閩人姓氏）〔註196〕，對天妃信仰的虔誠，自是不待言。據《球陽》載，「自往昔時，進貢船奉安天后菩薩，以便往來，即設立總管職，令他朝夕焚香，以祈神庇」，〔註197〕船艙設天妃神龕，日夜焚香供奉，以求使途平安。

　　天妃信仰隨著冊封使、朝貢人員、閩地沿海移民傳入琉球後，在琉球國王的支持下，大量興建媽祖宮廟。這些天妃廟祠中，又以位於久米村的上天妃宮、位於那霸的下天妃宮及姑米山天妃宮最具代表性。坐落於久米村的「順濟靈慈宮」，俗稱「上天妃宮」，是此三座宮中，歷史最久遠的一座。據徐葆光（1671～1723）《中山傳信錄》載：「上天妃宮在久米村，夏給諫子陽《使錄》云：『此為嘉靖中冊使郭給事汝霖所建地。』無碑記可證。宮在曲巷中，門南向，神堂東向，門旁亦有石神，二進門上甬道，左右寬數畝，繚垣周環，正中為天妃。神堂右一楹為關帝，神堂左為僧寮。階下鐘一所，大門左有神堂，上饗供龍神。……天妃為莆田林氏，閩中林姓多作此稱。梁上有靈應普濟神祠之額，乃萬曆中冊使夏子陽王士禎（又作楨）〔註198〕所立也。」〔註199〕

　　透過徐葆光《中山傳信錄》的記載可看出，上天妃宮裡除供奉天妃，另供奉從明朝傳過來的關帝、風雨之神——龍神（透過閩人傳入）等其他神靈，是聚居於此處的久米村民的精神信仰。可見，久米村民雖已遷居海外，仍舊保有中國傳統的宗教信仰。

　　三座天妃宮中，又以位於那霸天使館東門的天妃宮規模最大。明成祖永樂二十二年（1424）琉球國王尚巴志所興建，廟額為「靈應普濟神祠」，俗稱「下天妃宮」。據《中山傳信錄》載：「下天妃宮，天使館之東，門南向。前廣數十畝，有方沼池。宮門前石神二。……大門上書『靈應普濟神祠』，則萬曆三十四年冊使夏子陽、王士禎所立也。兩旁皆民房，國中案牘多儲於此。有鐘一架，

〔註196〕謝必震：〈關於明賜琉球閩人三十六姓的若干問題〉，收錄於中琉文化經濟協會主編：《第三屆中琉歷史關係國際學術會議論文集》（臺北：中琉文化經濟協會，1991年），頁997～1016。

〔註197〕《球陽》，卷1，頁162。

〔註198〕《明實錄》（明神宗實錄），卷427，頁8050。

〔註199〕清·徐葆光：《中山傳信錄》，《臺灣文獻叢刊》（臺北：臺灣大通書局，1972年），第306種，頁45。

景泰丁丑國王鑄施。」〔註200〕由上述文字可知，下天妃宮的布局較上天妃宮要簡單得多，供奉的神祇僅天妃，相較少得多。由於下天妃宮是琉球國王尚巴志所興建，供奉的是琉球進貢船帶回的天妃像。

據築都晶子〈琉球と中国の神々〉研究顯示，「由閩人三十六姓的祖籍（福州、泉州、漳州）推測，應該有媽祖（在琉球稱做天妃）、天尊和龍王的信仰。……上、下天妃宮各有不同的功能」。〔註201〕

表2-2　上、下天妃宮之比較說明

項目／名稱	上天妃宮	下天妃宮
建造時間	約1424年前	1424年
建造者	閩人三十六姓依閩地習俗所建	尚巴志命建
建築形式	明朝風格	琉球港町風格
功能	奉祀媽祖、久米公議地 久米村子弟教育所 冊封船上媽祖的臨時供奉處	供奉朝貢船用媽祖對明事務公所

資料來源：摘錄於築都晶子〈琉球と中国の神々〉

由此可見，天妃信仰在明朝時期，不僅是使節航海尋求庇護之精神象徵，更是琉球人對漢文化信仰接受與重視的表現。

二、中國節慶的復現

夏子陽《使琉球錄》曾說：「琉球雖夷俗，然漸染於中華，亦稍知禮義。有子居喪，數月不食肉者；有寡婦不嫁，守其二子者：每諄諄對華人道之。風尚似勝北虜遠甚。」〔註202〕，琉球一地有閩人三十六姓移民，加之琉球國貴族與人民紛紛信仰天妃，居喪期間不食肉，寡婦不二嫁，華化之深不下朝鮮。閩人三十六姓移民他們對端午、中秋特別重視，透過使節文字的復現（repetition）在域外的中國節慶習俗，再現華化風尚。

〔註200〕　《中山傳信錄》，《臺灣文獻叢刊》，第306種，頁44。
〔註201〕　〔日〕築都晶子：〈琉球と中国の神々〉，收錄於〔日〕遊佐昇，野崎充彥，增尾信一郎編：《アジア諸地域と道教》（東京：雄山閣，2001年），道教第六卷，頁152～176。
〔註202〕　〈國俗〉，《使琉球錄》，《臺灣文獻史料叢刊》《臺灣文獻史料叢刊》，第287種，頁278。

（一）端午龍舟

琉球划龍舟習俗係由閩人三十六姓傳入。據《琉球國由來記‧唐榮舊記》云：「龍舟：蓋為弔屈原而作也。本國原無此舟焉。……然則本國始設此舟者，蓋三十六姓，即到本國，然後為祝太平儀式，而能設此舟也，明矣。」〔註203〕可知，琉球划龍舟不獨為端午競渡習俗，更是作為祝禱太平的儀式。因此，陳侃〈使世紀略〉曾寫道：「二十九日，請餞行，陳席于水亭中，觀龍舟之戲。舟之制與運舟之法皆效華人，亦知奪標以為樂，但運舟者俱小吏與大臣子弟也。各簪金花，具彩服，雖濡于水而不顧，以示誇耀之意。」〔註204〕，琉球國以搬演龍舟之戲作為祝禱陳侃回程平安的儀式，顯得意義非凡。

萬曆年間冊封使蕭崇業與謝杰，分別有〈水亭觀龍舟〉之作，大概也是當時琉球國王為兩人安排的餞行祝禱儀式。兩人在觀賞龍舟之戲之後，不約而同地發出「感今追昔情惘然，海角天涯同習俗。」〔註205〕及「菱歌桂楫如在耳，天涯處處同風俗。」〔註206〕的感嘆。即使身在遙遠的海外，陌生的國度，卻

〔註203〕〔琉球〕尚敬（命纂）：《琉球國由來記》，收錄於〔日〕伊波普猷、東恩納寬惇、橫山重編：《琉球史料叢書》（東京：東京美術，1972年），第1冊，卷9，頁332。

〔註204〕《使琉球錄》，《紀錄彙編》，頁22-1。

〔註205〕蕭崇業〈水亭觀龍舟〉：「叢林搖翳山森綠，一鑑陂塘漱寒玉。官家清俊眾兒郎，簪花縛錦盛粧束。刳木為舟酷似龍，三舟百人還不足。口吐菱歌手擊鼓，衡行馳縱爭相勗。矮矮茅亭綺讌開，炯炯雙星結駟來。波影拂霞明石砌，江光如練瀉珠胎。喬靄卿雲棲斷樹，霏暉慧日邑仙酤。金龍倏忽出參差，並撐頭角池中觸。桂楫蘭橈遞往來，宛然萬頃蛟螭浴。嵐煙颭覆遙蔽虧，沙岸微茫細雨隨。即今欲渡兩那畏，意氣昂昂真可貴。菱歌聲斷續，羯鼓頻催促。落葉舞涼颸，嚼盃賦金谷。詩成酒酪夷部陳，儁倢不緘梨園曲。君不見，福城王都督，廣筵留大賓，豐廚引上餘。五月五日榕江邊，滿地龍舟飛雪煜。銀牌一面重一錢，紅布半疋尺四六。銀牌紅布紛紛標，高縮彩竿人競逐。健兒覓利起貪心，解衣沒水不顧身。荷亭亭下足如蟻，西湖湖上頭如齒。尺布絲銀能幾何，丈夫落魄不如此。往事隔年華，光陰詎太速。感今追昔情惘然，海角天涯同習俗。人心有機關，白水有波瀾。人比波瀾尤反覆，勸君且進尊前酤。」《使琉球錄》，附錄，頁15～16。

〔註206〕謝杰〈水亭觀龍舟〉：「古堤青青衹樹綠，十畝橫塘破寒玉。梨棠小檝迴清風，官舍兒郎巧妝束。鮫綃細綰羅衣輕，鳳縷斜飛宮線促。茅亭小集雙星來，盡日驩娛驩未足。般師運斤刳靈木，五色祥煙駕初旭。就中突出三金龍，瑞光炯炯臨溪浴。須臾日昏山雨微，頭角嵯岈紛鬬觸。標錦飛紅羯鼓催，二十五郎歌斷續。商聲颭氣遏流雲，依稀譜卻梨園曲。去年五月行未行，西湖曾記王都督。菱歌桂楫如在耳，天涯處處同風俗。為君憐戀翻自憐，青草磯頭幾迴矚。世事於今多畫龍，相逢且進盃中酤。」《使琉球錄》，附錄，頁16～17。

仍能觀賞熟悉的龍舟之舞，聽著類似梨園的曲子，過著相同的節慶，正是「殊方同俗」的展現。

（二）中秋宴飲

陳侃奉使琉球期間，曾於琉球度過中秋節。其〈使世紀略〉有言：

> 八月中秋節，夷俗亦知為美，請賞之，因得徧遊諸寺。寺在王宮左右，不得輕易往來，有曰天界寺，有曰圓覺寺，此最鉅者，餘小寺不暇記。二寺山門殿宇弘廠壯麗，亞於王宮。正殿五間，中供佛象一座，左右皆藏經數千卷，夷俗尚佛，故致之多。……殿外亦鑿小池，甃以怪石，池上雜植花卉，有鳳尾蕉一本，樹似棕而葉似鳳尾，四時不改柯易葉，此諸夏所無者。徜徉良久，塵慮豁然。但僧皆鄙俗，不可與語，亦不敢見。然亦知烹茶之法，設古鼎于几上，煎水將沸，用茶末一匙于鍾，以湯沃之，以竹刷淪之，少頃奉飲，其味甚清。是日，王因神降送迎無暇，遣王親侍遊。至未刻，邀坐，宴不甚豐而情意則款洽矣。諸從人皆召至墀下，令通事勸飲，旅進旅退，各以班序，至醉而止。向夕回館，月明如畫，海光映白，松影篩青，令輿人緩步徐行，縱目所適，心曠神怡，樂茲良遇，忘其身之在海外也。〔註207〕

從這段記載透露出琉球不僅過中秋節，賞月習俗也與明朝相同。在宗教方面，與明朝同樣信仰佛教，再者，陳侃所遊歷的寺院亦知曉烹茶之法，其煎茶方式與中國古法相類，而味道偏淡。琉球茶道發展歷程，據《琉球國由來記》記載：「當國飲茶事，從上古有之歟。」〔註208〕發展至明朝時期，琉球茶道的烹茶手法已漸趨成熟。陳侃中秋宴遊，飲而醉，盡興而歸天使館，見月明如畫，海光相映，漫步而行，心情恬適，竟然「忘此身在海外也」。如此，蕭崇業與謝杰作〈中秋讌集〉唱和詩，則見異域賞月的情致：

> 王孫開宴護丹紗，一部歌鍾助故家。酒注金罇光透綠，詩成繡口筆生花。輝輝野日明雕節，瑟瑟江風送晚槎。自是清秋堪遠矚，棲烏半下斗橫斜。（蕭崇業）〔註209〕

〔註207〕明・陳侃撰：《使琉球錄》，《紀錄彙編》（中央研究院漢籍電子文獻資料庫影印明萬曆沈節甫輯陽羨陳于廷刊本），頁21-1～21-2。

〔註208〕《琉球國由來記》，收錄於《琉球史料叢書》，第1冊，卷1，頁145。

〔註209〕《使琉球錄》，附錄，頁13。

又

> 海國杓回秋氣嘉，雙軺同過左賢家。空門土淨金為地，桂闕天高玉
> 作花。引白觴分靈兔藥，飛紅標奪木龍艖。江皐十里歸來晚，譙漏
> 聲聲月未斜。（謝杰）〔註210〕

周煌（1714～1785）《琉球國志略》有一段關於琉球中秋設宴的詳細記載：「王府庭中于右廂滴水前造戲臺一所，帷幕四週天使及隨封員役皆坐，位如前惟，從客坐位移王殿右，序向西，以便觀演夷劇。」〔註211〕海島國家秋天日氣佳，琉球國王設宴、築戲臺共同賞月同歡。蕭崇業與謝杰飲酒賦詩，遙想月宮美景及玉兔搗藥的情景，共賞明月到西斜。

　　陳侃《使琉球錄》有一段記載：「十一日夕，見右古米山，乃屬琉球者。夷人歌舞於舟，喜達於家。……又竟一日，始至其山，有夷人駕船來問，夷通事與之語而去。十三日，風少助順，即抵其國。」〔註212〕文中所謂冊封舟上的「夷人」，即古米山（亦稱姑米山）的琉球人，而這些「夷人」正是閩人移居琉球的「三十六姓」之後裔。謝杰曾在《琉球錄撮要補遺》「原委」條補充道：「每科、司出使，必以河口土著人充通事，謂之『土通事』。七姓充者，謂之『夷通事』。土通事能夷語，夷通事能「華語。」〔註213〕謝杰所指的「七姓」，即萬曆初年閩人的後裔。陳侃所說「夷人」的「歌舞」，即是具有「閩人」特色的琉球歌舞。

　　因此，前述的夷劇，自是漢人帶來的戲劇。夏子陽《使琉球錄》：「琉球居常所演戲文，則閩子弟為多。其宮眷喜聞華音，每作，輒從簾中窺之。長史恆跽請典雅題目，如「拜月西廂」、「買臙脂」之類皆不演，即岳武穆破金、班定遠破虜亦嫌不使見，惟姜詩、王祥、荊釵之屬，則所常演；咸嘖嘖嘆華人之節孝云。」〔註214〕可以旁證。

　　土木堡之變前使節出使琉球，多為零星記載，無法構成延續性、歷時性的創作。自陳侃使琉球留下可貴的書寫後，歷任琉球冊封使幾乎延續前人的創作，點點滴滴累積成可觀的《使錄》，讓後人繼續踏階而行，一覽琉球國的

〔註210〕《使琉球錄》，附錄，頁13～14。
〔註211〕《琉球國志略》，卷11，頁14-1。
〔註212〕《使琉球錄》，《紀錄彙編》，頁13-1。
〔註213〕謝杰：《琉球錄撮要補遺》，收錄於黃潤華、薛英編：《國家圖書館藏琉球資料彙編》（北京：北京圖書館出版社，2000年），上冊，頁554～555。
〔註214〕〈國俗〉，《使琉球錄》，《臺灣文獻史料叢刊》《臺灣文獻史料叢刊》，第287種，頁279。

面貌，此為明朝使節域外文學的一大創舉。與出使其他朝貢國家相似，出使琉球幾乎於京師奉王命後出發。不同的是，沿運河及驛路南下，至福建必須造舟、觀測天候，方能祭海登舟。船行海上，變數萬千，能平安抵達琉球不易，然「以航異域，其孰敢違」？因此，使節只能「任理直前」，不負使命。一路走來，以正向美麗的景觀，備受欽羨的眼光，來自我增強，增添出使的信心。從郭汝霖及蕭崇業移動過程開始探討，開洋出發後，航海經歷的內在感知，及入琉球境內後的所見所聞所感，首見的海上殊景，充滿驚懼與驚喜，更是前朝〈覽海賦〉、〈海賦〉等識見所不能及。更重要的是，在這個遙遠無法想像的國度裡，曆法、禮制、宗教信仰，乃至生活習慣與明朝如此相似，無疑是開闊了明使節的眼界，也為使節書寫開啟了嶄新的扉頁。